吉尔吉斯斯坦投资法律制度研究

JIERJISISITAN TOUZI FALÜ ZHIDU YANJIU

王祥修◎著

中国政法大学出版社

2024·北京

图书在版编目（ＣＩＰ）数据

吉尔吉斯斯坦投资法律制度研究/王祥修著. —北京：中国政法大学出版社，2024.1
ISBN 978-7-5764-0747-1

Ⅰ.①吉… Ⅱ.①王… Ⅲ.①投资－金融法－研究－吉尔吉斯 Ⅳ.①D936.422.8

中国国家版本馆CIP数据核字(2023)第008389号

出　版　者	中国政法大学出版社
地　　　址	北京市海淀区西土城路25号
邮寄地址	北京100088 信箱8034分箱　邮编100088
网　　　址	http://www.cuplpress.com（网络实名：中国政法大学出版社）
电　　　话	010-58908285(总编室) 58908433（编辑部） 58908334(邮购部)
承　　　印	固安华明印业有限公司
开　　　本	720mm×960 mm　1/16
印　　　张	14
字　　　数	225千字
版　　　次	2024年1月第1版
印　　　次	2024年1月第1次印刷
定　　　价	65.00元

上海政法学院学术著作编审委员会

四秩芳华，似锦繁花。幸蒙改革开放的春风，上海政法学院与时代同进步，与法治同发展。如今，这所佘山北麓的高等政法学府正以稳健铿锵的步伐在新时代新征程上砥砺奋进。建校 40 年来，学校始终坚持"立足政法、服务上海、面向全国、放眼世界"的办学理念，秉承"刻苦求实、开拓创新"的校训精神，走"以需育特、以特促强"的创新发展之路，努力培养德法兼修、全面发展，具有宽厚基础、实践能力、创新思维和全球视野的高素质复合型应用型人才。四十载初心如磐，奋楫笃行，上海政法学院在中国特色社会主义法治建设的征程中书写了浓墨重彩的一笔。

上政之四十载，是蓬勃发展之四十载。全体上政人同心同德，上下协力，实现了办学规模、办学层次和办学水平的飞跃。步入新时代，实现新突破，上政始终以敢于争先的勇气奋力向前，学校不仅是全国为数不多获批教育部、司法部法律硕士（涉外律师）培养项目和法律硕士（国际仲裁）培养项目的高校之一；法学学科亦在"2022 软科中国最好学科排名"中跻身全国前列（前 9%）；监狱学、社区矫正专业更是在"2023 软科中国大学专业排名"中获评 A+，位居全国第一。

上政之四十载，是立德树人之四十载。四十年春风化雨、桃李芬芳。莘莘学子在上政校园勤学苦读，修身博识，尽显青春风采。走出上政校门，他们用出色的表现展示上政形象，和千千万万普通劳动者一起，绘就了社会主义现代化国家建设新征程上的绚丽风景。须臾之间，日积月累，学校的办学成效赢得了上政学子的认同。根据 2023 软科中国大学生满意度调查结果，在本科生关注前 20 的项目上，上政 9 次上榜，位居全国同类高校首位。

上政之四十载，是胸怀家国之四十载。学校始终坚持以服务国家和社会需要为己任，锐意进取，勇担使命。我们不会忘记，2013 年 9 月 13 日，习近平主席在上海合作组织比什凯克峰会上宣布，"中方将在上海政法学院设立中国-上海合作组织国际司法交流合作培训基地，愿意利用这一平台为其他成员国培训司法人才。"十余年间，学校依托中国-上合基地，推动上合组织国家司法、执法和人文交流，为服务国家安全和外交战略、维护地区和平稳定作出上政贡献，为推进国家治理体系和治理能力现代化提供上政智慧。

历经四十载开拓奋进，学校学科门类从单一性向多元化发展，形成了以法学为主干，多学科协调发展之学科体系，学科布局日益完善，学科交叉日趋合理。历史坚定信仰，岁月见证初心。建校四十周年系列丛书的出版，不仅是上政教师展现其学术风采、阐述其学术思想的集体亮相，更是彰显上政四十年发展历程的学术标识。

著名教育家梅贻琦先生曾言，"所谓大学者，有大师之谓也，非谓有大楼之谓也。"在过去的四十年里，一代代上政人勤学不辍、笃行不息，传递教书育人、著书立说的接力棒。讲台上，他们是传道授业解惑的师者；书桌前，他们是理论研究创新的学者。《礼记·大学》曰："古之欲明明德于天下者，先治其国"。本系列丛书充分体现了上政学人想国家之所想的高度责任心与使命感，体现了上政学人把自己植根于国家、把事业做到人民心中、把论文写在祖国大地上的学术品格。激扬文字间，不同的观点和理论如繁星、似皓月，各自独立，又相互辉映，形成了一幅波澜壮阔的学术画卷。

吾辈之源，无悠长之水；校园之草，亦仅绿数十载。然四十载青葱岁月光阴荏苒。其间，上政人品尝过成功的甘甜，也品味过挫折的苦涩。展望未来，如何把握历史机遇，实现新的跨越，将上海政法学院建成具有鲜明政法特色的一流应用型大学，为国家的法治建设和繁荣富强作出新的贡献，是所有上政人努力的目标和方向。

四十年，上政人竖起了一方里程碑。未来的事业，依然任重道远。今天，借建校四十周年之际，将著书立说作为上政一个阶段之学术结晶，是为了激励上政学人在学术追求上续写新的篇章，亦是为了激励全体上政人为学校的发展事业共创新的辉煌。

党委书记　葛卫华教授

校　　长　刘晓红教授

2024 年 1 月 16 日

编写说明 / INTRODUCTION

2001 年 6 月 15 日，中华人民共和国、哈萨克斯坦共和国、吉尔吉斯共和国、俄罗斯联邦、塔吉克斯坦共和国、乌兹别克斯坦共和国在中国上海宣布成立永久性政府间国际组织"上海合作组织"。经过近 20 年的快速发展，上海合作组织已经成为具有 8 个成员国、4 个观察国和 6 个对话伙伴国的重要国际组织。上海合作组织对内遵循"互信、互利、平等、协商，尊重多样文明、谋求共同发展"的"上海精神"，对外奉行不结盟、不针对其他国家和地区及开放原则，为地区经贸合作和繁荣发展作出积极贡献。

作为中国的友好近邻和上海合作组织的创始国，吉尔吉斯共和国于 2018 年上海合作组织青岛峰会后开始担任上海合作组织轮值主席国。习近平主席对吉尔吉斯共和国担任轮值主席国以来，在推动各领域合作方面的工作给予高度评价，强调了共建"一带一路"已成为中吉合作的主线。并且表示，中方将继续支持吉尔吉斯共和国经济社会发展，同吉方一道现高速增长的态势。吉尔吉斯共和国在独立后基本保持了总体上的相对和平与稳定，为海外投资提供财政、税收便利，出台了一系列的政策措施吸引外资。但是，受多重因素的影响，中国与吉尔吉斯共和国的投资存量和规模与法律风险紧密相关。传统的政治外交途径和经济手段在化解投资法律风险等方面能够发挥的空间和效果有限，应当发挥法律的事先预防和事后救济的作用，为中国企业赴吉尔吉斯共和国投资保驾护航。

以法律手段维护中国赴吉尔吉斯共和国投资企业的合法利益，首先应当清晰明确地掌握吉尔吉斯共和国的投资法律制度。但是目前，理论和实务界将研究目光聚焦在整个中亚地区的法律制度，对某一具体国家的投资法律制度进行详细介绍和研究的成果寥寥，少数将吉尔吉斯共和国作为研究对象的成果也偏向对吉尔吉斯共和国自然地理、风土人情、资源禀赋的介绍。然而，现实中的投资风险无处不在，一旦投资风险引发法律争端，将给企业维权和律师办案带来法律障碍。因此，本书在收集吉尔吉斯共和国与投资有关的法律规范方面做了大量工作，较为详细地介绍了吉尔吉斯共和国的法律制度，填补了对于吉尔吉斯共和国投资法律制度研究的空白。为中国企业赴吉尔吉斯共和国投资提供法律信息，为学者进一步研究提供研究素材，为法科学生学习了解吉尔吉斯共和国与投资有关的法律制度提供了学习资料。

习近平主席于 2013 年在上海合作组织成员国元首理事会第 13 次会议上的发言中表示，中方将在上海政法学院设立"中国-上海合作组织国际司法交流合作培训基地"，愿意利用这一平台为其他成员国培养司法人才。在中央和上海市各部门的支持和指导下，上海政法学院汇集上海、全国乃至全球范围的资深专家，形成多元、开放、国际化的研究队伍，着力打造以论坛、智库、培训三大功能为主的国家级国际司法合作交流平台，服务国家安全和外交战略。近年来，上合基地对上海合作组织成员的国别研究、基础研究以及法律资源建设等方面进行了积极探索，研究成果逐步显现出服务国家战略的功能，国际影响日益凸显。本书的选题、调研、成稿以及出版工作也在"2018 年度中国-上海合作组织国际司法交流合作培训基地科研及国内外学术交流项目"的资助之下完成。

本书的撰写强调了系统性、实用性和科学性的有机统一。

系统性，本书在详尽的法律检索的基础上，全面地介绍了与吉尔吉斯坦投资法律制度的相关规范。对吉尔吉斯共和国企业、投资、海关、税收、司法协助等进行了介绍，确保了本书内容的系统性和完整性。

实用性，法律的生命在于实践，研究吉尔吉斯共和国投资法律制度的目的也在于发挥研究成果在商事实践中的作用。本书紧紧围绕实用的目标，对吉尔吉斯共和国公司设立、矿产投资、司法协助、海关监管、税收优惠等方面的法律规范从实务角度进行详细解读，力求为中国企业"走出去"提供法律指南，帮助企业合法合规地开展业务。

科学性，本书虽为基础研究著作，但注重结构的科学性、内容的新颖性，尽可能反映吉尔吉斯共和国的最新立法和最新研究成果。吉尔吉斯共和国法律的立改废较为频繁，法律更新速度较快，本书在法律持续更新的情况下，力求做到内容严谨、分类科学、体例系统，无论是引用法学理论或法律规范，还是阐述自己的观点或解释案例，均遵循客观中立的主旨。

书由王祥修教授负责结构设计、书稿修正及统稿定稿。各章初稿撰写人员及分工如下（以撰写章节先后为序）：

李　慧、邹亦舒：第一章　吉尔吉斯斯坦企业法律制度；

赵永鹏、张雅雯：第二章　吉尔吉斯斯坦投资法律制度；

刘芷彤、陈筱玮：第三章　吉尔吉斯斯坦国际司法协助法律制度；

刘倩倩、许馨予：第四章　吉尔吉斯斯坦海关法律制度；

木尼拉：第五章　吉尔吉斯斯坦税收法律制度。

本书的撰写团队由上海政法学院国际法学院研究生、高校教师、企业法务以及海外留学生组成，人员结构合理，他们投入了极大的学术研究热情，保证了本书的严谨性和科学性。为了保证本书的质量，编委会多次召开会议，在整体风格设计、结构统筹、语言编排等方面进行了多次修改和调整。

本书围绕中国企业赴吉尔吉斯共和国投资的各个方面，注重法学理论与实务的结合，适合企业法务、律师在实务工作中使用，同时也可作为法律学者从事研究、法科学生进行学习的资料。由于吉尔吉斯共和国法律资料相对匮乏且具体规范变化较快，因此，本书一定还会存在许多不足和疏漏。真诚欢迎读者多提宝贵意见和建议，帮助我们不断修订和改进。

王祥修

2024 年 1 月

目 录 / CONTENTS

吉尔吉斯斯坦企业法律制度

【本章概要】 吉尔吉斯斯坦独立后十分重视经济发展，构建了自己的经济发展战略，提出向市场经济过渡的目标，并逐步建立健全各项法律制度。吉尔吉斯斯坦在逐渐调整经济结构、加快迈向市场经济的过程中，认识到企业的重要性，颁布和完善企业法律制度。本章介绍有关吉尔吉斯斯坦企业的法律制度，重点介绍吉尔吉斯斯坦两合公司、完全合资公司、有限责任公司和股份公司，对比分析中国和吉尔吉斯斯坦两国的企业法律制度。

吉尔吉斯共和国（简称"吉尔吉斯斯坦"）位于亚洲中部，地理位置优越，是中亚国家之间道路运输的枢纽，地理条件方便了与其他亚洲国家的经济往来。然而在经济发展上，吉尔吉斯斯坦曾经历剧烈波折的过程。1991年8月月底，吉尔吉斯斯坦实现独立，由于独立初期的政治局势非常不稳定，除此之外还采取了一系列激进的经济手段实现私有化经济、建立私有化的市场经济体制，吉尔吉斯斯坦的经济在这一时期大幅倒退，也产生了非常严重的经济危机，工业、农业的生产总值都严重下滑，国家面临严重的通货膨胀和财政危机。因为政府干预经济没有发生作用，从而引发了一系列社会问题，也威胁到吉尔吉斯斯坦的政治稳定。这一时期，吉尔吉斯斯坦的大批工厂停业、失业人数急剧增加，居民的生活水平也急剧下降，物资也出现短缺的现象。面对混乱的社会，吉尔吉斯斯坦采取一系列措施来稳定和恢复经济的发展，在吉尔吉斯斯坦政府和国际社会的帮助下，1996年吉尔吉斯斯坦的经济开始实现增长。2000年吉尔吉斯斯坦总统阿卡耶夫成功连任，这一时期政府对国家掌控能力很强，政治稳定，经济方面实行的是以市场为主的政策，致力于复兴经济、解决贫困问题，所以这一时期吉尔吉斯斯坦的国内生产总值实现了连续多年的正增长。吉尔吉斯斯坦政府在 2008 年 7 月 9 日宣布，吉尔吉斯斯坦的工业企业在 2007 年和 2008 年上半年创造了 1 万多个工作岗位。在此期间，有 70 家新企业投产，还有 24 家停产企业恢复运营。吉尔吉斯斯坦实行一系列促进工业发展的措施，为企业引来资金，再加上企业的自筹资金，一批新的建材企业成立了，有 800 多人因此获得了工作岗位并有了稳定的收入。[1]

当然，经济复兴的道路也不是一帆风顺的，吉尔吉斯斯坦经济发展中遇到两次全球经济危机的影响，分别是 1998 年亚太金融危机以及 2008 年全球金融危机，这给吉尔吉斯斯坦的经济带来了巨大冲击。艰难度过世界性的金融风暴后，复杂多变的国际社会又阻碍吉尔吉斯斯坦经济的发展，2014 年克里米亚事件，俄罗斯受到了西方国家的经济制裁，卢布大幅贬值，而吉尔吉斯斯坦经济和俄罗斯金融市场紧密相关，国内生产总值又再一次下跌。除此之外，2005 年 8 月，在吉尔吉斯斯坦首都比什凯克参加税收问题圆桌会议的代表们认为，吉尔吉斯斯坦企业没有能力，尤其是与哈萨克斯坦的企业竞争。其原因是吉尔吉斯斯坦企业生产的产品成本太高，也无力缴纳税款。

表 1-1　2006 年~2018 年吉尔吉斯斯坦国内生产总值[2]

年份	GDP（亿美元）
2006	28.34
2007	38.03
2008	51.40
2009	46.90
2010	47.94
2011	59.2
2012	64.2
2013	72.2
2014	74.3
2015	65.72
2016	65.52

---

〔1〕　参见杨建梅：“吉尔吉斯斯坦工业企业创造大量工作岗位”，载《中亚信息》2008 年第 8 期。
〔2〕　数据来源：中华人民共和国驻吉尔吉斯共和国大使馆经济商务参赞处。

年份	GDP（亿美元）
2017	71.63
2018	80.93

2012年12月月初，吉尔吉斯斯坦总统阿塔姆巴耶夫在"吉稳定经济发展国家理事会"的首次会议上，宣布了《2013～2017年稳定发展战略》，即吉经济发展的五年规划，主要内容包括，第一，经济发展目标：到2017年，吉政府计划将人均国内生产总值从2011年的1200美元提高到2500美元，将国内生产总值从2011年的59.2亿美元提高到135亿美元，平均每年增长逾7%。此外，还计划将贫困率从37%降低到25%，将平均工资从193美元提高到553美元。第二，优先发展领域。吉政府拟在2017年将吉建成快速发展中国家，为此拟集中精力优先发展以下经济领域：交通、电力、采矿、农业、轻工业、服务业等。交通运输方面，吉政府希望计划每年新建和修复超过450公里的沥青混凝土路面公路，不仅连通国家的南部和北部，而且可以解决矿区的矿产品运出问题。同时计划发展航空和铁路运输，以期成为区域的运输枢纽。电力方面，吉政府希望将电力作为重要的出口能源，通过向周边国家售电增加国家和居民收入，提高吉在中亚区域的地位，同时也促进本国中小企业的业务发展。农业方面，吉尔吉斯斯坦超过一半的国民生活在农村，为了发展农业，吉政府拟通过预算拨款以及外国贷款来修复多个地区的灌溉系统。吉政府希望在保障本国粮食安全的同时，还可以大力发展吉本国绿色农产品的出口。采矿和轻工业方面，吉政府希望吸引外国投资建设一批以本国矿产资源为原材料的国际水准加工厂，从而增加出口商品的附加值。同时拟发展缝纫品和饮用水的生产。服务业方面，吉政府希望将吉建成符合现代化要求的区域性旅游与休闲中心，并且努力建立区域性的金融中心、现代艺术中心、创意经济中心等。

影响吉尔吉斯斯坦经济发展的问题有四个方面。第一，吉尔吉斯斯坦国家政局不稳，缺乏强有力的领导人。2005年3月发生"颜色革命"，由于当时新政府不能完全控制局势，吉尔吉斯斯坦的游行不断，围绕政府人选的斗争不断，导致了本该致力于经济建设的政府忙于应对各类政治事件，平衡各种利益关系，严重影响了吉尔吉斯斯坦的经济发展，2005年国内生产总值与上一年同比近10年首次出现负增长。第二，对本民族工业保护不够。多个成功国家的发展经验告诉我们：一个独立的国家一定要建立起几个支柱产业；在本国工业处于幼年时期，国家一定要采用关税壁垒等政策对其进行扶持。吉尔吉斯斯坦自独立以来，只是笼统地提出一些国家优先发展的领域和优惠政策，至于本国民族工业如何发展、如何保护，一直未有明确的政策。致使15年后，吉尔吉斯斯坦仍未建立起民族工业体系，且与独立时差别不大，民用品等涉及国计民生的产品依然严重依赖进口，大批工厂倒闭、厂房闲置，工人失业。第三，政府确定的优先发展领域与国家实际不符。吉尔吉斯斯坦制定的《2010年国家中期发展战略》中，经济领域优先发展方向为能源、交通通信、农业、轻工业、矿山开采、信息技术和旅游业。其中，能源受资源缺乏限制，信息技术受到吉尔吉斯斯坦科技水平的限制，与吉尔吉斯斯坦国情相差较大。在科技上，吉尔吉斯斯坦并没有确定未来几年在卫生保健和环保产业、农业领域和日用消费品方面、基础设施建设、旅游等方面开展科技研究工作，虽然吉尔吉斯斯坦在人文科学、农业科学、生物等领域制定相应科研计划，取得一定成效，但是总体水平还较低。第四，吉尔吉斯斯坦的投资环境亟需改善。吉尔吉斯斯坦的基础设施建设差，固定资产投资少，铁路、公路、机场建设等基础设施亟待改善；科技实力较差，教育结构失衡；债务繁重等严重制约吉尔吉斯斯坦经济的发展。官员腐败严重，导致政府信用缺失，税负较高。世界银行2006年11月为175个国家和地区税依据其税收体制对企业经营的干预程度、税收数量、税收体系的透明度等，为其排名，吉尔吉斯斯坦排名150位。企业的税赋较重，主要税种有增值税、消费税、利润税、商业税等。吉尔吉斯斯坦法制建设不完善，政府官员更迭频繁，国家政策的制定和执行缺乏连贯性和可预见性。[1]

第一节　公司法律制度概述

根据吉尔吉斯斯坦国家统计委员会的统计数据显示，截至2015年1月1日，吉尔吉斯斯坦内经济主体60.36万个，同比增长4%。其中按经营形式划分，约98%为私营主体，其余为国有和市政主体；按行业划分，63.8%从事

---

[1]　参见何卫："独立后吉尔吉斯斯坦的经济发展概况及其制约因素"，载《魅力中国》2017年第20期。

农林牧业，16.7%从事批发零售贸易及汽车维修，5.8%从事运输及货物仓储等。在现有的经济实体中，大型和中型实体占比分别为 6.6%和 13.8%，小微企业占比 79.6%，吉全国约有小微企业 48 万家。

2000 年，吉尔吉斯斯坦调整经济改革方针，稳步渐进地向市场经济接轨，推行以私有化和非国有化改造为中心的经济体制改革，经济保持了增长态势，工业生产出现恢复性增长势头。在制订 2000 年~2010 年发展战略时，吉尔吉斯斯坦将发展旅游业和扶持中小企业列为今后经济工作的重点方向。但吉尔吉斯斯坦有关企业的法律规定也不尽完善。吉尔吉斯斯坦主要的企业法律制度有《公司法》《企业家权利保护法》《法人及其分支机构登记法》《企业检查程序法》《许可法》等。此外，吉尔吉斯斯坦对外国投资的依赖度比较高，引进外资的政策中绝大部分都是以法律制度的形式表现出来，在《自由经济区法》《海关法》《外国投资法》《外国租赁经营法》《对外活动基本法》《私有化法》《政府关于向海外投资者就地质勘探保证的决议》《关于开办和注册外资企业、合资企业、国际联合体及组织的办法条例》等，都对在吉尔吉斯斯坦的外国投资和外国投资者作出相应规定。

一、《公司法》

吉尔吉斯斯坦的《公司法》于 1997 年 1 月 1 日生效，现行的《公司法》是 2016 年 5 月修正的。吉尔吉斯斯坦的公司法规分别由《宪法》、《民法》、总统令和政府制定的法律文件构成。如果吉尔吉斯斯坦参与的国际协议中有吉尔吉斯斯坦未涉及的条款，可以采取国际协议中的条款。对于有商业性质的公司，例如银行、保险公司、投资公司等以及其他类似公司，注册自己的额度、构成和使用，产权制度以及管理机构的业务特殊性等，吉尔吉斯斯坦《公司法》于专门的法规文件有同等的调整作用。

吉尔吉斯斯坦的公司指的是根据注册资金的投资份额出资，或是以股东股份组建，经营活动是以营利为目的的商业组织。公司股东对投入的财产或购买的股票，以及公司从事经营活动所得利润享有财产权。根据吉尔吉斯斯坦《公司法》有关公司股东的规定，一位公民只能是一个完全股东创办人或者另一个两合公司中的一个完全股东；一个合资公司的股东不能少于两位；股东大会（代表会议）是公司最高管理机构；公司设立董事会、监督机构、其他由股东大会决定的机构，这些机构共同组成公司的执行机构，执行机构负责经营活动并且需要向股东大会报告。

吉尔吉斯斯坦的企业类型按照创办形式的不同分为完全合资公司、两合公司、有限责任公司和股份公司。吉尔吉斯斯坦的《公司法》规定了各种类型公司的权利、义务实质性内容，如股东的权利义务等。同时，吉尔吉斯斯坦的《公司法》为了确保这些权利义务的实现，还规定取得、行使实体权利、履行义务所必须遵守的法定程序，如董事会的选举等。

二、《自由经济区法》

比什凯克自由经济区建立于 1995 年，占地面积逾 5 平方千米公顷，位于比什凯克市近郊的玛纳斯国际机场附近。比什凯克自由经济区视同"境内关外"，设有单独的海关和注册程序，管理实行封闭式管理。目前在该自由经济区正式注册并从事生产、经营活动的有来自中国、土耳其、印度、伊朗、沙特等 23 个国家和地区的 80 余家企业，该区生产的 70%产品出口到哈萨克斯坦、俄罗斯、乌兹别克斯坦、土库曼斯坦及中国等周边国家。

2014 年 1 月 11 日，吉尔吉斯斯坦总统阿塔姆巴耶夫签署了由议会审议通过的新版《自由经济区法》，该法案将自公布之日起 1 个月后生效。1992 年 12 月 16 日颁布实施的旧版《自由经济区法》将自新法案生效之日起作废。

该法案旨在促进吉尔吉斯斯坦自由经济区制度更加高效与现代化，包括为保证经济区的良好运营与发展制订相关国家政策、加强政府部门间协作，以及创造便利条件推动区域经济增长、提高吉尔吉斯斯坦公民工作积极性等。该法案的出台是阿塔姆巴耶夫总统执政以来，除新版《矿产资源法》和《外国投资法》修订案外，在改善投资环境、规范法律法规方面的又一重大举措。

目前吉尔吉斯境内共有 4 个自由经济区，分别是"比什凯克自由经济区"（位于比什凯克市）、"纳伦自由经济区"（位于纳伦州）、"卡拉阔尔自由经济区"（位于伊塞克湖州）和"玛依玛克自由经济区"（位于塔拉斯州）。根据其现行法规定，外资企业在自由经济区经营期间，免缴进出口关税及其他税、费；对在自由经济区注册的外资企业输入经济区内的货物免征增值税、消费税及其他规费；当其向境外出口商品时，须向经济区管理委员会缴纳出口报关货值 1%~2% 的"提供税收优惠服务费"；自由经济区生产的产品在出口到吉境外时不受其出口配额和许可证的限制。

在自由经济区内，吉尔吉斯斯坦本国和外国法人有多种权利和义务，例如可以创办任何形式的企业和联合企业，从事除吉尔吉斯斯坦法规禁止以外的所有行业的经济活动；在自由经济区注册的企业和联合企业有权在吉尔吉斯斯坦和国外建立自己的分支机构；在自由经济区创办的企业要按照其确定的程序在总管理处注册；在自由经济区禁止开展给环境带来危害的生产活动。

为吸引信息技术企业，2013 年吉尔吉斯斯坦设立高新技术园区，并开始对外招商，为 IT 公司及其编程人员等提供了一个开放的平台。该高新技术园区内注册企业享受 5% 的企业所得税率（一般为 10%），保险费为月平均工资的 12%，企业需每季度缴纳收入的 1% 作为园区服务费。对在该园区注册的企业或个人，要求其至少 90% 的营业收入来自信息系统的分析、设计和编程，信息技术和软件出口，建立和提供交互式信息服务等业务。

三、吉尔吉斯斯坦投资法

吉尔吉斯斯坦在独立以后，为有效吸引外资，很快通过了一系列鼓励外国投资的法律法规。吉尔吉斯斯坦有关投资立法的思想指导分为两个阶段：在独立初期，吉尔吉斯斯坦为了融入国际社会，吸引大规模资金，恢复国民经济，健全经济体系，投资思想为旨在保障吉尔吉斯斯坦有效地参与国际经济联系，以外国投资的形式吸引财力、物力及外国技术。2003 年新投资法体现的指导思想为：通过为投资人提供公正、平等的法律制度和保护其对吉经济的投资，达到改善吉尔吉斯斯坦投资环境，促进吸引本国和外国投资的目的。

目前吉尔吉斯斯坦的外国投资法主要有 1991 年《外国投资法》、1992 年《对外活动基本法》、1993 年《外国租赁经营法》、1992 年 4 月《关于开办和注册外资企业、合资企业、国际联合体及组织的办法条例》、1994 年通过的《政府关于向外国投资者就地质勘探提供保证的决议》等，其中重要的措施包括：为允许外国投资者就地质勘探提供保证，赋予企业外贸自主权以及一系列税收优惠。这些政策法规对吸引外资产生了一定的积极作用。

吉尔吉斯斯坦现行《外国投资法》于 2003 年 3 月获准生效，是吉经济投资领域现行的基本法规。该法正式公布后，其 1997 年的《外国投资法》随之作废。但是，由于 2003 年《外国投资法》取消了原《外国投资法》给予外国投资者的税收优惠等规定，而吉的投资环境近年来并没有发生令人振奋的改善，因此实施一年来并没有对外国投资者的投资兴趣和投资信心产生显著的正面影响；其次，该法规缺少可操作性，如果不辅之以其他行之有效的具体实施细则和配套措施以及其他相关领域的同步改革，尤其是政府服务领域的改革，仅这一部法规的出台恐难以在近期内对吉投资环境的改善产生根本的影响；最后，吉涉及经济活动的法律法规修改频繁，政策的连续性和稳定性较差，且政出多门，无形中加大了在吉投资的风险系数。[1]

第二节　企业设立与注册法律制度

一、企业的设立

企业公司的设立指的是企业设立人依照法定的条件和程序，为组建公司并取得相应资格而必须采取和完成的法律行为。在吉尔吉斯斯坦设立企业可以选择的形式：个体企业、全合作形式、两合公司、有限责任公司、股份公司（开放股份和封闭股份）、代表处、分公司。

注册包括在吉尔吉斯斯坦司法部进行法人地位注册、统计委员会与税务机构注册、获取从事固定行为类型许可证（有关类型在《许可证法》第 9 条中有具体规定）以及与企业行为类型有关的许可。

法人注册包括检查创办法人单位文件是否符合吉尔吉斯斯坦法律规定，向企业颁发带有注册号码的国家注册证书，将法人注册资料列入国家统一目录。

在吉尔吉斯斯坦司法部注册时，公司代表或承包人本人应提供如下文件：注册申请和取决于公司形式的其他文件。

二、注册企业的受理机构

在吉尔吉斯斯坦设立企业应在以下 3 个国家机关进行注册：司法部（吉

---

〔1〕　参见中华人民共和国驻吉尔吉斯共和国大使馆经济商务参赞处："主要法律依据及评价"，载 http://kgmofcom.gov.cn/artide/ddfg/200705/20070504720616.shtml，最后访问日期：2023 年 2 月 28 日。

在每个州区设有州区管理局）；国家统计委员会（负责将注册资料记入国家统一投资目录）；国家税务监察局。个体企业主只需在统计委员会与税务机构注册。

外国投资者与吉尔吉斯斯坦投资者享有同等法律地位，可作为独资外企，或与吉尔吉斯斯坦其他外企成立合资企业从事有关活动。外国人可购买吉尔吉斯斯坦公司股票或其他有价证券，并可参与有关私有化规划。

三、企业注册的主要程序

（一）法人注册

法人注册包括检查创办法人单位文件是否符合吉尔吉斯斯坦法律规定，向企业颁发带有注册号码的国家注册证书，将法人注册资料列入国家统一目录。

在吉尔吉斯斯坦司法部注册时，公司代表或承包人本人应提供如下文件：（1）注册申请；（2）取决于公司形式的其他文件。

注册股份公司时，创办人应出具确认提交50%注册资金的银行证明。

外国公民作为创办人，应出具其本人护照复印件或其他个人证明文件（应附带有注明签证日期标注）；注册登记卡应在吉尔吉斯斯坦国家统计委员会领取，办理时间为2个工作日。所有注册文件均应附带经公证的吉、俄文译文。

（二）个体业主注册

吉尔吉斯斯坦国家统计委员会及其地区机构负责对个体业主依照其所在地进行注册。注册依据业主护照和注册申请进行。注册后统计机构颁发注有单独登记号码的注册证明。

（三）分公司和代表处注册

分公司与代表处注册程序同法人注册相似。应另提交的补充文件包括分公司或代表处总则、分公司或代表处组建人的注册文件复印件。外国企业或自然人应出具证明分公司或代表处的组建公司合法法人地位的文件，以及确认其支付能力的银行证明。所有文件应附带经公证的吉、俄文译文。

（四）自由经济区企业注册

自由经济区企业注册实行特殊规定。企业应在自由经济区经理委员会注册。所有企业及个体业主均应在吉尔吉斯斯坦国家税务总局或在其所在地税务分局登记。在吉尔吉斯斯坦国家税务总局登记应提供如下文件：法人应提供：企业创办文件复印件、国家注册证明以及其他相关文件。自然人应提供：注册登记卡、护照及其他必要文件。作为纳税人应填写税务登记卡，一式三份，登记后，纳税人可获取单独税号，供填写所有财会、报关文件之用。如纳税人首次进行税务登记，国家税务总局应向其提供纳税人应缴纳所有税种、支出与义务的信息清单。

（五）外资企业注册

注册外资企业需要的步骤：第一，确认公司章程，包括吉语和俄语公司名称；法定地址；发起人的信息包括姓名或企业名称全称、住所或地址；注册资本金额及股东股份比例；执行机构总经理姓名；对规定的公司还要填写经营范围和经营目的。第二，设立合同（两个或两个以上股东）；第三，如果发起人一方是国有企业机构，应取得所有权人或吉尔吉斯斯坦授权政府机构同意。

注册所需要的外国文件需要译成吉语或者俄语，并且要进行公证和认证。注册需要向吉尔吉斯斯坦司法部事先核准设立公司的名称，以避免与其他公司名称冲突。公司的营业范围属于规定的特殊行业时应通过国家审批程序取得有关许可证。

向吉尔吉斯斯坦授权登记机关提交所准备的注册文件。吉尔吉斯斯坦注册企业法人原则是"单一窗口"，是指吉尔吉斯斯坦授权登记机关注册企业法人和分支机构，同时办理税务机关纳税登记、统计局登记、社会资金登记手续，之后需支付国家注册费，最后领取国家注册证书、纳税人识别号、全国企业与组织机构分类码。整个外资企业注册程序需要 10 个工作日。

在吉尔吉斯斯坦正式注册的法人要在每年 7 月 1 日前持规定的公司经营文件和报表到吉尔吉斯斯坦司法部办理年审。逾期不办者将被取消注册资格。

企业在吉尔吉斯斯坦税务部门报税的时间是每月 20 日前报上月税。根据吉尔吉斯斯坦税法，企业自行在所属税务局报税。企业报税时应递交由法人和会计签署的会计报表。

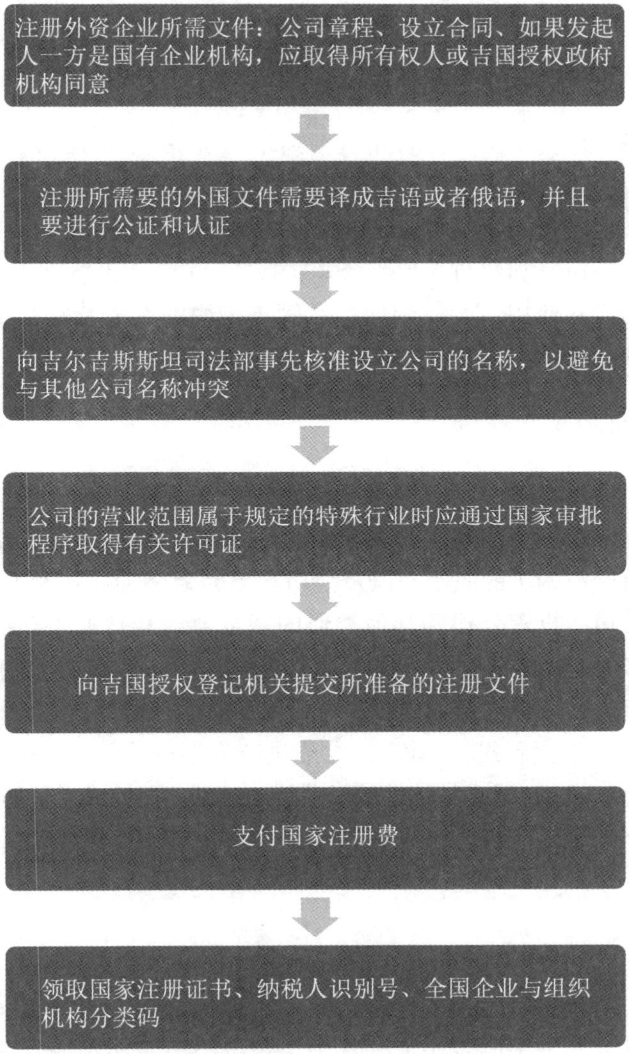

注册外资企业所需文件：公司章程、设立合同、如果发起人一方是国有企业机构，应取得所有权人或吉国授权政府机构同意

↓

注册所需要的外国文件需要译成吉语或者俄语，并且要进行公证和认证

↓

向吉尔吉斯斯坦司法部事先核准设立公司的名称，以避免与其他公司名称冲突

↓

公司的营业范围属于规定的特殊行业时应通过国家审批程序取得有关许可证

↓

向吉国授权登记机关提交所准备的注册文件

↓

支付国家注册费

↓

领取国家注册证书、纳税人识别号、全国企业与组织机构分类码

图 1-1 吉尔吉斯斯坦注册外资企业程序示意图〔1〕

---

〔1〕 制作：Istaeva Sarzhana，审校：中国政法大学俄罗斯法律研究中心副主任王志华

第三节　公司法总论

吉尔吉斯斯坦公司法规由吉尔吉斯斯坦《宪法》、《民法》、吉尔吉斯斯坦总统令和政府制定的法律文件构成。如果吉尔吉斯斯坦参与的国际协议中有吉尔吉斯斯坦《公司法》未涉及的条款，可以采用国际协议中的条款。对于商业性有限公司（如银行、保险公司、投资公司、其他类型公司），注册资金的额度、构成和使用、产权制度以及管理机构的业务特殊性等，吉尔吉斯斯坦《公司法》同专门法规文件有同等的调整作用。

一、公司的基本概念

吉尔吉斯斯坦《公司法》对公司的定义是根据法定注册资金的投资份额出资，或者以股东股份组建，经营活动是以营利为目的的商业组织。公司股东对投入的财产或购买的股票，以及公司从事经营活动所得利润享有财产权。银行、保险公司、投资公司和其他类似的基金会，其基本经营活动是吸收创办人的资金和财产，这类公司的组建和经营互动由专门的法规确定。公司是依照法律规定进行登记的商业组织，公司的成立必须依照吉尔吉斯斯坦法律规定在注册登记机关进行登记，登记后才能进行商事活动。公司是以营利为目的的商业组织，公司需要通过持续性的经营活动达到公司的成立目的，获得盈利。

二、公司的产生

（一）公司股东

吉尔吉斯斯坦公司的股东也是公司的创办人。完全资合公司和商业公司的完全股东可以是公民或者法人。其中，一位公民只能是一个完全股东或另一个两合公司中的一个完全股东；一个资合公司的股东不能少于两位。个体工商户和（或）法人可以成为有限责任公司、附加责任公司、股份公司的股东和两合公司的出资人，但有代表权、执行权和司法权的机构除外；法律文件可以对执行权力的机构作为合资公司股东的条件作出专门规定；一位公民可以创办一个有限（补充、附加、追加）责任公司和股份公司；一位公民购买了另一公民的全部投资股份或股票，即成为公司成员。如其他法规未规定，境外国家、跨国公司、外国法人和公司以及无国籍的人员可以加入符合公司法规规定的公司。

（二）公司章程

创始人协议和章程是公司的创始人文件。由一个公民作为创始人的创办文件只有公司章程。公司章程须由在股东大会上产生的负责人签名。由一个公民创办的公司的章程只须其本人签名。由两个或两个以上的公民或其他组织创办的公司的创办文件可以是创办合同，创办合同的内容属于商业机密，只有经过公司创办方的许可或在法律规定的条件下才能把创办合同的内容向国家机关或其他专门机关以及第三方公开，公司的创办合同须由全体创办人签名。

公司股东在创办合同中必须确定：公司股东之间的利润分配方式和弥补亏损的方式；公司业务管理；全体人员的职位、退休金、休假等；每个股东的股份比例，他们出资的额度、类别、期限和手续；股东在违反投资义务时应承担的责任；注册资金的规模以及类别。创始人在创办合同中可以增加法律或股东规定的其他资料。公司章程由股东根据创始人协议的内容制定。在公司章程和公司创始人协议中应当注明：公司的形式和名称；公司地址；公司经营活动期限（如已确定）；领导权限；董事会和监督机构及其管辖权；财产的构成程序；利润分配和弥补亏损的程序；公司经营活动终止的条件（组织重建或清算）；公司和股东之间的互利互惠关系。可以在公司章程和公司创始人协议中增加法律规定或股东提出的其他条款。公司章程中应包含：规定股东大会的权力、执行机构进行大笔交易时的权力，同时禁止执行机构转让公司资产。

股东在公司经国家注册后成为公司成员。如果吉尔吉斯斯坦《公司法》未作规定的且属于商业组织的公司形式，需要依据相关法律文件确定。公司必须按照法律规定进行国家注册，在国家注册表中列出法人公司的信息，应定期在法人注册机关的专门刊物上公布。境外国家、跨国企业、外国法人和公民以及无国籍者进行国家注册可依法作出特殊规定。

（三）公司财产

公司的财产由固定资金和流动资金组成，其价值反映在公司的独立资产负债表上。公司对本公司的财产享有财产权。公司的财产来源有两方面，一是股东的注资以及公司经营活动的收入；二是法律文件中没有禁止的其他来源。

（四）公司的注册资金

公司的注册资金指的是公司股东向注册资金出资的总和。公司股东的投资方式可以是吉尔吉斯斯坦货币或依法指定的外币以及房屋、设施、设备、原料、金属、商品、产品、有价证券、其它贵重物品和产权割让（包括知识产权），其价值反映在公司的独立资产负债表上。如果当某个公司股东个人使用了公司财产，那么该股东支付的使用这些财产的租赁标准应当与其出资额相符。使用期限根据创始人文件确定。如果创始人文件中未作规定，可由股东另行规定。在使用过程中造成财产损失的风险，按创始人文件的规定由该股东个人承担。减少公司的注册资金只能经公司债权人的书面通知后实行。债权人有权要求提前终止或履行相关的义务和赔偿他们的损失。若减少注册资金的标准低于本法及其他法规对独立公司规定的标准，则不予批准。若违反上述规定，由法庭按当事人的申请，作出公司的清算决定。

（五）公司财产中股东的份额

公司财产中股东的份额是根据股东在公司财产中所占份额由其在注册资金中的出资比例而定。合资公司财产中股东所占份额用百分比确定，股份公司按控股额计算。公司股东可以根据法律之规定确定他们在公司财产中的份额。如果专门法规和创始人文件未作另行规定，公司股东有权保存和拍卖自己在公司财产中的份额。

（六）公司的管理

公司的发展和壮大离不开公司的管理以及公司相关的管理机关。股东大会（代表会议）是公司最高管理机构。完全合资公司和两合公司的业务管理按完全股东的决议进行。公司设立执行机构（集体或个人负责制），领导当前经营活动和向股东大会报告。

公司的执行机构是由董事会（经理委员会）、监督机构以及其他由公司股东大会（代表会议）决定的机构组成。其中，股东大会有权组建检查委员会监督执行机构。

公司管理机构的管辖权、机构的选举（任命）程序以及通过决议的程序由本法有关条款和创始人文件确立。

公司有权在吉尔吉斯斯坦境内按吉尔吉斯斯坦《公司法》以及国际合同

条例的要求建立子公司、分理处和代表处。如果某个公司参与了总公司（主公司）注册资金的出资，或符合与总公司的合同条件，或作出了认可的决议，可吸收这类公司作为子公司。

吉尔吉斯斯坦的子公司是法人和独立经营的企业。它同总公司（主公司）的关系以公司章程和吉尔吉斯斯坦法律法规为依据。总公司（主公司）同子公司共同承担他们签订的最终协议的责任。若子公司因总公司（主公司）的责任而遭受损失，则子公司有权要求总公司（主公司）补偿。如果分理处和代表处不是法人，其固定资产和流动资金列入总公司（主公司）的财产结算，他们应以总公司的名义按指定的原则进行经营活动。总公司承担分理处和代表处的责任。分理处和代表处的领导按总公司（主公司）的委托办理业务。

（七）公司业务终止的规定

在下列情况下公司业务终止：公司创始人约定存续期满；公司达到创始人目的；股东协商决定终止；公司宣告破产和公司确定破产程序；《公司法》、其他法规及公司创始人文件规定的其他情况。公司可采用组织重建（合并、联合、分化、改组）和清算手段终止业务。在公司重建时，须在创建文件及国家法人登记表中列入必要的修改，在公司清算时，在国家法人登记表中列入相应的条目。

按吉尔吉斯斯坦《公司法》的总则和股东大会决议，公司的形式可以由一种改变为另一种。如果完全合资公司或两合公司改变为股份公司、有限责任公司或附加责任公司，每一个完全股东就成为股份公司、有限责任公司或附加责任公司的股东，在3年内以自己全部财产承担完全合资公司或两合公司转为股份公司、有限责任公司或附加责任公司债务补偿的责任。鉴于这种责任，原属于完全股东的股票（份额）不得割让。由股东任命，清算委员会实行公司清算。如果破产则由法庭按司法程序任命清算委员会。清算委员会自任命之日起，有权管理公司经营活动。清算委员会对公司财产评估时应同债权人共同核算，编制清算资产负债表并向公司股东报告。根据吉尔吉斯斯坦《民法》、《破产法》和其他法规的有关规定，公司破产应满足债权人的债权要求。支付公司员工包括员工合法的补偿金在内的劳动报酬、履行国家预算和公司债权人义务后的财产之后，股东按创始人文件中记载的股东投资的比例进行划分。公司清算后向注册机关呈报清算平衡表，作为公司清算结论在国家机关入册的凭据。从清算结论列入国家法人名册之日起，清算结束，公司业务终止。

第四节 公司法各论

一、两合公司

（一）概念及特点

两合公司是由无限责任股东和有限责任股东所组成的公司。其中无限责任股东对公司债务负无限连带的清偿责任，而有限责任股东则以其出资额为限对公司债务负有限清偿责任。前者类似于无限公司股东，对公司负有很大责任，因而享有对公司的直接经营管理权，对外可代表公司；后者则无权管理公司业务，对外不能代表公司。两合公司是无限公司的发展，兼有无限公司信用高和有限公司集资快的优点。法、日等国承认它是法人，英、美等国则视其为有限合伙。

两合公司是在大陆法系国家公司法中规定的公司形式。在英美法系国家，一般视其为有限合伙，以有限合伙来进行规范。此外，还有一种特殊的两合公司，即股份两合公司，它是两合公司的一种特殊形式，普通的两合公司兼有无限公司和有限公司的特点，而股份两合公司则兼有无限公司和股份有限公司的特点。股份两合公司与一般两合公司的不同在于，其有限责任股东是以认购股份即购买公司股票的形式进行出资。从而使得其在对外吸收社会投资上比一般两合公司更容易。

当代经济活动的日益复杂，使得上述公司形式中无限公司及两合公司股东的投资风险更加突出，采用这两种公司形式的国家已经不多，而股份两合公司因其有限责任股东无权参与公司经营管理，其地位不如股份有限公司股东，对投资人吸引力日渐减弱，采用该形式的国家更少，有的国家如日本甚至在立法中将其废除。两合公司适合不同投资者的需要、股东责任明确并且筹集资本简单。但是两合公司还存在人为因素影响大、股份转让不灵活的缺点。

各国公认两合公司有下述特征。第一，须由两种责任股东组成。各国均要求它必须由一人以上的无限责任股东与一人以上的有限责任股东共同组成。这是其设立和存续的必要条件。如果只剩下一种股东，该公司即告解散或者变更为另一公司形式。此外，法律对两种股东的限制不同。无限责任股东只能是自然人；有限责任股东则可以为法人。部分有限责任股东死亡或破产，通常不影响公司的存在；任何无限责任股东死亡或退出，除章程另有规定外，公司即告解散。第二，具有人合兼资合的性质。在此类公司中，无限责任股东以其个人资信作为公司的信用基础；有限责任股东以其出资财产作为公司的信用基础。这种人合兼资合的双重特性，使两合公司区别于单纯的人合公司（无限公司）与资合公司（股份有限公司）。有限公司与股份两合公司虽然也具有人合兼资合的属性。但是，有限公司以资合为主，两合公司则以人合为主，且通常准用有关无限公司的规定。股份两合公司的资本应划分为等额的股份，两合公司则不然。第三，两种股东的权利义务不同。各国法律一般规定：无限责任股东的出资方式不受限制，但一般不能转让其出资；有限责任股东只能以财产出资，但其出资份额均可自由转让。无限责任股东均可执行公司业务，但负有竞业禁止的义务；有限责任股东只享有监督权，不能执行公司业务，亦不受竞业禁止的限制。无限责任股东应对公司债务直接负连带无限责任；有限责任股东却仅以其出资额为限间接对公司债务负有限清偿责任。两合公司虽然具有易于募集资本、利于资才合作、便于经营管理等优势。但是，由于公司易被少数无限责任股东操纵，财务基础不稳；股东责任不同且不易被人分辨，故现已日趋衰落，极少被人采用。

（二）出资人的权利与义务

出资人有以下权利：第一，按创始人文件规定的程序，依照其在公司财产中所占的比例获得利润；第二，查看公司的年度报表和资产负债表，并核对是否准确；第三，按本法及公司创始人文件规定的程序，把所占的财产份额转让给其他出资人或第三人。

出资人有以下义务：第一，接受创始人文件的条件；第二，按创始人文件规定的程序、方式和比例出资；第三，配合公司完成创始人文件指定的业务，包括为公司出资。

如果出资人不经公司授权就订立了符合公司利益的契约，或公司批准了他的业务，公司按契约对债权方负全责。如果公司没有批准，则出资人以自己的财产向第三方单独负责，他的财产可依法被追缴。出资人应履行吉尔吉斯斯坦《公司法》、其它法规或创始人文件规定的其他义务。按吉尔吉斯斯坦《公司法》、其他法规和创始人文件规定，完全合资人同出资人商定的不属于他们义务范围的协议，是无效协议。

（三）出资人的变更

若吉尔吉斯斯坦《公司法》及公司创始人文件无另行规定或约定，经完全合资人同意，出资人可把自己在公司财产中的份额转让给其他完全合资人或第三方。份额转让给其他完全合资人或第三方后，该出资人在公司的一切权利和义务也相应地转移。若公司创始人文件未另行约定，出资人可在财政年度末申请退出公司。退出公司的申请应提前 6 个月递交。债权方追缴出资人在公司财产中份额的程序参照吉尔吉斯斯坦《公司法》第 19 条。如果一个或几个出资人没有完全承担向公司注册资金出资的义务，完全合资人可全体通过决定，要求按司法程序将他们从公司除名。若公司创始人文件无另行约定，出资人被除名后，公司应返还他们的出资额。如果出资人根本就没有出资，且公司创始人文件无另行约定，则在公司创始人文件规定的出资期限期满后 30 天内，取消其在公司的资格。如果公司法人、出资人被撤销（清算或改组），或公司的公民出资人死亡或宣告死亡，按吉尔吉斯斯坦《民法》规定的程序确立其法定继承人。

（四）注册资本、股东份额

两合公司的注册资金由完全合资人和出资人出资构成。出资人的出资总额不超过注册资金的50%。在这种情况下，创始人文件中可规定出资人相对于完全合资人出资（部分出资）的义务。由创始人文件确定构成公司注册资金的比例、程序和期限。

（五）创始人文件

公司创始人文件中应注明公司的名称。公司名称中应包括所有完全合资人的名字以及"两合公司"这个词，或不少于一个完全合资人的名字并补上"合资公司"以及"两合公司"两个词。创办文件中还应该包括公司创办方在创办合同中确定的公司章程以及创办方根据创办合同的内容制定的条款。

（六）业务管理

两合公司由完全合资人实行业务管理。管理和办理业务的程序由完全合资人参照完全合资公司条例制定。出资人无权参与公司管理或以自己的名义接受委托。公司出资人无权就公司业务管理与完全合资人争执。

（七）公司股东

股东（完全合资人和出资人）离开公司后，若公司创始人文件未另行约定，则自该股东离开之日起其余股东占有公司财产的平均份额要相应地提高。

经所有完全合资人同意，方可接纳新的完全合资人或出资人。接纳新的完全合资人或新的出资人时，公司创始人文件应作以下修改：股东占有公司财产份额的新比例；改变公司的管理程序；新加入的完全合资人和出资人向公司注册资金出资的比例、程序、期限和方式；同新股东有关的其他条件。

（八）利润分配和亏损弥补

若公司创办文件和创办人协议无另行约定，则按投入公司财产的份额比例在创办人之间分配利润和弥补亏损额。已经离开公司的创办人不参与利润分配和弥补亏损。两合公司的创办人对债务的责任按吉尔吉斯斯坦《公司法》第23条规定进行承担，完全合资人以自己的全部财产共同承担公司债务的附加责任。出资人按他们向注册资金的出资比例承担债务。

（九）公司业务终止

如果全体完全合资人或全体出资人离开公司，除公司主业务外的其他业务全都停止。自最后一个出资人离开后留下来的完全合资人，或最后一个完全合资人离开后留下来的出资人，都有权在6个月以内接纳新的股东以保全此公司。这种情况下，完全合资人或出资人有权把两合公司改造成完全合资公司。如果公司只留下了完全合资人和出资人，他们有权按照吉尔吉斯斯坦《公司法》第24条第2款之规定办理业务。如果公司清算，抵偿了债权人的债务后，出资人比完全合资人优先从剩余的财产中收回自己的出资。若创始人文件未规定其他程序，剩余财产按出资比例在完全合资人和出资人之间划分。

二、完全合资公司

按照公司在成立时的信用基础不同，可以将公司分为人合公司、资合公司和两合公司。按照公司的管辖与被管辖的关系，可以把公司分为总公司和分公司。总公司具有独立的法人资格，能够对外独立承担责任。分公司是总公司根据业务需要开设的，没有法人资格，没有独立财产，责任是由总公司来承担。在业务范围上，分公司不会超过总公司。只能在总公司的授权范围内开展具体的业务活动。

（一）概念及其公司股东的权利义务

完全合资公司是指由于公司财产不足，而由股东共同承担属于财产范围的债务而组建的公司。

完全合资公司股东的权利：按吉尔吉斯斯坦《公司法》和公司创始人文件规定的程序参与公司所获利润的分配；获得有关公司经营活动的完整信息，包括了解会计报表和其他有关公司经营活动的资料；取得公司经营活动中应得利润，该利润与其在公司财产中所占的份额无关（若创始人文件未另行规定其他的利润）；按规定程序退出公司；取得公司清算中偿付了债权人后剩余公司财产中符合自己份额比例的那一部分财产或财产价值；吉尔吉斯斯坦《公司法》及其他法规和创始人文件中规定的其他权利。

完全合资公司股东的义务：遵守公司创始人文件中的规定；按创始人文件规定的程序参与公司管理，包括以公司名义办理业务或促进业务完成；按创始人文件规定的手续、方式和期限出资；以自己的名义和自己的利益为出发点，拒绝参与公司的某些业务；不得泄漏公司的商业秘密。本法及其他法规和创始人文件中规定的其他义务。公司股东宣布的不符合吉尔吉斯斯坦《公司法》、其他法规和创始人文件规定的其他由股东协商的行为都毫无意义。当公司股东不履行吉尔吉斯斯坦《公司法》、其他法规及创始人文件规定的义务，给公司和其他股东造成危害时，其他股东有权要求该股东赔偿损失，但公司在司法程序中应负的责任除外。

（二）公司业务办理及其股东的变更、退出

如果公司关于全体股东共同开展经营活动的创始人协议还没有制订，每个股东都有权以公司名义进行经营活动，或由股东共同进行经营活动。公司内部问题以全体股东表决的方式作出决定。如果创始人协议没有规定其他程序，公司创始人文件可采用股东法定多数票赞成的方式确定。一个股东算一票。创始人文件中可以规定分配给股东的票数，票数与他们在公司注册资金中的股份相称。公司管理机构可按前款的原则委任公司执行机构。构成管理机构的程序及其管辖权由创始人文件确定。个别股东无权在未征得其他股东同意的情况下以个人名义和为了个人利益或第三方利益签订有关公司业务的契约。若发生此类违规行为，公司有权要求由该股东个人赔偿由此造成的公司亏损，或要求该股东按交易结果向公司上交收入。由该股东从上述两种方式中自选其一。接受公司业务委托的机构必须按股东的要求向股东提供自己业务的完整信息。如果某个无权代表整体利益的股东开展了业务却没有得到其余股东的赞同，其有权向公司要求补偿其在开展业务时所支出的费用。条件是，其应证明，由于开展了该项业务，公司保存或相应地增加了财产，且增加额超过了其要求的补偿额。

若股东被宣布破产或以其在公司财产中的份额被其债权人（债权方）追缴而退出公司、股东死亡或被宣告死亡、股东被宣告失踪、股东无行为能力或行为能力受限制，而公司创始人文件中又没有其他规定，其余股东又无争议，公司可以把该股东除名或更换股东。如果公司继续开展自己的经营活动，某个股东把自己在公司财产中的份额转给其他股东或第三方，公司可将该股东除名或接纳新的公司股东，并在创始人文件中重新登记变更情况。

股东有权申请退出公司。股东应在正式退出公司前 6 个月递交退出申请书。创始人文件中可以按吉尔吉斯斯坦《公司法》之规定相应地制定出股东递交退出公司申请的期限。公司股东相互之间所制定的有关退出公司的协议无效。股东退出完全合资公司时应向其返还相当于其向注册资本出资比例的资金。退出人应退还部分或价值应按照其退出公司时的财务平衡表确定，退还期限为该股东实际退出后 30 天内。按退出人同其余股东的协议，公司退还该股东的一部分财产可用等值的实物替代。公司应向退出公司的股东支付从其进入公司之日起到其留在公司最后一年止所得的利润。如果股东所出资金只占注册资金的一部分，而创始人文件和股东协议又无另行约定，则在其退出公司时，只退还其所出的这一部分资金。退出公司的股东应把由其个人使用的公司财产无偿退还。股东退出公司后，若创始人文件和股东协议无另行约定，其余股东占有公司财产的份额要按最初时期的比例相应提高。

（三）股东转让股份

只有征得其他股东的同意，股东才能把自己的股份（部分股份）转让给本公司的其他股东或第三人。当某股东把自己的股份转让给本公司其他股东或第三人后，其在公司的权利和义务也同时转移。如果股东死亡或宣告死亡，经其余股东同意，其法定继承人可进入公司。如果其法定继承人拒绝进入公司，或公司拒绝接纳该继承人，则按吉尔吉斯斯坦《公司法》第16条之规定返还该继承人应得的死亡股东死亡时所拥有的那部分公司财产的价值。

（四）股东被除名

如果公司的某个股东被宣布失踪、无行为能力或行为能力受限制，经其余股东全票通过，该股东可被除名。若法庭作出了组织重建诉讼程序开始的决定后，按同样的程序，甚至可将法人从公司除名。若有充分的理由证明一个或几个股东严重失职或在经营上明显地无能力，公司其余股东有权通过司法程序以全票通过的手段将其除名。应按吉尔吉斯斯坦《公司法》第16条之规定返还被除名者在公司财产中所占份额。按法庭裁定可从被除名的股东所占公司财产的份额中追缴因其过失给公司造成的损失。如果该股东所占份额不足以抵补损失，应以他的其他财产抵补。

（五）追缴完全合资公司股东所欠债务

如果某个公司股东的债务到了偿还期而他的其他财产又不足以偿还，要从他在公司财产中所占的份额中追缴。债权人可向公司提出要求，从他在公司注册资金的出资额中，按吉尔吉斯斯坦《公司法》第16条之规定划出他的债务，计算划出的债务应以债权人对该股东提出债权的那一时刻公司的资产负债表为准。追缴股东在公司财产中所占份额，将他从公司除名，按吉尔吉斯斯坦《公司法》第14条、第18和第23条规定承担后果。

（六）宣告完全合资公司股东失踪、无行为能力和行为能力受限制的后果

若宣告公司股东无行为能力或失踪，则其监护人或其财产继承人只能经全体股东同意后方可参与公司业务。适用于所有被宣告行为能力受限制的公司股东。若股东的监护人拒绝，或公司拒绝作为股东法定代表的监护人参与公司业务，可按吉尔吉斯斯坦《公司法》第16条规定的程序，将被监护人在公司财产中所占份额退还监护人。如果股东被宣告行为能力受限制，而公司拒绝或该股东的法定代表人也拒绝参与公司的业务，则按相同程序退还该股东所占公司财产的份额。

接纳新股东必须公司全体股东同意。接纳新股东时，公司创办文件要做如下修改：股东在公司财产中所占份额的新比例，公司管理程序，新股东被

接纳后其出资比例、手续、期限和方式，其他同新股东相关的条件。如果创办文件或股东协议没有另行规定，则按照公司股东对注册资本的投资比例确定利润分配额和亏损弥补额。关于取消某个股东参与利润分配和亏损弥补的协议无效。

（七）完全合资公司中股东对公司债务的责任

若公司清算时现有财产不足以抵补全部债务，则全体股东用自己全部财产依法承担公司债务的连带责任。在公司创始人后加入公司并按程序转入自己股份的股东或法律继承人只承担其加入公司后发生的债务。离开公司并按程序把股份转让给其他股东或第三人的股东，被债权人（债权方）追缴了其在公司财产中所占份额或被其他股东拒绝参与公司业务的股东，被其他股东拒绝参与公司业务的死亡或宣告死亡的股东的法定继承人，都不承担公司债务。被全部或部分冲销了股份的股东，有权向其他股东提出相当于被冲销股份的代偿权。其他股东应按自己占有公司财产份额的比例，承担其债务责任。若公司业务终止，则公司股东应在公司业务终止2年内承担业务终止前的公司债务。改变吉尔吉斯斯坦《公司法》第23条中依法制定的承担债务程序的股东协议无效。

（八）终止完全合资公司业务的特殊性

当公司只剩下唯一的股东时，终止除吉尔吉斯斯坦《公司法》第8条规定的主业务外的其他业务。自成为公司的唯一股东时起，该股东为维持这个公司，有权在6个月内接纳新的股东。

股东有权在6个月内办理以下业务：同出资人签订办理公司业务的金融合同及构成两合公司；创始人附加责任公司、有限责任公司或股份公司；按《公司法》对注册资金的最低要求创始人其他形式的公司或实行公司清算。

三、有限责任公司

（一）概念及创办

1. 有限责任公司的概念

有限责任公司是享有法人权利的经营公司，由参加者投入的所有权（资本份额）组成固定资本份额给予参加者参与公司管理的权利，并按份额比例得到公司的部分利润，即分得红利，在公司破产时，得到破产份额及依法享有其他权利。有限责任公司又称有限公司，是根据吉尔吉斯斯坦《公司法》及有关法律规定的条件设立，股东以其出资额为限对公司承担责任，按股份比例享受收益，公司以其全部资产对公司的债务承担责任的企业法人。

在吉尔吉斯斯坦《公司法》中规定的有限责任公司是一种经营公司，创办人不承担公司债务，而承担同公司业务有关的亏损风险，创办人的出资为有限额。若创办人没有完全向注册资本出资，应加算上他们未出资的部分共同承担公司债务。

2. 有限责任公司的创办

创办人的权利：按吉尔吉斯斯坦《公司法》或公司创办文件规定的程序参与公司管理，包括参与利润分配；获得完整的公司业务信息，包括了解会计报表和公司的其他资料；若公司创办文件未另行规定，按创办人在公司财产的份额分配年终核算后的利润；按规定程序退出公司；公司清算时，在同债权人结算后剩余财产中，按自己的份额比例收回属于自己的财产部分或相等价值其它财产。创办人的义务：遵守公司创办文件；按创办文件约定的程序参与公司业务；按公司创办文件约定的程序、方式和比例入股；不得泄露公司的商业秘密；履行吉尔吉斯斯坦《公司法》、其他法规和公司创办文件规定的其他义务。如果某创办人对公司造成危害，公司其他创办人有权要求该创办人赔偿损失，并按司法程序将其除名。由创办人出资构成注册资本，创办文件确定出资比例，但不得少于出资时吉尔吉斯斯坦确定的最低月工资。在公司注册前创办人至少要出资一半。若在第二个财政年度及以后的每一财政年度末公司的净资产少于注册资本，则必须按吉尔吉斯斯坦《公司法》第6条第4款的规定公布并按规定程序登记注册资本的减少额。增加公司的注册资本只能在创办人完全出资后在创办文件中注明。公司创办人可以增加或减少出资额。创办人变更注册资本金额的决议自公司重新注册后生效。

（二）公司的管理

创办大会是公司的最高管理机构。公司设执行机构（委员会或个人负责）领导当前业务，并向公司创办大会报告。公司的个人负责管理机构可以不从创办人中产生。公司管理机构的管理权，以及以公司名义作出决议的程序，由吉尔吉斯斯坦《公司法》、其他法规及创办文件确定。公司创办大会的特殊管辖权：修改公司章程，包括注册资本；任免公司执行机构；确认年度报表和资产负债表，分配利润和弥补亏损；决定公司改组和清算；选举公司监察委员会及监察员。公司章程可确立创办大会决定其他问题的特殊管辖权，由创办大会特殊管理权决定的问题不得转交公司执行机构。若创办文件未另行约定，按每个创办人对注册资本出资的比例确定其在创办大会中拥有的投票数额。创办大会决议以总投票额的多数通过，即以总投票额的 2/3 通过。若创办文件未另行约定，公司创办人有权把自己在创办大会的权限转让给公司的其他创办人。创办人可派代表（长期或临时的）以其名义出席创办大会。公司创办人可随时停止所指定人员的权力，并通报其他创办人或执行机构。

1. 有限责任公司的监察委员会

创办大会有权组建监察委员会，监督执行机构的业务活动。监察委员会可聘请公司创办人、业务审计员、独立的财务和会计核算人员及其他鉴定人员。执行机构的人员不得加入监察委员会。检查执行机构的财务时，公司监察委员会有权要求执行机构的成员提供必要的资料、会计凭证、其他凭证及个人的解释。监察委员会向公司创办大会报告结论。由创办大会制定对公司执行机构实行业务检查的程序。按照法律规定或公司创办大会决议，监察委员会可以编制年度资产负债表和其他公司报表。没有监察委员会的结论，公司创办大会无权确认年度资产负债表和其他公司报表，无权分配利润和弥补亏损。公司创办人有权规定同吉尔吉斯斯坦《公司法》第 41 条相似的监督执行机构业务活动程序。公司创办大会必须依附组织对公司业务的独立审计。

若公司创办文件未另行规定，任何一个公司创办人都可要求对公司业务实行审计。审计费用由提出要求的创办人和公司平均负担。若法规或公司创办文件无另行规定或约定，不要求公布公司综合报表。

2. 有限责任公司创办人的变更及退出

有限责任公司创办人的变更应在国家法人注册机关将变更情况填入创办文件。若公司创办文件未另行规定创办人递交退出公司申请的期限，只要其他创办人同意，公司创办人有权随时退出公司。否则，退出人应提前 1 个月递交创办人同意，按照法律规定的手续、方式和期限，公司退还退出的创办人占有的部分公司财产的价值。

3. 有限责任公司创办人财产份额的转让

公司创办人有权拍卖或以其他方式转让自己的与注册资本出资额相当的

公司财产份额，可转让给本公司的一个或几个创办人。允许该创办人将其所占财产的股份（部分）转让给第三者。若公司章程或创办人协议未另行约定，允许其他创办人按自己占有公司财产的比例优先收购割让人的部分股份。若在公告后 1 个月内或在公司章程规定的其他期限内，公司创办人放弃行使优先权，则割让人有权把自己的股份转让给任何第三者。若章程禁止创办人将自己虽拥有的公司财产股份（部分）转让给第三者，而公司其他创办人又拒绝购买，公司必须按当时的市场价收购或按价值折合成实物返还给该创办人。

如果公司自己购买了某创办人的股份（部分），必须按创办文件规定的期限和程序卖给其他创办人或第三方，或按吉尔吉斯斯坦《公司法》第 38 条之规定减少公司的注册资本。在这期间分配利润及买到的股份要在上层机构表决通过。若公司创办人死亡、被宣告死亡或停止公司法人创办人业务（清算或改组），则其在公司财产中的股份转给其法定继承人。若创办文件中未另行约定，只允许在公司其余创办人同意的情况下转让。不得转让给指定的继承人。离开公司的后果参照法律规定执行。如果死亡或被宣告死亡的公民创办人和被宣布停止业务的法人创办人没有对公司注册资本足额出资，若公司章程未另行约定，其法定继承人只能得到已出资的部分。

4. 创办人的除名

如果某创办人严重违反创办文件和公司章程并给公司造成损失，可在创办大会上以 2/3 多数表决通过的程序将其除名并按完全合资公司规定的除名程序进行。

5. 创办人在有限责任公司财产中的股份的抵偿

只有在创办人其他财产不足以抵偿债务时，才能从其在公司财产中所占有的股份中追缴所欠债务。该创办人的债权方有权要求公司以债务人在公司注册资本中占有的股份支付债务价值或划出一部分财产偿还债务。划出的财产部分和财产价值按债权人提出要求时编制的公司资产负债表确定。如果创办人向公司注册资金的出资只相当于债务的一部分，且公司章程未另行约定，则债权方有权追偿这部分出资。创办人在公司财产中的股份被全部追缴完时，注销其公司成员资格。

6. 宣告有限责任公司的公民创办人失踪、无行为能力或行为能力受限制的后果

如果宣告了公司的某个公民创办人失踪或无行为能力，若公司创办文件

未另行约定，其监护人可以凭借法定代表的身份参与公司业务。如果宣告了公司的公民创办人行为能力受限制，且公司创办文件未另行约定，经监护人同意，该监护人可以参与公司业务。

7. 创办人离开有限责任公司的后果

若公司创办文件和创办人协议未另行约定，自创办人离开公司之日起，其余创办人的股份按最初确立的比例相应提高。

8. 有限责任公司吸收新创办人

若创办文件未另行约定，公司接纳新创办人必须经全体创办人通过。接纳新创办人时，公司创办文件要作如下修改：公司创办人向注册资本的新出资额和股份；新创办人向注册资本出资的比例、手续、方式和期限；接纳新创办人的其他必需条件。

9. 有限责任公司创办人的附加费

可依据公司创办大会决议，规定缴纳附加费。若公司章程中没有要求公司全票通过，则该决议可由公司全体创办人 2/3 以上法定多数通过。改变创办人的股份可参照这种表决方法。

四、股份公司

（一）概念及类型

1. 股份公司的概念

国际上公认的股份公司概念是指公司资本为股份所组成的公司，股东以其认购的股份对公司承担责任的企业法人。设立股份有限公司，应当有 2 人以上 200 人以下为发起人，注册资本的最低限额是人民币 500 万元。由于所有股份公司均须是负担有限责任的有限公司（但并非所有有限公司都是股份公司），所以一般合称"股份有限公司"。股份公司产生于 18 世纪的欧洲，19 世纪后半期广泛流行于世界资本主义各国，到目前，股份公司在资本主义国家的经济中占据统治地位。

公司的资本总额平分为金额相等的股份；公司可以向社会公开发行股票筹资，股票可以依法转让；法律对公司股东人数只有最低限度，无最高额规定；股东以其所认购股份对公司承担有限责任，公司以其全部资产对公司债务承担责任；每一股有一票表决权，股东以其所认购持有的股份，享受权利，承担义务；公司应当将经注册会计师审查验证过的会计报告公开。

在吉尔吉斯斯坦《公司法》中，股份公司是指股份公司将注册资金划分为等额的股份，股东不承担公司债务而承担公司业务有关的亏损风险，承担额以属于自己股份的价值为限。公司的财产同股东的财产分开。公司承担自己财产范围的债务，不承担股东的债务。未足额出资的股东共同承担他们未出资部分的公司债务。

2. 股份公司的特征

股份有限公司是独立的经济法人；股份有限公司的股东人数不得少于法律规定的数目。如法国规定，股东人数最少为 7 人；股份有限公司的股东对公司债务负有限责任。其限度是股东应交付的股份金额；股份有限公司的全部资本划分为等额的股份，通过向社会公开发行的办法筹集资金，任何人在缴纳了股款之后，都可以成为公司股东，没有资格限制；公司股份可以自由转让，但不能退股；公司账目须向社会公开，以便投资人了解公司情况，进行选择；公司设立和解散有严格的法律程序，手续复杂。由此可以看出，股份有限公司是典型的"资合公司"。一个人能否成为公司股东决定于其是否缴纳了股款，购买了股票，而不取决于其与其他股东的人身关系，因此，股份有限公司能够迅速、广泛、大量的集中资金。同时，我们可以看到，虽然无限责任公司、有限责任公司、两合公司的资本也都划分为股份，但是这些公司并不公开发行股票，股份也不能自由转让，证券市场上发行和流通的股票都是由股份有限公司发行的，因此，狭义地讲，股份公司指的就是股份有限公司。

3. 股份公司的类型

股份公司分股份有限公司和有限责任公司两种，在章程里表明公司名称。无需其他股东同意，公司创办人可割让属于自己股份的公司称作股份有限公司。股份有限公司有权发行公开签名的股票，及依法自由出售股票。公司必须每年公布完整的年度资产负债表、财务报告和执行情况的报表及吉尔吉斯斯坦《公司法》和其他规范文件确定的其他资料，公司以及公司负责人对所公布资料内容的真实性承担法律责任。

公司股份只在创办人之间分配和事先在其他固定的一批人中分配的称作有限责任公司。公司无权公开发行公开签名股票或以其他方式让一批人无限地购买股份。在有限责任公司中控制普通（表决）股票的股东不得超过 50%。如果这类股东数超过了规定的限度，股东大会应立即在 1 年内作出决议，把公司组建成股份有限公司，同时修改创办文件并保证文件注册不超过规定的期限；按有关人员的申请，对公司将实施清算的司法程序。有限责任公司里想要卖出股份的股东必须请求本公司其他创办人或者公司买下自己的股份。若创办文件未另行约定，公司创办人拒绝购买股份，那么股东有权在征得公司同意后（或咨询后1个月未得到答复时）把股份卖给第三方。按创办文件规定，损害公司利益的创办人经法庭裁决将被公司除名。其股份由公司强行收购。

（二）股份公司的设立条件

1. 股份公司的创办文件

股份公司的公司创办合同自签字之时起生效，而到公司所有创办人员足额出资后方能执行。与合同内容相符的公司章程由创办大会确立。股份公司章程中除已指定的条款外，还应包括以下条款：公司形式（股份有限公司或有限责任公司），公司股票种类，股票票面金额、数量，持股者权利，公司资金构成的程序，代表处和分理处（如果已建立）。公司章程中还可列入不违背吉尔吉斯斯坦《公司法》、其他法规及规范文件的条款。除创办人合同和章程外，创办人还可通过公司业务规则之类的其他文件。公司执行机构、负责人及公司创办人必须遵守这些文件的规定。

2. 股份公司的注册资本

股份公司的注册资本由股东出资构成，他们认购公司股票，应符合法律的相关规定。公司财产划分的最小份额按照保障债权人利益的原则做出规定，即相当于公司发行股票的票面金额的出资对于股份有限公司来说不得小于在股东向注册资本出资时刻吉尔吉斯斯坦规定的最低月工资额的500倍，对于有限责任公司来说不得小于100倍。依法创办的独立银行、金融、保险企业，都是股份公司。注册资本可按本条规定的比例作出相应的其他规定。

在公司注册时，创办人应按创办文件中注明的注册资本金额向公司交出50%的出资额。剩余部分应在公司注册后1年内交完。为防止创办人（创办方）没有在1年内交完剩余的出资额，公司创办文件可规定由于创办人没有履行出资义务而承担的违约金（罚款、罚金）。所交的出资部分由公司掌管，不予返还。公司的公开签名股票不允许全部用来支付注册资本。公司割让的全部股份在创办人中间分配。不允许股东放弃购买股票的义务。如果第二年年末及以后每个财政年度末，公司的净资产少于注册资本，公司必须按规定的程序声明并登记注册资本的减少额，如果公司净资产价值少于规定的最低注册资本金额，公司接受清算。

（1）股份公司增加注册资本

股份公司有权按股东大会决议，以增加股票的票面额和发行附加股票的方式，增加注册资本，只允许在创办人分摊注册资本完全形成之后增加股份并注册。不允许为了弥补亏损而增加注册资本。公司章程中应规定持有股份表决权的股份优先购买公司发行的附加股票的权利。股东大会上必须有 2/3 的股东投票赞成才能作出增加注册资本的决议。在有限责任公司的创办文件上可规定其他增加注册资本的程序。

为增加公司注册资本而召开大会的通知上应包括以下内容：理由、方式和增加注册资本的最低额。同增加公司注册资本有关的修改公司章程的方案，发行附加股票的数量及总额，提前发行股票的报表及持附加股票的股东的权利，发行附加股票时签名的起止日期。禁止在未经国家发行有价证券注册管理机关许可，或未相应地修改公司章程的情况下，发行附加股票或改变股票面额。依法开办的属于股份公司的独立企业（银行、金融、保险企业）增加注册资本也是如此。

（2）减少股份公司注册资本的特殊性

股份公司有权（银行除外）按股东大会决议，通过降低股票面额或收购一部分股票使其作废的方式减少注册资本。如果公司章程中有规定，允许公司通过收购和冲销一部分股票来减少注册资本，公司减少注册资本的程序与增加注册资本的程序相同。自宣布公司减少注册资本的决议之日起 3 个月内股票还没有注销或被收购，该决议无效。

3. 股份公司的创办方

在股份公司创办方之间签订创办合同；确定他们为开办公司合作经营的程序；承担对股票签名人员及第三方的责任。创办方共同承担与开办公司有关的发生在公司进行国家注册之前的债务。公司承担同开办有关的创办方的债务，但只有在股东大会最后一次表决通过时才有效。

股份公司必须发行股票，股票面额以吉尔吉斯斯坦本币表明，出资形式不限，若《证券法》未另行规定，公司可发行记名股票和持有人股票。抵押公司股票的权利不受限制或不列入章程细则。若吉尔吉斯斯坦税务规则未另行规定，股东有权对股票的抵押进行表决。只有在下列情况下公司发行的股票要完税：过量发行的税金不超过注册资本的 10%，股东大会或经理委员会的合同要注明股票经股东确认的税额。股份公司无权用未划分的股票抵押税金。

除普通股票外，还可发行优惠股票，让股东享有获得最低保障（固定）红利的权利。优惠股票的持有者对公司的管理问题没有表决权。但下列情况除外：当公司章程作出了发行累计优惠股票的规定，其持有者就获得了在股东大会上针对会议管辖权内的所有问题的表决权。从最初的会议，到年终股东大会，在会议上没有通过支付红利的决议或通过了不完全支付优惠股票红利的决议时，优惠股票的持有者都有表决权。当足额付清了累计优惠股票的红利后，就终止持有累计优惠股票的股东参加股东大会的权利，优惠股票持有者行使权利的程序（包括清算时处分公司财产的优先权）均由法规和章程确定。

若公司章程未另约定，每年至少发行一次带有给付红利优先权的优惠股票，确定是低面额的利率，按已定标准给付这类股票的红利不能同公司当年的利润分配混淆。若给付优惠股票红利的利润不足，可从准备金提取。如果给付持有普通股票的股东的红利标准超过优惠股票的计算标准，这类股票的持有者可经股东大会的决议获得与其他股东相同的红利增补。优惠股票发行额不得超过公司注册资本的 25%。法规或有限责任公司的章程可以限定最低面额股票的总发行量和属于每个股东的最大表决权。股票的发行、注册、购买、分摊及流通的条件和程序应按吉尔吉斯斯坦《证券法》制定，公司必须按吉尔吉斯斯坦法规和其他规范文件确定的程序编制会计账目及账务综合报表，公司承担会计综合报表的结构、内容、准确性和及时上报的责任。

4. 股份公司的股东名册

自股份公司进行国家注册之日起 1 个月内，按吉尔吉斯斯坦法规及其他规范性文件规定，必须建立股东名册并严密保管。由公司或有权填写股东名册的法人负责填写股东登记册中股份运转情况。名册中应填写每一股记名股票，股票认购的时间以及持这类股票的每个股东应得红利等有关资料（法人股东地址及账号，自然人股东的护照资料及住址）。根据公司提供的资料填入红利获得者按股纳税的义务，还应填写法人是否按股份拥有表决权的资料及股东名册表中《证券法》规定的其他资料（包括股票保管员和维护股东利益的资料）。发行公司认购自己股票的资料必须填入股东名册。

公司有权委托银行、寄存人或其他依法有权从事股票业务的专门企业注册股票（列入股东名册）。上述企业必须通知公司按公司与它们之间的合同规定的程序期限更改股东名册，但不迟于规定给付红利的期限。拥有 500 个注册股东的公司，或把自己的债权分摊到证券交易所的公司，若办理补充发行，必须填写到上述规定企业的股东名册里。董事会必须把股东名册存放在股份公司所在地或（和）有填写股东名册业务权的法人处，以备股东和纳税人查阅。应股票持有者或纳税人的要求，掌管股东名册的人员必须向其提供股东名册摘要以便确定他们对股票的所有权。按吉尔吉斯斯坦规范文件的规定，自提供文件之日起 3 日内开始填写股东名册。如果拒绝填写股东名册，在提出填写公司股东名册要求后 5 日内，制定掌管名册者应向提出要求者说明拒绝填写的理由。被拒绝填写股东名册者可向股份公司监察委员会、国有财产基金会（如果国有企业私有化）、国家证券管理局或司法部门投诉。接到上述机关的决定后，股东名册掌管必须在 2 日内按规定填写股东名册。

（三）股东的权利

股东的财产权包括：按照公司章程或法规确定的程序参加公司管理，参加有表决权的股东大会的权利，在公司采取的司法程序中辩论，取得公司业务信息，包括了解会计结算资料和综合报表及其他由章程规定了获取程序的材料。股份公司的章程及法规可限定属于一个股东的股票数量、最低票面额的总和及股东可享有的最大表决权，股东还可享有吉尔吉斯斯坦《公司法》及其他法规、章程规定的其他财产权和个人非财产权，股东持有的每一种公司普通股票额相同，股东必须按创办文件规定的程序、比例和方式购买股票。不经股东同意不得赋予其任何其他义务。章程、大会决议和董事会赋予股东的其他义务均无效。

股东创办公文的权限在于全体创办人或他们的代表都参加，以简单多数表决的方式选举会议主席。关于创办公司的决议和公司章程确立采用全票通过的方式。创办会议采用 3/4 表决通过的方式决定以下问题：选举公司的执行机构和监督机构，作出设立经理委员会的决议，评估作为出资的事务价值和财产权或用以出资的其他现有现金价值的权利，创办会议还可作出其他规定，确立注册资本金额，划分属于创办人的优惠条件。

（四）公司管理机构

股份公司的职能机构：最高管理机构——股东大会；观察机构——经理委员会；执行机构——集体委员会（管委会、经理处）或个人（经理、总经理）；监督机构——监察委员会；公司章程规定，有半数股东参与业务即可免设监督机构——经理委员会。董事会与监察委员会成员不可同时履行公司经理委员公司成员的义务。

1. 股东大会

（1）股东大会的管辖权

股东大会的管辖权包括：修改章程，变更（增加或减少）公司注册资本；整理和分摊前期发行的股票及附加股股票；制定发行借款债券的程序；选举观察机构（经理委员会），没有经理委员会时，则选举执行机构，选举公司监察委员会和（或）审计员，以及决定各机构的任期；确立公司年度业务成果、公司执行机构和报告和监察委员会的鉴定书；通过公司内部规章，并对规章进行修订和补充；公司清算改组时，任命清算委员会，确认清算平衡表；制定公司股票和其他债券的程序；制定利润分配和弥补亏损的程序。

表决选举经理委员会或经理、监察委员会和（或）审计员，决定各机构的任期，确立公司年度业务成果、公司执行机构的报告和监察委员会的鉴定书，制定公司股票和其他债券的程序，制定利润分配和弥补亏损的程序问题时，以出席会议的股东或其全权代表的 3/4 票数通过。表决其他问题时，以2/3 票数通过。

章程还可就股东大会对公司业务的管辖权作出其他规定。吉尔吉斯斯坦《公司法》规定和公司章程所列的属于股东全体大会管辖权决定的问题不得委托公司执行机构决定。

（2）股东大会举行的相关规定

股东大会每年举行一次，不得与其他会议冲突，股东大会于下一报告年度的 4 月 1 日前召开。股东年会议程：确认董事会报告、年度资产负债表、损益表；选举董事会成员和公司其他领导人；选举审计员并确定其报酬。除年会外，所有会议不定期。不定期会议可由董事会、监察委员会和持股不少于 20% 的股东召集。召集持股人大会前应按股东名册提供的地址书面通知。通知书上应写明召开不定期会议时将讨论的问题。通知书发至全体购买了普通股票的股东、公司审计员和专门注册员。此外，通知书应印发并应指明会议召开的时间、地点和议程。股份有限公司应在开会前 20 日发出通知，有限责任公司应在开会前 10 日通知。大会无权通过未列入议程的决议。如果股东提出的是对立的决议，大会不予全票通过。如果期限不够和通知未送达，会议决议以与会者的全票通过而且有法律效力，股东会议可在公司章程确立的地点举行。经符合公司章程规定的、持有公司股份的有表决权的股东60%以上票数通过，在公司注册后才登记的股东（和他们的代表）也可得到大会的授权。如法定人缺席，董事会必须在1个月内召集股东，授权其按照章程规定由持有40%股份有表决权的股东表决通过决议。大会表决实行"一股一票"的原则，章程规定的举手表决除外，有限责任公司的章程中可以规定每个股东拥有的极限票数。每个股东都有权出席或委托他们已按吉尔吉斯斯坦法规取得注册委托书的代表出席大会。

2. 股份公司董事会

在股东会议的间隔期，董事会遵照公司章程确定的管辖权限领导公司业务。公司执行机构决定问题的管辖权不得超越法规和公司章程规定的公司其他管理机构的管辖权。

董事会成员先由最初的创办合同任命，然后在股东大会上选举。当一个或几个董事会成员缺席或其他原因未能履行赋予他们的职能时，公司章程中应确定此时公司的管理程序。若公司章程未另行约定，董事会成员的劳动报酬条件由经理委员会确定。董事会成员不能兼任监察委员会和经理委员会成员。董事会成员可由股东和公司非股东员工担任。董事会的管辖权和以公司名义开展业务的程序由章程确定。每年如开股东会议前20日，董事会应向股东大会提交年度报表、资产负债表和损益表。年度报表、资产负债表和损益表由董事会全体成员和经理委员会签名。缺席的一个或几个签名者应备注缺席原因。

3. 股份公司的监察委员会和审计

股东大会聘请股东组建监察委员会审查公司的财务和业务，按监察委员会的要求，公司负责人必须提交公司财务和业务方面的资料。公司财务和业务方面的审查针对公司当年的业务合计额，随时都可应监察委员会的倡议，按大会决议、经理委员会（观察机构）决议或持有10%以上股票有表决权股东的要求实行审查。为了审查和核对财务报表，公司可聘请同公司财产无关联的审计员或创办人（外部审计）参与审核。可应在公司注册资本中占10%以上股份的创办人的要求实行审计。由法规和公司章程确定公司业务审计的程序。

4. 经理委员会

根据吉尔吉斯斯坦《公司法》的规定，可在股份公司设经理委员会。经理委员会对董事会实行监督，签订经营合同、债务合同、委托书、决定股东购买公司股票的程序，确定公司分理处及代表处的设立、负责人的劳动报酬，决定公司负责人的产权责任，履行公司章程规定的其他职能。

经理委员会成员无权以公司名义办理业务。公司章程中应明确委员会的管辖权。章程中规定的属于经理委员会管辖的问题不能转交执行机构处理。经理委员会的所有成员以及虽然不是董事会成员却管理着符合章程规定的业务或股东大会授权在指定的期限和条件下办理业务的人员，他们对于第三方的权利、义务和责任与董事会成员相同。由董事会批准或授权办理的业务不是董事会本身的业务。经理委员会成员的人数由公司章程或股东大会确立，但不得少于 3 人。

5. 股份公司的负责人

股份公司董事会、监察委员会和经理委员会的成员都是公司负责人。对公司负责人的任免以及对不是负责人的员工的任用程序，均由法规或公司章程确立。公司负责人履行维护公司利益的职权。如果负责人同公司签订与财政利益相关的合同，其必须做到：向董事会和经理委员会提交书面汇报；接受董事会和经理委员会批准其签订合同的书面通知。此处所指的财政利益关系包括：其是产权人、债权人和同公司的商品供应和社会公益有固定劳务关系的人员，或公司商品的固定买主或社会公益的固定受益人员时；其是产权人、债权人或同公司财产构成相关的自然人或法人，或有权在公司财产管理中得到收入的人员时。

公司负责人若违反大会决议或经理委员会决议，便无权使用财产和拥有公司产权。负责人在自己任期内应脱离机关，参加公司某项有竞争能力的义务。但由经理委员会大多数无利益关系的成员或拥有半数以上公司注册资本的股东作出书面决议的某项竞争业务除外。如果在强制清算中公司财产不足以偿还债务，在公司强制性清算中犯了罪的负责人要承担对债权的债务责任。如果负责人采取了防止被清算的必要措施，或虽采取了措施，但未达到目的，该负责人可以不必承担吉尔吉斯斯坦《公司法》第 68 条规定的责任。如果年度报表、资产负债表、损益表和阶段财务报表反映公司的财务状况失真，那么在上述文件上签字的公司负责人要对因此而给第三方造成的损失承担经济赔偿责任。

（五）债券及其他有价证券

公司有权按吉尔吉斯斯坦《证券法》的规定，遵照章程规定的原则发行（分摊）债券及其他有价证券。为了吸收补充资金，公司可发行数额不高于注册资本的债券。具体时间为按年度资产负债表确认的已足额收到注册资本的出资后3年内。依法确定发行和认购债券的条件和程序，规定冲销债券和销售债券后所获资金的使用办法。

（六）利润的分配

按法规程序股份公司平均分配资产负债表的净利润。按大会决议规定，扣除发展生产和其他方面的准备金后，以给付红利的方式在股东之间分配公司纳税后的净利润。按本程序分配的任何收入都要在股东大会审核了年度报表、资产负债表和损益表并作出许可的决议后才能分配。公司净利润的那一部分是红利，要按股东占有的股份比例均衡地分配。股东大会按董事会的决议计算每一普通股的最终红利额。红利不应高于董事会的提议，但可由股东大会降低。公司可在属于公司的25%以上的利润中支付红利。股份公司在下列情况下无权公布和支付红利：注册资本未完全募足；注册资本额少于支付红利额。优惠股的固定红利按其发行时确定的债权利息而定，发行后未收回的股票或仍在公司资产负债表中的股票不付红利，若公司章程有规定，红利可用股票（利润估价）、债券、商品支付，按法规可由银行代理或公司自己支付红利。公司发布免税红利标准，公司或银行代理发行债券时要在支付股东的红利中扣除发行债券应付的税金。发行债券应说明或在股东名册上注明支付红利的程序和回收股票或公债的范围，可采取现金、支票、委托支付、邮局汇款等各种方式支付红利。股票持有者在正式公布支付日期前30日有红利权。股份有限公司必须设立准备金，比例不少于注册资本的10%，由章程确立准备金构成和使用的程序，由股东大会确定准备基金的扣除标准。公司按章程规定或股东大会决议可授予公司员工购买优惠股票的权利（保留权），公司可在纳税后确定给员工分配利润的比例，包括以现金或股票支付。

（七）公司的改组

按吉尔吉斯斯坦《民法》和吉尔吉斯斯坦《公司法》的规定，股份公司可实行改组，包括整顿、合并、分立、分离、改造等。从事单一银行许可证业务的银行、金融信贷企业和机关可按国家权力机关批准的程序实施改组。

通过分化（分离）手段产生法定继承人构成新公司的形式，应与改组决议的形式相一致。可按股东大会的决议确立改组的程序和期限，也可按吉尔吉斯斯坦法律的规定由司法机关确定程序。若对改组采取非垄断的期限和程序，则公司经理委员会必须召集不定期的股东大会。所有形式的公司改组（除已发表债务声明的机构改造形式外）应在专门刊物公布后的 2 个月内进行。债权方可在公司开始改组的 3 个月以内向公司提出终止或履行债务及赔偿损失的债权，进行改组时不允许用其他财产或产权来兑换已发行的处于保全中的普通股票及优惠股票。

（八）公司的整顿及合并

股份公司的整顿或合并是指可实行财产合并及按公司资产负债表中反映的最后一次股票变化情况，整理所吸收的另一家公司的股票；重新构成即整顿，或继续存在即合并。

整顿后组建的公司或合并后继续存在的公司，是在整顿和合并中吸收了公司所有权利和义务的合法继续者。公司的整顿以整顿合同为基础，合同中确立整顿的程序和条件、新公司保全每个公司的股票和（或）债权的程序及移交文书。整顿合同的方案由参与整顿的每一家公司的经理委员会认可，若吉尔吉斯斯坦《反垄断法》有规定，则提交反垄断机关审理，若反垄断机关同意上述公司的整顿，则整顿合同的方案由这些公司的股东大会审理，各公司股东大会按股东票数 2/3 以上赞成的法定多数通过方案。有关公司业务的其他问题可在创办公司的联合股东大会上共同审理。公司任何一个股东如不赞成整顿或不同意本公司章程确立的某一种整顿方式，都有权向整顿后组建的公司提出购买属于新公司的按独立审计结论确立了价格的股票，条件如下：符合公司章程规定且股东没有在通过整顿决议时使用属于其股票种类的表决权，按整顿合同条件规定，用属于股东的股票交换其他财产或产权（整顿后新建公司的股票除外）；股东控制着被重建公司吸收的子公司的股票。若股东不具备上述条件，但他们在签订了整顿合同后具备了下列条件之一，就可不受现行条件的约束：属于他们的股票在证券市场上已开盘；持有上述指定种类宣布分摊的发行股票的注册股东人数超过了一半。

按规定的公司整顿程序，可将几个公司合并为另一个公司。合并甚至可采用增加合并后仍存在的公司的注册资本的手段，具体做法是发行附加股票并由已合并公司的股东们分摊。用合并公司股东们持有的股票兑换附加股票的条件，可在所有公司共同参加的股东大会上按组织重建决议来确定。采用各公司有表决权的股东 2/3 赞成的绝对多数表决制来作出决定。只有当所有参与合并公司的股票在证券市场上开盘后，才可变更此程序。按吉尔吉斯斯坦法人国家注册法规定的程序，注册机关根据整顿合同（新组建公司的创办合同）条款终止被整顿公司的业务。关于对合并后继续存在的公司进行组织重建和终止被合并公司业务的通知，作为合并的附件或发行债券的注册说明附件在合同签字或发行债券注册后 7 日内呈送注册机关。

（九）公司的分立、分离

分立是把一个股份公司分成若干个独立的公司，建立分开的资产负债表并进行财产分割，这种情况下实行改组的公司的业务终止。也可通过分割公司现有财产和建立分开后的资产负债表的手段创办一个新公司。这时候实行组织重建的公司要相应地改变注册资金。实行组织重建的公司要将权利和义务移转给分立、分离后创办的公司。要按吉尔吉斯斯坦《公司法》的规定和公司章程中确立的年度资产负债表，经股东大会确认，给新公司设立相应的分开后的资产负债表。股东大会通过关于分立或分离的决议时应确定实行组织重建公司的股票种类相关的新股票及面额。这种情况下授予控股人某一种股票的权利（包括选择用于兑换的股票的权利）应是同等的。授予实行改组公司股东用手中原有的股票兑换新建公司股票的权利，不应小于或按比例限制实行组织重建公司章程授予其的权利。如果按反垄断机关的决议实行分化或分离，该机关可规定实行组织重建公司里的任何一个股东用其手中的股票去兑换新建公司的股票（自己选择）。

（十）公司组织形式的构成

股份公司只能按公司股东大会的决议构成，属于每个股东在公司注册资本中占有的股份不得更改。在国有企业基础上创办的股份公司，只能服从吉尔吉斯斯坦《公司法》规定、吉尔吉斯斯坦国有企业私有化法和国有财产基金会的补充条款，直到国有财产基金会转为股份公司之时。在国有企业构成股份公司时，国有财产基金会应任命负责人员，由他们按吉尔吉斯斯坦法人国家注册法和吉尔吉斯斯坦证券及证券交易法规定的程序进行公司的国家注册。按全体劳动员工和权力机关共同在私有化程序中创办的股份公司章程，确立以其企业资产的全部价值发行股票的程序。卖出股票的收入在冲销了国有企业的债务后，进入相应的国家预算。国有企业构成的股份公司是其法定继承者。

（十一）清算

1. 股份公司接受清算的前提

股份公司接受清算的前提：股东大会决议；法庭按法律文件规定作出裁定；公司创办的期限届满，或达到了创办公司的目的；如果拒绝进行专门业务的清算，按吸收的存款支付贷款；如果股东大会赞成公司清算可任命清算委员会，并向委员会转移公司的管理权。

如果法庭裁定公司清算，包括宣告公司破产，公司将按吉尔吉斯斯坦《破产法》和其他法规确定的程序实行清算。应债权方的申请，清算委员会（法庭或债权人任命的人员）发表公告，宣告公司面临清算及清算期限，并应通知所有其他债权人。如果在公司正式发行股票前作出了清算的决议，可不予公布。这时向创办人返还他们在公司创办时的扣除费用后的出资。经债权人大会认可（如果对清算满意），法庭清算委员会的报告及清算资产负债表认可的公司清算结论报告呈送注册机关。自国家登记册上备注之时起公司实行清算。

2. 清算委员会

清算委员会评估股份公司的资产，查明公司的债务，计算向第三方以及向公司创办人支付债务的数额。编制清算资产负债表并提交股东大会确认，清算委员会以公司名义行使章程规定的权利，清算委员会有权签订完成现行公司业务的合同并同债权方清算，清算委员会承担由于股份公司、公司成员以及符合吉尔吉斯斯坦《民法》要求的第三方的原因而给公司财产造成损失的责任。

在股份公司清算中满足债权方的债权要求，应按吉尔吉斯斯坦《民法》第99条规定的顺序，满足被清算公司债权方的债权要求。被清算公司满足债券持有者债权要求的顺序与满足其他债权人债权要求的顺序相同，但不涉及债券持有者的声明。支付了劳动工资和社会保险，偿还了国家预算债务及其他债权人债务之后剩余的资金，按吉尔吉斯斯坦《公司法》的规定和公司章程确定的手续，在股东之间分配。如果剩余资金足以抵补股东持有股票的票面额，可依股东持有股票的票面额按比例分配。如果上述资金不够，优惠股的控股人利用优先权抛售自己持有的股票来抵补返还出资不足部分。如果上述资金按优惠股控股人的核算不够分配，可参照控股人所持这种股票的面额比例在他们之间分配。

五、中吉企业法律制度比较分析

我国相关企业的法律制度比较多，如《中华人民共和国公司法》《中华人民共和国合伙企业法》《中华人民共和国中外合作经营企业法》《中华人民共和国中外合资经营企业法》《中华人民共和国外资企业法》《中华人民共和国个人独资企业法》等法律及有关法规。而吉尔吉斯斯坦由于历史与政治因素，国家独立较晚，相对应的立法工作起步晚、底子薄。对于企业作出规定的法律法规较少且比较分散，其中吉尔吉斯斯坦《公司法》是一部主要的企业法，这部法律对吉尔吉斯斯坦境内所有的公司形式都作了相应规定。中吉两国企业法在企业分类、相关概念的界定上都各具特色。

（一）企业的形式分类不同

我国企业主要分类：合资、独资、国有、私营、全民所有制、集体所有制、股份制、有限责任等。企业法定分类的基本形态主要是独资企业、合伙企业和公司。法律对这三种企业划分的内涵做了基本概括，即企业的资本构成、企业的责任形式和企业在法律上的地位。从我国的立法实践来看，我们基本上按所有制形式安排企业立法，划分企业类型。随着社会主义市场经济体制的逐步建立，企业改革的进一步深化，我国也将把独资企业、合伙企业和公司作为我国企业的基本法定分类。我国已颁布《中华人民共和国公司法》《中华人民共和国合伙企业法》《中华人民共和国个人独资企业法》。此外，在我国还可以按照经济类型对企业进行分类。这是我国对企业进行法定分类的基本办法。根据宪法和有关法律的规定，我国目前有国有经济、集体所有制经济、私营经济、联营经济、股份制经济、涉外经济（包括外商投资、中外合资及港、澳、台投资经济）等经济类型，相应地，我国企业立法的模式也是按经济类型来安排，从而形成了按经济类型来确定企业法定种类的特殊情况，它们是国有企业、集体所有制企业、私营企业、股份制企业、联营企业、外商投资企业、港澳台投资企业、股份合作企业。因为吉尔吉斯斯坦对企业作出规定的法律法规较少，主要集中在吉尔吉斯斯坦《公司法》里，在吉尔吉斯斯坦《公司法》中规定吉尔吉斯斯坦公司按创办形式分为完全合资公司、两合公司、有限责任公司和股份公司。银行、保险公司、投资公司和其他类似的基金会，其基本经营活动是吸收非创办人的资金和财产，这类公司的组建和经营活动由专门的法规确定。

（二）两国公司法相关概念的界定不同

1. 两国对公司的界定

《中华人民共和国公司法》（以下简称《中国公司法》）中规定：公司是指依照本法在中国境内设立的有限责任公司和股份有限公司。公司是企业法人，有独立的法人财产，享有法人财产权。公司以其全部财产对公司的债务承担责任。有限责任公司的股东以其认缴出资额为限对公司承担责任；股份有限公司的股东以其认购的股份为限对公司承担责任。

吉尔吉斯斯坦《公司法》中规定：公司是指根据法定注册资本的投资份额出资，或以创办人股份组建、经营活动是以营利为目的的商业组织。公司创办人对投入的财产或购买的股票，以及公司从事经营活动所得利润享有财产权。

2. 两国对有限责任公司的界定

吉尔吉斯斯坦《公司法》里的有限责任公司和股份公司，类似于《中国公司法》规定的有限责任公司和股份有限公司。而完全合资公司与两合公司与我国的合伙企业相类似却又有不同。如吉尔吉斯斯坦《公司法》第 13 条第 1 款规定：完全合资公司办理业务，如果公司关于全体创办人共同开展经营活动的创办合同还没有制定，每个创办人都有权以公司名义进行经营活动，或由创办人共同进行经营活动，公司内部问题以全体创办人表决的方式作出决定，如果创办合同没有规定其他程序，公司创办文件可采用创办人法定多数票赞成的方式确定，一个创办人算一票。此处的规定与《中华人民共和国合伙企业法》规定的合伙人对合伙事务的管理非常相似。

我国对有限责任公司的定义：《中国公司法》所称的有限责任公司是指在中国境内设立的，股东以其认缴的出资额为限对公司承担责任，公司以其全部资产为限对公司的债务承担责任的企业法人。

吉尔吉斯斯坦《公司法》中规定有限责任公司是一种经营公司。创办人不承担公司债务，而承担同公司业务有关的亏损风险，创办人的出资额有限。若创办人没有完全向注册出资，应加算上他们未出资的部分共同承担公司债务。这里公司的创办人如我国有限责任公司的股东一样，对公司的债务不承担清偿责任。公司的股东不面对公司债权人，仅仅承担在自己出资额以内同公司业务有关的亏损风险。

3. 两国对股份公司的界定

我国对股份有限公司的定义：将全部资本划分为等额股份，股东以其认购的股份为限对公司承担责任，公司以全部资产对公司债务承担责任的法人。

吉尔吉斯斯坦《公司法》中规定的股份公司的注册资金划分为股份，每一基本股的价值相等。公司创办人（股东）不承担公司债务而承担同公司业务有关的亏损风险，承担额以属于自己股份的价值为限。依法可以创办非商业性股份公司。公司的财产同创办人的财产分开，公司承担自己财产范围的债务，而不承担创办人的债务。未足额出资的创办人共同承担他们未出资部分的公司债务。公司可由一人或由一个购买了公司全部股份的人员创办。股份公司不能是只有一个创办人员的其他形式的公司。

股份公司分为股份有限公司和有限责任公司两种。在章程里表明公司名称，无须其他股东同意，公司创办人可割让属于自己的股份的公司称作股份有限公司。股份有限公司有权发行公开签订的股票，及依法自由出售股票。股份有限公司必须每年公布完整的年度资产负债表、财产报告和执行情况的报表以及吉尔吉斯斯坦《公司法》和其他规范文件确定的其他资料。公司以及公司负责人对所公布资料内容的真实性承担法律责任。公司股份旨在创办人之间分配和事先在其他固定的一批人中分配的称作有限责任公司。这类公司无权公开发行公开签名股票或以其他方式让一批人无限地购买股份。

在有限责任公司中控制普通（表决）股票的股东不得超过50%。如果这类股东数超过了规定的限度，股东大会应立即在1年内作出决议，把公司组建成股份有限公司，同时修改创办文件并保证文件在规定期限内注册；按有关人员的申请，对公司将实施清算的司法程序。有限责任公司里想要卖出股份的股东必须请求本公司其他创办人或公司买下自己的股份。若创办文件未另行约定，公司创办人拒绝购买股份，那么股东有权在征得公司同意后（或咨询后1个月未得到答复时）把股份卖给第三方。按创办文件的规定，损害公司利益的创办人经法庭裁决将被公司除名，其股份由公司强行收购。

4. 两国有关公司章程的规定

吉尔吉斯斯坦《公司法》规定创办合同和章程是公司的创办文件。创办合同的内容属于商业机密，只有经公司创办方的许可或在法律规定的条件下才能把创办合同的内容向国家机关或其他专门机关以及第三方公开。公司的创办合同须由全体创办人签名。公司章程须由在创办大会上产生的负责人签名。由一个公民创办的公司的章程只需本人签名。自然人在公司创办合同上的签名须经公证确认。公司创办方在创办合同中必须确定：公司创办人之间利润分配方式和弥补亏损方式；公司业务管理；全体人员的职位、退休金、休假等；每个创办人的股份比例，他们出资的额度、类别、期限和手续；创办人在违反投资义务时应承担的责任；注册资本的规模及类别。公司章程由创办人根据创办合同的内容制定。在公司章程和公司创办合同中应当注明：公司的形式和名称；公司地址；公司经营活动期限（如公司创办时已确定）；领导权限；董事会和监督机构及其管辖权；财产的构成程序；利润分配和弥补亏损的程序；公司经营活动终止的条件（组织重建或清算）；公司和创办人之间的互利互惠关系。

从以上内容可以看出吉尔吉斯斯坦公司的创办文件包括创办合同和创办章程，创办合同类似于我国合伙企业中的合伙协议，而创办章程等同于我国的公司章程。

5. 两个公司组织机构的不同

按吉尔吉斯斯坦《公司法》对公司的组织管理机构的规定，创办大会（代表会议）是公司最高管理机构。完全合资公司和两合公司的业务管理按完全股东的决议进行。公司设立执行机构（集体或个体负责制），领导当前经营活动并向创办大会报告。执行机构的组成：董事会（经理委员会）；监督机构；其他由公司创办大会（达标会议）决定的机构。创办大会有权组建监察委员会监督执行机构的业务。公司管理机构的管辖权、机构的选举（任命）程序以及通过决议的程序由吉尔吉斯斯坦《公司法》有关条款和创办文件确立。

《中国公司法》规定公司最高权力机构是股东大会。股东是公司财产的所有者，虽然他们不直接参与公司企业的经营管理，但对公司的经营管理，每个股东都有表达其意见的权利。股东大会就是由公司全体股东所组成的、对公司一系列重大问题发表意见、作出决议的公司最高决策机构。公司的管理执行机构是董事会。因为股东大会虽是公司的最高权力机关，但由于一般股东只关心股利分配和股票价格对自己利益的影响，而对公司的大计方针、发展战略并不关心，这就导致一般股东与公司的联系越来越松散，股东大会仅就公司的发展方向、经营规模和营利分配等重大问题作出原则性的决定，而真正掌握实权发挥决策作用的是公司董事会。董事会是股东大会闭会期间行使股东大会职权的常设权力机关，也是最高业务执行机构，负责处理公司重大经营管理事项。董事会的重要地位和作用，使股东们对董事的选任十分审慎。现代各国公司的董事会，大都由经济管理专家、技术专家、法律顾问及高级职员等组成，人员素质很高。公司的业务执行机构是经理。公司的经营业务由董事会作出决策，但董事会并不负责经营业务的具体执行或实施，而是聘任经理人员具体负责公司的日常经营管理活动。因此，经理人员是公司必要的、常设的经营业务执行机构。经理人员是经董事会过半数的董事同意委任，秉承股东大会、董事会的决议，有权管理公司事务并有权代表公司签字的人。一个公司可由一人或数人担任经理，当有数名经理时，应以一人为总经理，其他的人为副总经理、经理或副经理。总经理是经营业务执行机构的最高行政首长，其他经理人员协助总经理工作。公司的监督机构是监事会。由于股份公司是所有人与经营权相分离的法人组织，其经营决策权集中在董事会成员手中，日常事务管理权更集中在受聘于董事会的总经理一人身上，因此，公司股东为防止其委任者滥用职权、违反法令和公司章程、损害股东的利益，客观上就要求对委任者的活动及其经营管理的公司业务进行监察和督促。但是，由于为数众多而又十分分散的股东受知识能力的限制（行使监督职能需要有专门的知识技能）、管理公司时间上的限制（股东大会每年的召集次数总是有限的）和空间上的限制（股东分散于全国各地，多数股东有其自己的职业很难脱身），所以就由股东大会授权公司的监督机构——监事会，代表股东大会以监督公司业务执行为其主要权限，并对股东大会负责。

【参考文献】

[1] 王海燕："吉尔吉斯斯坦独立 15 年经济发展评析"，载《新疆社会科学》2008 年第 4 期。

[2] 何卫："独立后吉尔吉斯斯坦的经济发展概况及其制约因素"，载《魅力中国》2017 年第 20 期。

[3] 杨建梅："吉尔吉斯斯坦工业企业创造大量工作岗位"，载《中亚信息》2008 年第

8 期。

［4］刘艳："吉尔吉斯斯坦企业的竞争能力差"，载《中亚信息》2005 年第 10 期。

［5］郭学兰：《中亚五国企业法律概论》，知识产权出版社 2013 年版。

［6］中华人民共和国驻吉尔吉斯共和国大使馆经济商务参赞处官网，http://kg. mof-com. gov. cn。

［7］徐小云："吉尔吉斯斯坦的自由经济区"，载《俄罗斯中亚东欧市场》2004 年第 7 期。

吉尔吉斯斯坦投资法律制度

【本章概要】作为上海合作组织成员国之一的吉尔吉斯斯坦以丰富的自然资源、相对开放的社会氛围、较为宽松的投资环境，成为世界上多数国家投资设厂的目的国。近年来，来自中国的人员、资本向吉尔吉斯斯坦流动的趋势和规模不断扩大，中国对吉直接、间接投资有所增长，因此有必要对吉尔吉斯斯坦现行投资法律制度进行分析研究。本章包括投资法律制度概述、以《地下资源法》《外国投资法》《自由经济区法》为主要内容的吉尔吉斯斯坦投资法律体系以及最后一节的吉尔吉斯斯坦矿业投资法律环节调整。本章的第一节从两个方面入手，分别为中吉双边投资现状以及"一带一路"倡议为中吉投资带来的机遇和挑战两节。第二节先对吉尔吉斯斯坦的投资法律体系进行概述，随后专门对《地下资源法》《外国投资法》《自由经济区法》三个与中吉双边投资联系紧密的、较重要的法进行详细解读，最后一节旨在从吉尔吉斯斯坦国家概况、资源分布情况、吉尔吉斯斯坦投资环境利弊分析、中吉经贸发展等方面对吉尔吉斯斯坦投资法律制度进行介绍，同时为我国企业赴吉尔吉斯斯坦投资提供切实的法律建议。

第一节　吉尔吉斯斯坦经济发展概述

一、中吉双边投资现状

随着经济全球化、区域经济一体化的程度不断加深，世界上各国之间的经贸往来日益频繁。许多国家通过签订协议的方式组成许多国际经贸组织，旨在通过成员国之间的往来促进经济发展。上海合作组织自成立以来起到了促进中亚地区睦邻友好、社会稳定以及经济发展的重要作用，吉尔吉斯斯坦作为中亚地区的重要国家和上合组织成员国，长久以来与中国在上合组织框架下保持着良好的政治、经济、文化往来，中国也已经成为吉尔吉斯斯坦经济发展的重要支持力量。同时，根据目前中国经济社会发展现状，经济建设是国家的必然选择，对自然资源的需求会与日俱增。

（一）吉尔吉斯斯坦自然地理条件

吉尔吉斯斯坦地处中亚中心位置，国土面积 19.99 万平方千米，东西直线距离最长 925 公里，南北直线距离最长 453 公里。北部与哈萨克斯坦毗邻，西南部与塔吉克斯坦相连，西部与乌兹别克斯坦交界，天山山脉和帕米尔阿赖山脉绵亘于中吉边境，东部与东南部和中华人民共和国接壤，边界线全长 4 503 公里，其中与中国的共同边界长 1 096 公里。吉尔吉斯斯坦 93%的国土面积为山地，全国平均海拔 2 750 米，其中高达 4 000 米的地区占全国的 1/3，因此素有"山地之国"之称。低地仅占土地总面积的 15%，主要分布在西南部的费尔干纳盆地和北部的楚河谷地、塔拉斯河谷地。海拔 1 500 米以下的山洼地多为季节性牧场。

水资源形成条件：吉尔吉斯斯坦地形复杂，总体上是山脉纵横，从东向西延伸的范围较宽，山脉之间是一些规模和海拔高度不等的山间谷地，既有大型的山脉和盆地，又有许多小型山脉和洼地；内部区域则发育着有侵蚀的高地地形（海拔超过 3 500 米的平坦地段），其表面有稀少的河流穿过，还有古老的冰碛石和永冻层痕迹。吉尔吉斯斯坦地形特点之一是高层梯形结构：山间平原被较低的山前地带和不规则的丘陵所围绕，往上是山麓和山脉，依次是中等高度的山脉和高山，高程变化幅度达 6 500 米，能够见到从半荒漠和干旱草原到寒冷冻土带，"永冻"雪层和冰川的各种自然景观带。

气候：位于欧亚大陆腹地，远离海洋，处于广袤沙漠边缘的地理位置以及复杂的高山地貌，决定了吉尔吉斯斯坦的气候大陆性强，降水不多，空气干燥，云量少，太阳辐射强，夏季炎热干燥，冬季比较寒冷且昼夜温差大。吉尔吉斯斯坦 1 月平均气温-6℃，7 月平均气温 27℃，在空间变化上主要受高山和盆地的封闭地形条件的影响，在平原和山麓地区，年均气温为 13℃，高山地区在-8℃左右，温度梯度的季节分布：冬季每 100m 为 0.5℃，夏季则为 0.7℃。

吉尔吉斯斯坦降水在空间分布严重不均，山脉的空间位置和方位对降水的空间分布具有决定作用，其对各个地区能否接触到水分含量较大的西方气流和西北气流有重要影响。因此，吉尔吉斯斯坦外围山脉降水最多，其内部的西向和西北向山坡（普斯克姆山，恰特卡尔山和费尔干纳山）每年的降水量为 1 500 米，吉尔吉斯山，塔拉斯山，铁西克山和昆格山等边缘山脉北坡的降水量也较大，每年可达 600 米。而被外围山脉遮蔽的内部山脉山坡上的降水量每年只有 300 米；山内的封闭盆地和高山丘陵（阿克赛丘陵，萨雷扎兹丘陵）的降水量更少，每年仅 100 米。

冰川融雪：吉尔吉斯斯坦拥有天山内陆山系的西半部和帕米尔阿赖山系的部分，这些山系很多地方发育有发达的冰川。冰川是吉尔吉斯斯坦的自然财富之一，它们既是吉尔吉斯斯坦境内重要河流的源头，同时也确保了年降水量低于多年平均值的干旱年份，大部分河流也有充沛的水流。据"国际水文十年"计划编制的冰川目录（1965 年~1974 年），吉尔吉斯斯坦境内共有 8 208 条冰川，总面积 8 077 平方千米，占国土面积的 4.1%，超过森林和灌木的面积。冰川在 5 个大流域均有分布，且有融水径流产生，但受地形构造差异、山脉高度与山岳形态特征、湿润状态等因素的影响，冰川分布极不均衡，面积最大的位于塔里木河流域，冰川覆盖率达 11.9%；吉尔吉斯斯坦境内冰川覆盖率最低的是锡尔河流域。

河流：吉尔吉斯斯坦的水文网复杂多样，全国共有 2.5 万多条河流，河流的总长度超过 50 万公里，其中长度超过 50 公里的有 73 条，大部分是长度为 10 公里~50 公里甚至小于 10 公里的小型河流，主要河流包括纳伦河，恰特卡尔河，萨雷扎兹河，楚河，塔拉斯河，卡拉达里亚河，克孜勒苏河等。吉尔吉斯斯坦的河流主要属于咸海流域、伊塞克湖流域和塔里木河流域三大流域，其流域面积分别占吉尔吉斯斯坦总面积的 76.5%、10.8% 和 12.4%，另外 0.3% 的面积属于东部的巴尔喀什湖流域，即流向哈萨克斯坦的卡尔卡拉河的集水面积。吉尔吉斯斯坦河网平均密度 2.5 米，其中锡尔河流域的山区河网密度约为 0.50 公里。

湖泊：吉尔吉斯斯坦境内共有 1 923 个湖泊，湖泊总面积为 6 836 平方千米，全国湖面覆盖率为 3.4%，大部分湖泊位于海拔高度 3 000 米~4 000 米的高山地区，主要湖泊有伊塞克湖、松格里湖，萨雷切列克湖等。在天山海拔3 000 米~3 500 米的区间，集中有 1 677 个高山湖泊，其中位于伊塞克湖流域的有 204 个，纳伦河流域上游 203 个，费尔干纳盆地周围的山区 137 个，楚河流域 95 个，塔拉斯河流域 83 个，萨雷扎兹河流域有 73 个。伊塞克湖海拔 1608 米，是吉尔吉斯斯坦境内最大的自然景观和吉尔吉斯斯坦最大的高山湖泊，湖水面积 6 236 平方千米，水量 17 380 亿立方米，最大深度 668 米，平均深度 270 米，集水 15 844 公里，其中：森林 1 119 平方千米，草本植被 0.2 平方千米，沙漠，半沙漠等 5 337 平方千米，耕作面积 1 874 平方千米，草地 7 355 平方千米，居住用地 138 平方千米。

地表水资源：吉尔吉斯斯坦水量较丰沛的地区主要集中在费尔干纳山脉和恰特卡尔山脉西坡，吉尔吉斯山脉北坡，伊塞克湖盆地东部，以及受冰川作用影响较大的流域；水量相对贫乏的地区有伊塞克湖盆地西部的科奇科尔卡洼地、楚河流域上游，纳伦河和阿克希拉克河流域的中央核心地带。苏联对吉尔吉斯斯坦不同时期河流水资源的评价结果表明，吉尔吉斯斯坦多年平均年地表径流量为 450 亿立方米~470 亿立方米。2006 年，吉尔吉斯斯坦水问题与水能研究所根据河流径流特征分析成果，并参照近 30 年来变化情况对河流水资源重新进行了评价。结果表明，其多年平均年径流量为 486 亿立方米，其中 1972 年以前为 471 亿立方米，1973 年~2000 年为 500 亿立方米。

地下水资源：除伊塞克湖外，吉尔吉斯斯坦其余地下水盆地的地下水位一般都在排水基线以上，在水交换比较活跃的地带水压是开放的，因此真正可算作地下水资源的数量不大。上述特点决定了每个盆地的地下水容纳储量都保持稳定，与气候波动情况和地下水的补给情况关系不大。据评价，吉尔吉斯斯坦地下水盆地的可再生地下淡水资源总量约为 350 立方米每秒（每年 110 亿立方米）。此外，在第四纪含水岩层里还蕴藏着大约 6500 亿立方米地下淡水静态储量。

水资源总量：由于对水资源概念理解、评价标准和计算方法的不同，目前对吉尔吉斯斯坦总水资源量尚有不同认识。据文献，吉尔吉斯斯坦水资源总量由河川径流，"卡拉苏"型河流径流（以地下水补给为主的河流）和回归水（农业利用过程漏失渗入土壤并再次回归到地面的水）构成，种类型的水量分别约为 501 亿立方米，19 亿立方米和 20 亿立方米，因此水资源总量约为 540 亿立方米。另外，据吉尔吉斯斯坦专家对水资源概念的理解（从经济地理概念角度，水资源指人类可以在自己的生活和生产活动中利用的淡水，它包括河水，冰川，淡水湖中的水以及地下水），算上吉尔吉斯斯坦境内的江河径流（519 亿立方米，包括"卡拉苏"型河径流）、冰川水（4 947 亿立方米）、湖水（不包括伊塞克湖就超过 62 亿立方米）、可开采地下水（110 亿立方米），则现阶段吉尔吉斯斯坦水资源总量超过 5 638 亿立方米，吉尔吉斯斯坦人均占有的淡水资源超过 11 亿立方米，是水资源十分丰富的国家。根据我国对水资源概念的理解、计算方法以及吉尔吉斯斯坦地下水水文地质情况和我国新疆地下水评价情况，本书认为：一是"卡拉苏"型河流实际仍是地表径流，已包括在地表水资源量评价中；二是据吉尔吉斯斯坦地形地貌，地质条件可判断[1]；三是所谓的回归水，实际已经包括在江河径流中，属"重复计算量"，因此吉尔吉斯斯坦多年平均水资源总量应在 510 亿立方米左右。吉尔吉斯斯坦河流天然水质较好，矿化度不高，适于农田灌溉和饮用。大部分河水含有酸性碳酸钙，硬度较低或适中，富含溶解氧，符合大部分日常生活和工业用水要求。碳酸盐、硫酸盐和氯化物含量 0.2 毫克/升～0.5 毫克/升，一般是高山地带低，到平原地带和河流下游后会升高。由于汛期冰雪融水对河流的补给增加，因此汛期河水矿化度较低（43 毫克/升～251 毫克/升，大多数河流为 100 毫克/升～200 毫克/升），其他时间则由于冰雪融水补给作用减弱潜水补给作用增强，河水的矿化度升高到 200 毫克/升～300 毫克/升。在冬季（枯水期）河流的主要补给源是潜水，河水的矿化度升高到 400 毫克/升。在空间分布上，河水矿化度一般自源头向河口递增。

（二）吉尔吉斯斯坦经济发展现状

吉尔吉斯斯坦在中亚五国中的经济总量和人均 GDP 偏低，属于相对不发达的国家。自吉尔吉斯斯坦发布的五年规划结束起直到 2018 年，经济总体实现稳中有升，2018 年实现国内生产总值 80.93 亿元，同比增长 3.5%，相比 2017 年的 71.91 亿美元有了大幅度的增长。尽管增长幅度有所降低，但是总体表现趋稳向好。

---

〔1〕 地下水资源大部分应为"重复计算量"，非重复计算量约 24 亿立方米。

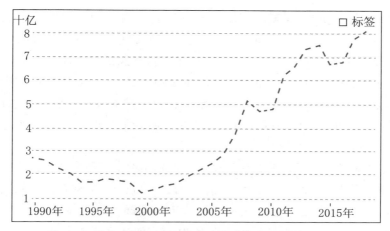

图 2−1 吉尔吉斯斯坦 1990 年~2018 年的 GDP 变化〔1〕

根据图 2−1 可以看到，吉尔吉斯斯坦的国内生产总值处于起伏不定的上升趋势，其相对趋稳发展得到国际社会认可。《经济自由度指数》报告显示吉尔吉斯斯坦属于"中等经济自由体"；考察国家创新能力的 2018 年全球创新指数榜中，吉尔吉斯斯坦排名 94 位，比 2017 年的排名攀升了一位。根据中华人民共和国驻吉尔吉斯共和国大使馆经济商务参赞处的数据，2018 年 1~6 月吉尔吉斯斯坦的各产业发展均出现增长态势。

1. 宏观经济总体平稳上升。按生产法计算，2018 年 1~6 月吉尔吉斯斯坦内生产总值（GDP）为 2 136.403 亿索姆（约合 31.19 亿美元，2018 年 1~6 月平均汇率 1 美元兑换 68.5 索姆，下同），同比增幅 0.1%。吉经济增长主要依靠工业、农业、建筑业、服务业等各行业发展的拉动。较 2017 年同期相比，农业、服务业等行业对于 GDP 的贡献，表现较为活跃。若不计"库姆托尔金矿"产值，吉尔吉斯斯坦内生产总值为 1 926.072 亿索姆（约合 28.12 亿美元），同比增长 2.1%。

2. 工业发展增速明显。2018 年 1~6 月，吉工业总产值为 1 086.528 亿索姆（约合 15.86 亿美元），同比下降 6%。若不计"库姆托尔金矿"相关产量，则为 691.636 亿索姆（约合 10.1 亿美元），同比增长 5.1%。工业总产值

---

〔1〕 参见世界银行：https://data.worldbank.org.cn/indicator/NY.GDP.MKTP.CD? end = 2018 & locations＝KG&start＝1990，最后访问日期：2020 年 1 月 6 日。

由四部分组成：第一，采矿业产值为 56.864 亿索姆（约合 8301 万美元），占工业总产值的 5.2%。第二，加工业产值为 823.229 亿索姆（约合 12.02 亿美元），占工业总产值的 75.8%。第三，供电、供气及供热的产值为 196.758 亿索姆（约合 2.87 亿美元），占工业总产值的 18.1%。第四，供水及废料加工处理回收的产值为 9.677 亿索姆（约合 1413 万美元），占工业总产值的 0.9%。其中工业总产值下降的原因主要是金属开采、机械、设备及交通工具类的生产下滑。

吉工业企业生产经营调查报告显示，吉 474 种工业品生产中，277 种产品产量增加，占比 58.4%；159 种产品产量减少，占比 33.5%；35 种产品没有生产，占比 7.4%。吉工业企业生产经营活跃度调查报告显示，2018 年上半年，吉全国工业企业的平均运行负荷率为 55.2%，负荷率最大的为电力生产和供配厂（89.3%），负荷率最低的为化工企业（28%）。工业企业运营困难的主要原因是资金不足、国内市场需求疲软、采购方支付困难、原材料欠缺、税收政策不稳定以及经常断电等。67.8% 的企业对企业经营状况的评价是满意，22.7% 的企业认为一般，9.6% 的企业给的是差评。

3. 农业小幅增长。吉尔吉斯斯坦家农林牧渔业的总产值为 556.559 亿索姆（约合 9.57 亿美元），同比增长 1.6%。其中，种植业占 13.9%，畜牧业占 81.5%，农业服务占 4.3%，林业和渔业占 0.3%。

农业总产值增长的主要原因是种植业和畜牧业的发展，牲畜和家禽的存栏数增加，畜产品产量增长。2018 年，吉全国播种面积 1.2149 万平方千米，同比增长 0.7%。2018 年 1 至 6 月，畜牧业同比增长 1.5%，吉尔吉斯斯坦生产畜禽肉 17.77 万吨，同比增长 2.1%；牛奶 73.27 万吨，同比增长 2.2%；鸡蛋 28 338 万枚，同比增长 8.1%；羊毛 1.26 万吨，同比增长 1.7%。

4. 建筑业增长较快。2018 年 1~6 月，吉建筑业总产值 441.193 亿索姆（约合 6.44 亿美元），同比增长 6.3%。

5. 服务业增长平稳。2018 年 1~6 月，吉尔吉斯斯坦内各类服务业的总产值为 2 568.411 亿索姆（约合 37.5 亿美元），同比增长 4.7%。按服务内容的类型分，商品零售批发及汽车维修占比 72.7%，货物运输与仓储 7.3%，信息通讯 6.4%，金融中介与保险 3.7%，宾馆饭店 3.1%。按地域分，52.2% 服务量在比什凯克市，楚河州 13.6%，奥什市 9.6%，贾拉拉巴德州 8.4%，奥什州 7.3%，伊塞克湖州 3%，巴特肯州 2.7%，塔拉斯州 2%，纳伦州 1.2%。

商品零售批发及汽车维修总产值 1 866.56 亿索姆（约合 27.25 亿美元），同比增长 5.4%；货物运输与仓储总产值 188.469 亿索姆（约合 2.75 亿美元），同比增长 4.3%；信息通讯产值 163.772 亿索姆（约合 2.39 亿美元），同比增长 0.6%。吉货运总量为 1 438.73 万吨，同比增长 3.5%，其中铁路运输过货量 77.39 万吨，同比增长 9%；公路运输过货量 1 349.18 万吨，同比增长 3.2%；管道运输 12.1 万吨，同比增长 1.9%。同期，吉尔吉斯斯坦客运总数为 3.37 亿人次，同比增长 2.9%，其中铁路运输同比增长 0.1%，公交车运输同比涨幅 2%，出租车运输增长 7.5%，航空运输增长 2.9%。

6. 外商直接投资规模缩减。2018 年一季度与 2017 年一季度相比，来自独联体以外国家的外商直接投资额缩减 25.9%。其中，来自中国的投资 1 670 万美元，缩减 70.8%，用于加工生产领域；英国投资 500 万美元，缩减 40%，用于地质勘探；加拿大投资 5 340 万美元，缩减 30%，用于加工生产领域。来自独联体国家的外商直接投资额同比增长 32.9%。其中，来自哈萨克斯坦投资 800 万美元，同比增长 1.1 倍，用于金融和保险、批发零售贸易；乌兹别克斯坦投资 90 万美元，同比增长 2.6 倍，用于批发零售贸易；俄罗斯投资 320 万美元，缩减 60%，用于电力、天然气等领域。

（三）中吉双边贸易发展现状

中国一直是吉尔吉斯斯坦的第一大贸易伙伴和第一大进口来源国，2019 年 1 月，根据吉海关统计数据，2019 年 1 月中吉贸易额为 1.95 亿美元，同比增长 6.6%。其中，吉向中国出口额 650 万美元，同比下降 32.2%；从中国进口额 1.88 亿美元，同比增长 8.7%。其中，中吉贸易总额占吉尔吉斯斯坦外贸总额 42.7%，从中国进口总额占吉尔吉斯斯坦进口总额的 51.6%。中国已经跃居为吉第一大贸易国。图 2-2 为历年中国对吉双边贸易额。[1]从图中可以看出，尽管中吉双边贸易额波动起伏，但是从整体上来看，中国始终是吉尔吉斯斯坦的第一大贸易伙伴国。

---

〔1〕　参见中华人民共和国驻吉尔吉斯共和国大使馆经济商务参赞处：http://kg.mofcom.gov.cn/article/jmxw/201904/20190402851465.shtml，最后访问日期：2020 年 1 月 5 日。另外，由于 2014 年 12 月和 2019 年 11 月、12 月的中吉双边贸易额缺失，表格仅列举了 2014 年 1~11 月及 2019 年 1~10 月的数据进行比较。

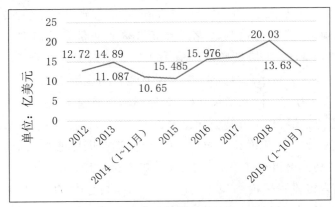

图 2-2　中吉双边贸易额

（数据来源：中华人民共和国驻吉尔吉斯共和国大使馆经济商务参赞处）

2019 年，应吉尔吉斯斯坦总统索隆拜·沙里波维奇·热恩别科夫邀请，中华人民共和国主席习近平于 2019 年 6 月 12 日至 13 日对吉尔吉斯斯坦进行国事访问。双方达成了《中华人民共和国和吉尔吉斯共和国关于进一步深化全面战略伙伴关系的联合声明》（以下简称《联合声明》）。[1] 中吉先后于 2002 年签订了《中华人民共和国和吉尔吉斯共和国睦邻友好合作条约》、2013 年签订《中华人民共和国和吉尔吉斯共和国关于建立战略伙伴关系的联合宣言》、2014 年签订《中华人民共和国和吉尔吉斯共和国关于进一步深化战略伙伴关系的联合宣言》、2018 年签订《中华人民共和国和吉尔吉斯共和国关于建立全面战略伙伴关系的联合声明》，为进一步提升双边关系水平、深化互利互惠打下了基础。

《联合声明》表示，第一，双方将充分利用中吉政府间经贸合作委员会及其下设中国新疆-吉尔吉斯斯坦工作组机制，深挖合作潜力，进一步扩大贸易规模、优化贸易结构和程序，推动双边贸易平衡发展。第二，在交通领域，双方愿深化交通领域合作，进一步扩大跨境和过境运输能力，充分挖掘中吉乌公路的运输潜力，为双边和区域经贸发展创造良好条件。双方愿继续保持沟通，商讨技术参数，稳步推进中吉乌铁路相关工作。第三，在农业领域，

---

〔1〕 参见"中华人民共和国和吉尔吉斯共和国关于进一步深化全面战略伙伴关系的联合声明（全文）"，载 http://www.gov.cn/xinwen/2019-06/13/content_5399972.htm，最后访问日期：2022 年 11 月 7 日。

双方将加强农业领域合作并共同推动建立双边农业合作平台。扩大在种质资源交换、农业技术示范、兽医和动物检疫、农业机械以及人员培训等方面的合作。双方将鼓励和支持两国企业开展育种、农产品加工、发展节水技术、农业投入品领域的合作。中方欢迎吉尔吉斯斯坦优质、绿色农产品对华出口，愿与吉方共同开展相关准入工作。第四，在贸易金融领域。双方将为促进贸易发展创造条件，包括以中国国际进口博览会、中国－亚欧博览会为平台，促进双方企业交流。双方支持深化两国金融领域合作，将进一步推进双边本币结算，更好地服务双边贸易和投融资等活动。

此外，双方将在中吉政府间经贸合作委员会框架下成立投资和工业合作工作组，统筹推动两国投资、工业等领域合作。并表示支持本国企业赴对方投资兴业，将采取有效措施，改善本国投资环境，严格根据各自国家法律和双边条约切实保护本国境内的对方国家公民和法人的安全与合法权益。

吉尔吉斯斯坦总统热恩别科夫宣布 2019 年为吉尔吉斯斯坦"地方发展和数字化年"，2020 年为吉地区"发展、数字化和帮扶儿童年"。根据《吉尔吉斯斯坦 2018~2040 可持续发展战略》，吉 2018 年~2040 年可持续发展战略第一阶段（2018 年~2023 年）将实施 89 个项目，预计投资总额将达 117.19 亿美元。其中，投入最多的是交通运输领域，共计 21 个项目，金额将达 89 亿美元，包括中吉乌铁路项目和北南公路项目。其他领域的项目包括："纯洁社会"框架内 14 个项目，金额 1.57 亿美元；创新领域项目 6 个，金额 3.67 亿美元；灌溉项目 19 个，金额 3.28 亿美元；能源领域项目 8 个，金额 9.56 亿美元；工业领域项目 8 个，金额 5.77 亿美元；生产、物流项目 5 个，金额 2.07 亿美元；卫生领域项目 5 个，金额 1.57 亿美元；环保项目 3 个，金额 0.7 亿美元。[1]

从 1992 年中吉两国建交以来，中吉贸易基本保持稳定的增长态势（按中方统计），特别是 2002 年~2008 年间，两国贸易额从 2002 年的 2.02 亿美元上升到 2008 年的 93.30 亿美元，7 年间增长了 46 倍，2008 年，中国成为吉尔吉斯斯坦仅次于俄罗斯的第二大贸易伙伴国，达到历史最高水平；2009 年，由于受到金融危机以及吉尔吉斯斯坦经济增速放缓的影响，中吉贸易合作水

---

〔1〕 参见中亚科技服务中心："吉尔吉斯斯坦可持续发展战略第一阶段将实施 89 个项目"，载 ht-tp://www.zykjfwz.com/index.php? m = content&c = index&a = show& catid = 699&id = 130，最后访问日期：2022 年 11 月 7 日。

平有所下降，两国贸易额下降到 52. 76 亿美元；2010 年吉尔吉斯斯坦国内发生动乱，对两国贸易产生了负面影响，中吉贸易额减少了 43%；2011 年两国贸易开始恢复性增长，贸易额达 49. 76 亿美元；2012 年双边贸易额达 51. 62 亿美元。至此中国已连续 4 年成为吉尔吉斯斯坦第二大贸易伙伴国，是吉尔吉斯斯坦对外贸易的重要伙伴。

近年来，吉尔吉斯斯坦对外贸易在不断增长，按吉尔吉斯斯坦官方统计，中吉进出口总额从 2005 年的 18. 69 亿美元增长到 2012 年的 72. 68 亿美元。随着对外贸易增长，吉尔吉斯斯坦对外贸易逆差也在不断加大，从 2005 年的 5. 21 亿美元增加到 2012 年的 34. 8 亿美元，2013 年 1 ~ 11 月，吉尔吉斯斯坦统计对外贸易逆差已超过 2012 年的 38. 8 亿美元。与此同时，中吉贸易在不断增长，无论按中方统计资料，还是按吉尔吉斯斯坦统计资料，吉尔吉斯斯坦与中国贸易逆差都在不断加大。按吉尔吉斯斯坦政府统计，2005 年两国贸易逆差只有 0. 76 亿美元，2012 年增长到 11. 49 亿美元，2013 年 1 ~ 11 月贸易逆差就已超过 2012 年全年，达到 12. 6 亿美元，与中国贸易逆差占吉尔吉斯斯坦贸易逆差的比重平均值在 30% 以上，中国已成为吉尔吉斯斯坦重要的逆差来源国之一。中吉贸易不平衡已成为制约中吉贸易持续发展的重要障碍。吉尔吉斯斯坦外贸持续发展没有给吉尔吉斯斯坦带来外汇收入增长，反而由于进口增长造成大量外汇支出。巨额外债一直是制约吉尔吉斯斯坦社会经济发展的重要问题，2004 年吉尔吉斯斯坦外债占其国内生产总值高达 103%，近年来，吉尔吉斯斯坦政府采取各种措施积极发展经济，外债有所下降，2012 年吉尔吉斯斯坦外债为 33 亿美元，约占其国内生产总值的 45% ~ 46%。吉尔吉斯斯坦政府迫切希望通过增加本国产品出口获取外汇收入，减少外债，希望中国扩大从吉尔吉斯斯坦进口，改变目前吉中贸易逆差的现状。

二、"一带一路"倡议为中吉投资带来的机遇和吉尔吉斯斯坦面临的挑战

（一）中国"一带一路"倡议对吉尔吉斯斯坦是一次重要机遇

2012 年吉尔吉斯斯坦发布了五年战略发展规划。[1] 在 2012 年 12 月推出

---

〔1〕 参见驻吉尔吉斯经商参处："2013-2017 年吉尔吉斯斯坦经济发展五年规划"，载中华人民共和国驻吉尔吉斯共和国大使馆经济商务处：http://kg. mofcom. gov. cn/article/ztdy/201301/2013010851 7431. shtml，最后访问日期：2019 年 12 月 31 日。

《2013~2017 年稳定发展战略》时，俄、白、哈三国刚刚建立欧亚经济共同体框架内的关税同盟——欧亚经济委员会，假使欧亚经济合作，将形成有 1.65 亿~1.7 亿消费者的共同市场，在这个联合体内采取统一的经济立法，资本、服务和劳动力的自由流通，无疑会带来巨大的影响。

吉尔吉斯斯坦的投资环境乐观，八方支援。一方面，从各项全球排名来看，吉尔吉斯斯坦的各项与投资环境有关的排名均有提升。根据吉 24.kg 网站的报道，吉尔吉斯斯坦在 2019 年年度全球 "繁荣指数"[1]中排名第 88 位。[2]据吉 24.kg 网站 2019 年 10 月 10 日报道，根据世界经济论坛发布的 2019 年《全球竞争力报告》，在全球 141 个经济体中，吉获得 54 分，排名第 96 位，而 2018 年排名第 97 位。在《全球竞争力报告》的 12 个支柱领域中，吉 "深化信息技术" 排名第 65 位，"宏观经济稳定性" 排名第 74 位，"创新潜力" 排名 129 位，"国内市场规模" 排名第 125 位，"金融系统" 排名第 118 位。另在此次排名中，俄罗斯排名第 43 位，哈萨克斯坦排名第 55 位，亚美尼亚排名第 69 位，塔吉克斯坦排名第 104 位。[3]

另一方面，各个国家和国际组织大力支持吉尔吉斯斯坦经济发展。首先，吉尔吉斯斯坦加入欧亚经济联盟后取得了重大的成果。一是经济保持稳定增长。入盟后，吉经济未出现大的波动，2015 年~2018 年吉经济平均增速保持 4.1%以上，高于入盟前水平。二是物价保持较低水平。2015 年~2018 年吉通胀率平均为 2.9%，由于市场供应充足，物价保持平稳，远低于入盟前 2011 年~2014 年平均通胀率 8.4%的水平。三是财政赤字规模总体可控。2015 年~2018 年吉财政赤字平均每年占 GDP 的 2.6%，得到有效控制，未超过联盟规定的不超过 3%的指标，也低于 2010 年~2014 年平均赤字占 GDP3.5%的水平，保障了宏观经济稳定。四是外贸结构有所改善。2016 年吉与欧亚经济联盟成员国贸易额占其贸易总额的 37%，2017 年为 39%。入盟后吉每年外贸逆

---

〔1〕 "全球繁荣指数" 是指：英国伦敦国际智库列格坦研究所（Legatum Institute）公布的 2019 年度全球 "繁荣指数"（Prosperity Index）排名。"繁荣指数" 主要从 9 个大项来打分，分别是经济质量、商业环境、政府管理、个人自由、社会资本、安全保障、教育、健康和自然环境。

〔2〕 参见驻吉尔吉斯经商参处："吉在全球 '繁荣指数' 排名第 88 位"，载中华人民共和国驻吉尔吉斯共和国大使馆经济商务处：http://kg.mofcom.gov.cn/article/jmxw/201912/20191202920265.shtml，最后访问日期：2020 年 1 月 4 日。

〔3〕 参见驻吉尔吉斯经商参处："吉竞争力世界排名第 96 位"，载 http://www.mofcom.gov.cn/article/i/jyjl/e/201910/20191002903762.shtml，最后访问日期：2020 年 1 月 4 日。

差平均为 28 亿美元，而入盟前吉每年贸易逆差在 30 亿美元以上。[1]其次，沙特发展基金将对吉提供贷款 3000 万美元，用于实施吉发展农村供水和卫生系统项目。该贷款期限 25 年，含 5 年宽限期，项目实施期限为 4.5 年。同时，吉政府将提供近 1000 万美元，用于支付税费，支持项目实施。[2]不仅如此，哈萨克斯坦总统托卡耶夫在 2019 年 11 月 27 日对吉尔吉斯斯坦进行国事访问时双方签署九项双边合作文件，包括吉尔吉斯斯坦和哈萨克斯坦国家元首联合声明；2020 年~2022 年哈萨克斯坦与吉尔吉斯斯坦合作综合纲要；吉尔吉斯斯坦政府与哈萨克斯坦政府关于共同建设和改造吉尔吉斯斯坦"阿克—吉列克"公路口岸和哈萨克斯坦"卡拉苏"公路口岸的协议等文件。[3]另外，欧洲复兴开发银行、世界银行、亚洲开发银行、欧盟等国际性组织连续为吉尔吉斯斯坦发展提供无偿援助，哈萨克斯坦和俄国也为吉尔吉斯斯坦提供人道主义援助和减免债务等支援。

吉尔吉斯斯坦需要大量投资和先进技术。因此，吉尔吉斯斯坦也在针对现实中出现的问题为中国投资创造便利条件。首先，吉尔吉斯斯坦在 2012 年公布的《2013~2017 年稳定发展战略》中讲到，要积极吸引外商投资和规范经济秩序。中国目前仍然是吉尔吉斯斯坦的第一大外商投资国，针对中国的一些矿业公司获得了采矿许可证后又被没收的情况吉尔吉斯斯坦不断争取理顺矿业投资许可。其次，为吉尔吉斯斯坦提供大量的就业机会。包括吉尔吉斯斯坦在内的中亚地区失业率都较高。最后，重建工业迫切需要大量投资。吉尔吉斯斯坦作为在苏联解体后才独立不久的国家要建立自己独立的工业体系面临非常大的困难。以服装的生产销售为例，在苏联时期，吉尔吉斯斯坦原来的工业分工是加工羊毛，这些加工出来的高质量羊毛被送到波罗的海国家，他们再把羊毛纺成纱，之后出口到白俄罗斯，白俄罗斯再生产成衣。当最后生产出来的成品返回到吉尔吉斯斯坦时，吉尔吉斯人则需要花更高的价

---

〔1〕 参见驻吉尔吉斯经商参处"吉经济部长谈吉加入欧亚经济联盟取得的主要成果"，载 http://www. mofcom. gov. cn/article/i/jyjl/e/201912/20191202920267. shtml，最后访问日期：2020 年 1 月 4 日。

〔2〕 参见驻吉尔吉斯经商参处："沙特发展基金将对吉提供贷款 3000 万美元"，载 http://kg. mofcom. gov. cn/article/jmxw/201912/20191202920269. shtml，最后访问日期：2020 年 1 月 4 日。

〔3〕 参见驻吉尔吉斯经商参处："哈萨克斯坦总统托卡耶夫访问吉尔吉斯斯坦，双方签署九项合作文件"，载 http://kg. mofcom. gov. cn/article/jmxw/201911/20191 102918219. shtml，最后访问日期：2020 年 1 月 4 日。

钱购买。目前对于吉尔吉斯斯坦来说最重要的是在吉尔吉斯斯坦本土生产的商品，要把它们高价卖到国际市场。此时最需要的是新的纺织工艺和正规的投资。在矿业资源的开采方面，吉尔吉斯斯坦的民众依然对开采持反对的态度，原因在于开采的过程会在很大程度上破坏植被和土壤，对生态环境造成不可逆转的损害。在政府进行有效监督的前提下，需要更加成熟的、绿色的开采技术。

近年来，吉中两国投资呈现大幅增长态势。2004 年中国对吉尔吉斯斯坦直接投资存量只有 1 926 万美元，2012 年达到了 6.48 亿美元，增长了 33.6 倍。吉中投资流量从 2004 年的 347 万美元增长到 2012 年的 1.61 亿美元。2008 年由于受到美国金融危机的影响，中国对吉尔吉斯斯坦投资流量减少，只有 706 万美元；2010 年投资流量为 8 247 万美元，投资流量有所下降，这主要是受吉尔吉斯斯坦国内动荡局势的影响。除了 2007 年、2008 年和 2010 年中国对吉尔吉斯斯坦投资流量增量减少以外，其他年份逐渐增长，特别是 2009 年，中国对吉尔吉斯斯坦直接投资额为 1.37 亿美元，出现井喷式的增长，中国成为吉尔吉斯斯坦第二大投资来源国。在中国对吉尔吉斯斯坦投资额不断增长的态势下，投资领域也在扩大。2011 年中国特变电工签约承建吉尔吉斯斯坦南部电网改造项目（"大特卡—克明"输变电项目），是中国在吉尔吉斯斯坦能源投资合作领域的重大突破，项目金额达 2.08 亿美元，成为两国经贸合作单笔合同金额最大的项目，该项目已于 2013 年 7 月竣工。2013 年前三季度，中国对吉尔吉斯斯坦投资额为 2.54 亿美元，占吉尔吉斯斯坦外商投资总额的 37%，中国首次成为吉尔吉斯斯坦最大的投资国。目前中国对吉尔吉斯斯坦的投资涉及交通运输、矿产资源开发、通信、农业养殖、建筑、金属冶炼、食品加工、房地产开发等多个领域和行业。另外，中国也是吉尔吉斯斯坦最重要的投资对象国，2012 年吉尔吉斯斯坦对中国投资额为 5 729 万美元，占吉尔吉斯斯坦对外投资总额的 38%。

总的来说，"一带一路"倡议为吉尔吉斯斯坦提供了必要的前提和基础，帮助其从靠输出资源为主的国家转变为输出商品的国家。

（二）吉尔吉斯斯坦自身的短板

尽管中国的"一带一路"倡议为吉尔吉斯斯坦发展提供了重大机遇，但是不可避免的是吉尔吉斯斯坦仍然存在众多制约其发展的短板。根据世界银行发布的《2020 年营商环境报告》，吉在 190 个国家参加排名中位列第 80 位，比 2019 年下降 10 位，营商环境有所恶化。在各项指标中吉排名最高的是：财产登记便利度第 7 名，获得贷款便利度第 15 名；排名较低的是：与电网连接便利度第 143 名，合同执行保障第 134 名。此外，欧亚地区国家中哈萨克斯坦排名第 25 位，俄罗斯排名第 28 位，阿塞拜疆第 34 位，亚美尼亚第 47 位，摩尔多瓦第 48 位，白俄罗斯第 49 位，乌克兰第 64 位，乌兹别克斯坦第 69 位，塔吉克斯坦第 106 位。[1]根据世界著名非政府组织"透明国际"推出的"全球清廉指数"排行榜[2]，吉尔吉斯斯坦的行贿指数位列榜单 180 个国家和地区中的第 29 名，排名越靠前意味着腐败程度越高。

第一，吉尔吉斯斯坦仍然存在着较高的经济风险。从宏观层面上看主要体现在：第一，政局动荡导致的国家脆弱性上升。吉尔吉斯斯坦作为独立的中亚五国之一，"民主性"与"脆弱性"伴随着其转型进程，两个因素相互交织，互相影响，成为吉尔吉斯斯坦政治发展区别于其他后苏联空间国家最为显著的特征。《2016 年世界腐败晴雨表》调查显示：吉尔吉斯斯坦受贿系数为 38%，在独联体国家中排名靠前，腐败指数属高水平，俄罗斯、哈萨克斯坦和乌兹别克斯坦分别为 34%、29% 和 18%。[3]第二，内生动力不足引起的对外部依赖严重。吉尔吉斯斯坦既没有丰富的自然资源储备（如哈萨克斯坦和土库曼斯坦），也没有较为完整的工农业发展体系（如乌兹别克斯坦），经济增长主要依靠零售贸易、过境中转和劳务输出来实现。

从微观层面来看，第一，吉尔吉斯斯坦基础设施建设障碍。吉尔吉斯斯坦是内陆国家，没有出海口。因此其公路、铁路的基础设施建设就尤其重要。

---

〔1〕 参见驻吉尔吉斯经商参处："吉在世界银行《2020 年营商环境报告》中排名第 80 位"，载 http://kg. mofcom. gov. cn/article/jmxw/201910/20191002907552. shtml，最后访问日期：2020 年 1 月 2 日。

〔2〕 全球清廉指数（Corruption Perceptions Index）是由世界著名非政府组织"透明国际"建立的清廉指数排行榜，反映的是全球各地商人、学者及风险分析人员对世界各地腐败状况的观察和感受。"透明国际"总部设在德国柏林，是国际著名的从事反腐败研究的非政府组织，由世界银行负责非洲地区项目的前德籍官员彼得·埃根于 1993 年 5 月注册成立。"透明国际"的全球清廉指数排名是依据世界银行、环球透视、英国经济学人智库组织和世界经济论坛专家的评估，以及对居民和商业领袖进行调查后制定的。

〔3〕 参见驻吉尔吉斯经商参处："吉尔吉斯斯坦受贿系数在独联体国家中排名靠前"，载中华人民共和国驻吉尔吉斯共和国大使馆经济商务处：http://kg. mofcom. gov. cn/article/jmxw/201611/2016110 1884355. shtml，最后访问日期：2020 年 1 月 4 日。

据吉尔吉斯斯坦家统计委员会统计，到 2017 年年末，吉尔吉斯斯坦公路运输占全国货运总量的 93% 以上。同时，吉尔吉斯斯坦的境内铁路交通十分不发达，其铁路网被分割为互不相连的南北两部分。最大的问题是，中吉两国交通基础设施不配套，交通基础设施和运输车辆技术标准不一致，大大增加了运输的负担和成本，降低了运输的收入。吉尔吉斯斯坦基础设施质量也存在大量问题，交通运输、电力、通信等，其基础设施的状况目前还难以满足中国投资企业的需要。

第二，吉方金融服务体系发展较为滞后。伴随着本国政局的动荡，金融服务机构的数量和规模从 2009 年前的 3 个证券交易中心、19 家保险服务公司、228 家商业银行、369 家中小金融服务公司和 389 个外币兑换服务点，到 2013 年有所减少，证券交易所减少 1 家，保险公司减少 1 家，商业银行减少 50 多家，中小企业金融融资服务公司从 126 家减少到 102 家，金融服务公司从 389 家减少到 109 家，外汇兑换服务点减少 39 个。随着国内政治经济的稳定，金融体系正逐步恢复。其货币索姆兑美元汇率基本保持稳定。吉尔吉斯斯坦多数银行都是环球银行金融电信协会（SWIFT）成员，因此，中吉两国商业银行之间汇路畅通。但吉尔吉斯斯坦目前尚无中资银行，且保险业较为落后，仅有十几家保险公司，规模都较小。由于吉尔吉斯斯坦银行规模较小，贷款利率较高（截至 2018 年 5 月，其国家银行设定贷款利率为 6.25%），难以满足中国企业的融资需求，并且目前也不具备在当地使用人民币进行投资合作的条件。同时，吉尔吉斯斯坦的股票交易市场规模也较小，仅 14 家（2018）企业股票在交易。

其次，吉尔吉斯斯坦还存在法律风险，吉尔吉斯斯坦法律与制度不健全。中亚国家普遍存在国内法制不健全问题。为改善投资环境，吉尔吉斯斯坦在 2001 年由其外国投资委员会提出了新的《外国投资法》草案并于 2003 年通过，加强了投资和扩大投资者权限的保障。由于吉尔吉斯斯坦本国经济发展水平、进出口、吸引投资等规模相对较小，自由化程度高，因此在进出口与投资方面法律的建设方面尚在进一步补充完善当中。但是同时，该国又经常会出现以政府文件的形式调整外商投资和外国资本在其境内活动的情况，这样，外商投资环境的不确定性和不可预测性就大大增加了。另外，政府运行效率低下，腐败现象也较为普遍，虽然本国也制定了《反腐败法》，但是官员执行力不够，寻租现象，不作为现象也时有发生。据国际反腐败非政府组织

"透明国际"发布的 2018 年度全球清廉指数（Corruption Perceptions Index）排名，吉尔吉斯斯坦排名 132 位，得分 29 分，根据该指数，25 分~50 分之间表示腐败比较严重。

另一方面，中国企业在应对中亚能源行业投资法律风险管理存在问题。第一，无完善的国内法律制度作为保障。完善的中国国内能源法及对外投资促进法律制度能为中国企业对外能源投资保驾护航，由于我国对外投资法律制度不完善，现有对外投资立法又存在很多问题：一是未成体系，有关规定不是很合理，法规范位阶较低；二是我国在对外投资立法上重点关注的是国有企业，较少关注民营和私营企业；三是国内立法与国际立法存在冲突。能源投资又是一种高投入的项目，出现任何风险对于中国企业来说承担能力都是比较薄弱的，中国企业在对外能源投资的合同模式不仅要符合中国法律的要求，还要使能源投资项目的风险降到最低限度。

目前，以传统的能源为主的能源结构正在发生着改变，对能源企业选择投资项目有更高的要求。再加上互联网在能源产业转型升级中的重要地位，互联网与互联网金融这类新事物使法律也产生了一定程度上的漏洞。能源在生产的过程中一边是环境污染一边是保护环境的压力，环境纠纷法律争端问题越来越凸显也给企业带来了困难。我国现行能源法包括《中华人民共和国矿产资源法》《中华人民共和国电力法》《中华人民共和国煤炭法》《中华人民共和国石油天然气管道保护法》等。现行的能源立法体系由基本法与相关能源单行法共同解决能源问题，基本法与相关能源单行法相辅相成共同应对能源投资中相关法律的问题，能源法针对能源开发利用中的基本性和概括性的问题；相关能源单行法针对能源开发利用中具体的问题。当前我国在能源领域有关对外投资法律体系还不完善，不能很好地解决能源投资过程中遇到的相关问题。不健全的国内相关法律制度也会给中国企业在进行能源投资时造成一定的影响，增加中国企业对外能源投资风险的系数。

第二，没有有效地利用海外投资保险制度。中国企业在能源投资中有一部分风险是可以预测和可以控制的，随着中国对中亚能源投资项目大幅度增长，我国企业迫切需要得到海外投资保险的保护。海外投资保险在促进"一带一路"沿线国家投资方面具有非常重要的作用，并且通过设立对风险可控项目的保险目标，该制度将在实践中进一步发挥作用。尽管该制度作为一个保险产品已经在实践中广泛应用，但是关于该制度的国内立法仍属空白状态，由于缺乏立法的指导，我国企业没有能源投资保险的充分保障，致使其在中亚国家进行投资时抵御风险的能力低、损失重。

由于中亚地区政治风险高，中国企业为应对中亚国家的政治风险，显得尤为需要国家完善海外投资保险，这是资本母国为投资者在海外投资可能遇到的政治风险所提供的保障。投资者在投保后如果发生了承保范围内的政治风险并遭受损失，那么承保机构将对其损失予以补偿。[1]中国其他方面的法律和规章的内容已经比较全面，但在海外投资保险制度方面的规定问题较大。就目前来看，中国还没有建立起完善的海外投资的保险。能源投资作为一种高风险的投资，建立健全境外投资促进保障机制，能更好地保障我国企业对中亚能源投资的安全。采取相关政策措施，支持国家鼓励境外能源投资项目的发展，明确境外投资的重点地区和行业，包含制定和完善能源领域的境外投资专项规划。因为能源对于中国经济的发展来说具有举足轻重的地位，不仅只关系到中国企业自身，还关系到中国经济的稳定发展，所以中国企业在中亚能源投资的情况应该得到政府的高度关注，国家适时地调整相应的政策，建立健全的海外能源投资保险，很大程度上支持了中国企业在中亚进行能源投资。

第三，政治风险。其一，因国有化产生的风险。国有化风险是国际能源投资中较为突出的一种政治风险，尤其是中亚国家原本是从苏联地区独立出来的，文化、宗教和政治的冲突明显，旧的体系不断被打破而新的体系还没来得及完全建立，所引发的法律变动性强不利于投资的进行。在中新社发布的能源资源投资政治风险评估报告中将风险划分为低风险、较低风险、中等风险、较高风险和高风险五类。吉尔吉斯斯坦、土库曼斯坦和塔吉克斯坦在中等风险的范畴。一般来说，在中亚国家因为国有化所引发的风险为根据这些国家法律不存在对被征收财产的外国投资者进行补偿的国际法律义务，可以不必对被征收的外国投资者进行补偿；给予外国投资者一定的补偿是出于外交政策的考虑或国际礼让，但是这种补偿并不是法律义务。这极大地增加了中国企业在中亚能源投资的风险，不利于中国企业对中亚能源投资的进行，也不利于中亚国家能源企业的发展。尽管有多边投资保证机构和保险机构承

---

〔1〕　参见赵明："我国海外投资保险法律制度的立法构想"，载《全球化时代的国际经济法：中国的视角国际研讨会论文集》（上），2008 年版。

保对外直接投资国有化风险，在一定程度上提供了保险金融上的保证，有利于促进中国企业对中亚能源投资的发展，但是这种力量还不足以与国有化风险相抗衡，仍然是属于中国企业对中亚能源投资最主要的政治风险之一。其二，因内部政局动荡带来的风险。中亚国家有局势动荡、宗教或教派冲突以及恐怖势力等问题，自吉尔吉斯斯坦独立以来，北部先比南部生活水平略高，南部经济落后处于极端势力活跃的地方，宗教信仰很大程度强于北方，另外受历史和 2010 年骚乱的影响，南部乌兹别克族和吉尔吉斯族长期关系紧张，多方因素形成南北对立的政治局面。近些年来吉尔吉斯斯坦人去哈萨克斯坦、俄罗斯打工的很多，而本国的工作岗位则由乌兹别克斯坦的劳动者补充。俄罗斯受欧美制裁导致经济下滑严重，吉尔吉斯斯坦的劳工回到本国的迹象明显，这种回流很可能造成与乌兹别克斯坦劳工的矛盾激化，而乌兹别克斯坦又是在中亚人口最多和军事力量最强的国家，这对吉尔吉斯斯坦来说极为不利。中亚国家内部政局动荡势必会给中国企业在中亚的能源投资增加很多不确定因素，这对于中国企业在中亚进行能源投资将会带去很大的隐患。其三，因政治上的不信任带来的风险。中国近些年来经济发展的巨大成就被某些国家所忌惮，多项因素又进一步加大了我国在中亚能源投资中的第三国干预风险。首先，石油天然气本来就是战略产业，国际性的大型油气开发项目一向与政治纠缠在一起，我们的海外能源开发项目也将不可避免地笼罩在国际政治斗争之下。其次，与其他所有经历过快速工业化的经济体一样，中国经济的迅速增长伴随着能源消耗的迅猛增长。自 1993 年开始，我国便成为石油净进口国；2002 年以来，几乎每年原油进口量增幅都在两位数以上。我国石油企业也确实扮演了中国企业"走出去"的主力角色，这样一来，必然会被传统的能源进口大国视为能源争夺者。我们已经一次又一次地看到了第三国干预风险对我国海外能源开发的干扰，仅就中国在中亚的能源开发项目而言，中海油也不是第一家因此而受到美国干扰的中国企业。中国的能源需求增长是正当且必然的，国际政治斗争在对我国海外能源投资中，收益始终与风险共生，而这种斗争又可能给我国企业创造新的机会。能源问题关乎各国的经济命脉，目前能源总署规范其会员国的原油储备量是 90 天，但难以预防的突发性的原油供给中断和油价的迅猛增长，要求的储量标准会更高。从能源总署规范的储备量数据上看，我们可以得知能源储量重要性，不仅可以给能源投资企业带去经济效益，也可以缓解整个国家在面对突发的事件导致能源价格急增所带来的安全隐患。受历史和当前国际情况的影响，中国企业在对中亚国家进行能源投资时不得不考虑到政治风险所带来的损失。历史的因素主要是和俄罗斯之间有着千丝万缕的联系，中亚国家作为苏联的加盟国，受俄罗斯的影响较为突出会影响到能源投资。

第二节　吉尔吉斯斯坦投资法律制度

一、投资法律体系概述

随着人民群众生活水平的提升，出境旅游成为生活常态，由于近些年来欧美国家社会稳定情况较差、日韩旅游市场吸引力的逐渐下降，加上"一带一路"倡议的稳步推进，我国人民对中亚国家的了解越发全面，中亚国家逐渐进入游客视野。在这样的背景下，吉尔吉斯斯坦作为中亚地区与中国紧邻的矿产资源大国以及旅游资源丰富的国家，将成为我国"走出去、引进来"的重要目的国。因此熟知吉尔吉斯斯坦法律制度对于我国企业、个人赴吉投资是重要一环，但是目前，吉尔吉斯斯坦公开的法律规定比较有限，且大多为俄语译本，给国内的研究、学习造成了一定困难，因此有必要对吉尔吉斯斯坦现行主要的投资法律进行研究。

经济基础决定上层建筑，吉尔吉斯斯坦现行法律的制定也受到本国经济状况的影响。在苏联时期，由于计划经济体制的束缚，吉尔吉斯斯坦在苏联的统一规划之下发展经济。吉尔吉斯斯坦国内第一次有了工业部门，打破了农业国家的发展模式，产生了工农并行的经济结构。随着苏联分工的进一步细化，吉尔吉斯斯坦由于矿产、水力资源的巨大贮备，成为苏联工业发展的原材料供应地，因此，吉尔吉斯斯坦工业发展程度不高，经济结构畸形。苏联解体后，吉尔吉斯斯坦加快推进"私有化"改革，大量国企转为私有，国家对私有企业的管控能力下降，导致吉尔吉斯斯坦经济每况愈下。为了大力发展经济，吉尔吉斯斯坦不得不借助外国力量，大规模招商引资，接受外国的援助与投资。因此，吉尔吉斯斯坦制定了《外国投资法》《地下资源法》等主要投资法律，在国民待遇、资本准入、外汇管理、资源利用许可等方面给予外国投资者极大的便利，并且颁布《自由经济区法》，在全国范围内设立自由经济区，以便更大程度地吸引外国资本。

吉尔吉斯斯坦为了发展对外经济贸易，吸引外资，制定了多部对外经贸法律。经过对吉尔吉斯斯坦的所有与投资相关的法律文件进行分析，我们不难发现，这些法律文件虽然规定的内容以及侧重点各有不同，但是立法的过程中都呈现出一个共同的特点：修改法律的次数过于频繁。诚然，法律确实要依据社会经济状况和国际社会经济、政治领域的影响而做出相应的改变，使法律不只是纸上谈兵，而是发挥其应有的效用。但是一个国家的法律频繁修改可以在某种程度上反映一些问题。其一，吉尔吉斯斯坦的法律制定体系和技术不是很成熟。众所周知，一个国家的法律不能朝令夕改，否则其将失去法律的优势之一——稳定性，这会促使民众甚至外国投资者逐渐产生对法律的怀疑进而不相信法律。对于外国投资者来说，这是一个至关重要的影响因素之一，并且很有可能会对外国投资者最终是否决意在吉尔吉斯斯坦进行投资起着决定性的影响。其二，吉尔吉斯斯坦的法律环境比较混乱，不利于法律的发展。吉尔吉斯斯坦是 1991 年宣布独立的国家之一，基本上等同于一个新生国家，一切都需要重新开始。加之受到以往传统司法观念的影响，对法律及契约观念淡薄，缺乏对法制社会的正确认知。因此，其特点在于立法文件很多，分类细致，法律规定的内容也过于系统化、原则性，缺乏实际中的可操作性。并且法律文件修改过于频繁，每次修改的内容也没有很大变化。

二、《地下资源法》

《地下资源法》是吉尔吉斯斯坦于 1997 年专门针对其丰富的地下资源利用制定的法律。其前身为 1992 年的《矿产资源法》。该法的地位比较高，被认为是矿产资源领域中最完善和最民主的法律之一。吉尔吉斯斯坦的矿产资源丰富，采矿业比较发达，已经有多家欧美等国的著名企业进驻吉尔吉斯斯坦，我国也有不少企业在经过对政策的了解以及风险和收益的测评之后加入对吉尔吉斯斯坦矿产资源的采掘和开发。根据相关数据和资料，除了对外国投资者普遍适用的优惠政策以外，如果外商投资者投资的领域属于优先吸引外资的领域，则其将会享受额外的投资优惠。而对于矿产资源的开采及开发就属于该优惠专属的投资领域。《地下资源法》对于外国投资者从刚开始进入吉尔吉斯斯坦进行企业注册或是经营，到外国投资者享有的权利与义务、地下资源的所有权及使用权、投资形式以及项目融资、外币在吉尔吉斯斯坦本国境内的流通等一系列的投资流程都有着非常详细清晰的规定。

（一）矿产资源许可证

在矿产资源领域中，吉尔吉斯斯坦最重要的主管机关为地质和矿产资源署[1]（已重组为国家工业、能源与地下资源利用委员会）。该机构负责具体的矿业产权证的发放工作。矿业产权证根据具体用途的不同分为地质研究许可证与矿产资源开发许可证。我们需要对两者进行区别，因为这将对外国投资者有着十分必要的参考作用。其一，从名称上来看，两者有本质的不同。前者偏向于学术领域，拥有此许可证的投资者的主要任务在于对吉尔吉斯斯坦的矿产资源进行地质勘探，获得进行后期开发所需的数据及相关资料。可以这样说，虽然两种许可证不是必须兼得，但是前者可以作为后者投资商进行矿产资源开发采掘的首要步骤。而后者的功能属于综合类，外国投资者在进行开发的同时，也享有地下资源勘查权。其二，两者的权利行使期限不同。前者证书的持有者有 2 年的地下资源勘查权，在满足一定条件的情况下，可以顺延至最多 10 年。而后者的许可证持有人则有 20 年的地下资源开发权，甚至可以延长到该特定地域的地下资源完全采掘完毕。

（二）许可证的获得方式及转让

根据《许可证法》第 9 条及相关规定，吉尔吉斯斯坦国内包含矿产资源许可证在内的各类许可证主要通过两种方式取得：竞标和与政府进行谈判。这两种方式初听觉得合理，第一种方式更公平、公开、透明，而第二种方式虽然不够透明，但是政府可以通过此方式对外国投资商的投资策略和经济实力，以及到底是否具备投资的能力有一个全面的了解，有利于政府做出正确的判断。这是最理想的状态。但是在实际操作过程中，难以保证权力较大的机关工作人员将其职责放在一边，利用他的工作职能在进行决策的过程中通过受贿、请客送礼等不法手段收取非法资金及实物等利益。因此，吉尔吉斯斯坦在发展经济的同时，也需要对行政机关等可以借机谋取不法利益领域的廉洁性重视起来，制定相关政策及惩罚机制等措施，尽可能确保行政机关在执行任务的过程中公平、公正。

---

〔1〕 参见何子鑫等："吉尔吉斯斯坦矿业开发现状与投资环境分析"，载《资源与产业》2018 年第 1 期。

根据《许可证法》规定，许可证的转让有两种方式，一种是自愿的协商转让，另一种是在许可证的持有者未尽到应尽职责的义务时，根据案例的不同情况，由银行或者财政机构代替其取得该权利，并通过政府将该权利"回收"，再转让给满足条件的第三方。

（三）许可证的失效

许可证的失效除了到期与自动放弃等情况之外，还包括各种造成严重损害以及外国投资者未能完全履行义务、工作等违约的情况。[1]与此相关，1998年6月8日，吉尔吉斯斯坦为了对在其境内所有的石油天然气领域各种形式的经济实体进行规范，特别通过并颁布了《石油天然气法》。吉尔吉斯斯坦之所以如此注重石油天然气的发展，原因就在于其对石油天然气的需求较大。在吉尔吉斯斯坦境内，公路运输是全国交通运输业的主要形式，因此其对石油天然气的消耗也是十分巨大的。总的来说，吉尔吉斯斯坦的矿产及地下资源领域法制健全，并且属于优先发展领域，政策风险都比较稳定，有利于投资者进行投资。

三、2003 年新《外国投资法》

（一）立法指导思想

吉尔吉斯斯坦前总统阿卡耶夫在独立后的一系列讲话中多次强调在经济改革方面走既非资本主义也非社会主义的"第三条道路"，说这条道路是建立在资本主义的"大市场经济"和社会主义的优越性（有社会保障、社会公正和对穷人的社会保护等）基础上的。吉尔吉斯斯坦科学院院长图·科丘耶夫在论述第三条道路时指出，走这条道路的目的是使吉尔吉斯斯坦进入高度文明、物质和精神繁荣，人与人之间充满人道主义的社会；他还谈到，20世纪的实践证明：从两种势力的斗争中，必然产生第三种势力，这种势力能够克

---

〔1〕 地下资源使用权的停止主要包括以下情况：（1）地下资源不按预定用途使用、违背许可协议使用或发生不可抗力事件时，地下资源使用权将停止3个月；（2）出现以下情形时，地下资源使用权停止：①完成地质考察工作，有用矿物开采完工，注销开采企业；②开发资源采用的工艺对人身健康、工作人员及居民构成威胁、对自然和矿物储量造成不可弥补的损害；③在许可协议指定期内未能递交关于资源的保护、自然保护及土地所有者的技术安全工程方案；④领到许可证后，使用者在1年期内未能按照许可证条款规定进行开采；⑤自愿放弃使用或许可证期满失效。

服旧势力的片面性、开创新的道路，这条道路有别于以往并超过以往的道路，这就是"第三条道路"，这条道路的新属性包括下列几个方面：

一是自由选择经营方式，各种所有制一律平等，不可侵犯；二是国家努力使得公民享有物质文明、精神文明的成果；三是收入和义务成正比，任何个人和集体都无权搞特殊化；四是不应在收入和分配方面搞平均，收入和分配应由法律原则来保护；五是法律的执行要由国家力量予以保证，国家对经济活动要有相应的可调控性；六是国家法律中应规定标准制度和劳动报酬，并以此确定所有者与工人之间的法律关系。另外，吉尔吉斯斯坦还于1999年提出对土地实行私有化，认为只有农民成为土地的真正主人，才会珍惜和合理使用土地。

不难看出，上述观点并未离开社会市场经济的基本原则。这证明吉尔吉斯斯坦提出的所谓"第三条道路"理论与中亚其他国家提出的向社会市场经济过渡理论并无实质性区别。另外，吉尔吉斯斯坦官方也承认该国经济改革的大方向是向市场经济过渡，各种所有制并存并且在法律面前一律平等。从改革的具体措施看，吉尔吉斯斯坦与中亚其他国家的区别也不大。

吉尔吉斯斯坦投资立法指导思想也分两个阶段：独立初期，吉尔吉斯斯坦同样是为融入国际社会，吸引大规模资金，恢复国民经济，健全经济体系，投资思想：旨在保障吉尔吉斯斯坦有效地参与国际经济联系，以外国投资的形式吸引财力、物力及外国技术。2003年新投资法体现的指导思想：通过为投资人提供公正、平等的法律制度和保护其对吉尔吉斯斯坦经济的投资，达到改善吉尔吉斯斯坦投资环境，促进吸引本国和外国投资的目的。发展趋势同样是由单纯地吸引资金，弥补建设资金的不足，改变为加大对外资的保护力度，改善本国的投资环境。值得注意的是，吉尔吉斯斯坦还鼓励本国资本在国内的投资。

（二）具体规定

吉尔吉斯斯坦于1991年颁布了《外国投资法》，1992年颁布《对外经济活动基本法》《自由经济区法》《企业由外商租赁经营法》《关于开办和注册外资企业、合资企业、国际联合体及组织的办法条例》《总统关于调整吉尔吉斯斯坦对外经济活动的命令》《租让和租让给外国人企业法》等。1997及2003年又两次通过《外国投资法》，1991年制定的《外国投资法》宣布失效。

从总体上看，独立之后，中亚各国逐步建立了以《外国投资法》（或《外国投资和外国投资者活动保障法》）为核心，辅之以《自由经济区法》《对外经济活动基本法》及大量的总统令构成的投资法体系。《外国投资法》虽然不是吉尔吉斯斯坦最著名的、体系最完善的法律，但是其凭借着对投资方面作出的系统和原则性规定，可以说是其中最基础的一部立法。《外国投资法》自其诞生至今，经历了多次修改，变化历程分别为1991年《外国投资法》、1997年《外国投资法》以及2003年《外国投资法》，现行有效的立法文件即2003年的《外国投资法》，即之前公布的《外国投资法》全部作废。对《外国投资法》的具体论述将会从以下方面展开。

现行有效的《外国投资法》共有五章，二十五节。以确立基本原则的形式对外国投资者的权益保护及相关基本问题进行了规定。其中，对外国投资者的保障和支持主要集中在第二、三章内的十节内容当中。

相较中亚其他国家，吉尔吉斯斯坦在吸引外资方面有着独特的优势。首先在于其与国际社会的紧密关系程度。吉尔吉斯斯坦于1998年加入了世界贸易组织，并且于2015年先后加入了关税同盟、亚投行（亚洲基础设施投资银行）、上合组织（上海合作组织）以及欧亚经济联盟，另外，其作为"一带一路"倡议的沿线国家，势必有更多吸引外资的机会。与世界上其他国家在经贸往来关系方面的加强，不仅可以加深吉尔吉斯斯坦在世界舞台尤其是经济方面的影响力，最重要的方面在于其加入的组织或者联盟内部的各成员国之间有着特殊的优惠待遇以及税费方面的减免。这些优惠在其他地方都是轻易享受不到的。不仅如此，与这些经济大国、贸易强国保持密切的联系，同时也可以在这个过程中借鉴到更多优秀经验，在更大程度上刺激吉尔吉斯斯坦经济的发展，优先获取到第一手消息。这些因素都非常有利于吉尔吉斯斯坦的经济发展。其次，吉尔吉斯斯坦有着丰富多样的自然资源。这些自然资源包括地下资源（如石油、天然气及稀有金属等），还有丰富的水力资源和旅游资源等，发展前景巨大。目前，吉尔吉斯斯坦国内相比其他行业而言，最发达的还是农业及农产品加工业，该产业的产值几乎达到了吉尔吉斯斯坦GDP的1/3。[1]农业是一个国家最基础的产业，也是国民赖以生存的基础产业。苏联是一个带有浓厚社会主义色彩的国家，吉尔吉斯斯坦作为从中独立

---

〔1〕 参见王志刚："吉尔吉斯斯坦矿产资源及投资政策"，载《西部资源》2005年第6期。

出来的国家，深受国有性质经济的影响，[1]毫不夸张地说过去一切经济体包括私有企业都由国家进行严格的直接管理和控制，企业缺少自主发展的机会，所有经济资源也都统一收归国有，在如今的全球化大背景下，计划经济已经难以满足国家经济发展的需要，如果继续实行计划经济，会阻碍国家的进一步发展。吉尔吉斯斯坦现已逐步放开政府的限制，允许私有经济在法定范围内进行发展。吉尔吉斯斯坦现在已经逐渐由单纯的"原材料"开采出口转为加工为成品之后再出口，原材料的出口价格与成品的出口价格有着巨大的差异。通过这样的转变可以在一定程度上增加吉尔吉斯斯坦的收入。原材料出口型经济是一个国家经济发展的必经阶段，其需要通过以"资源换项目"进行原始的资本积累，在积累到一定阶段之后就可以多方位发展本国经济。最后，吉尔吉斯斯坦发展本国经济的态度积极主动，并且有计划地向市场经济转型。因此，只要吉尔吉斯斯坦抓住这些机会，制定更多保护以及鼓励外国投资者的政策、措施，同时为自身营造更稳定、利于发展的国内环境，就势必会为吉尔吉斯斯坦市场经济的发展带来新的活力。

相比之前的《外国投资法》，2003年的《外国投资法》在很多方面都进行了修改。第一，外国投资的主体。2003年之前的《外国投资法》中采用了穷尽性规定，将对吉尔吉斯斯坦投资的主体限制在国家、法人和公民三者中，2003年《外国投资法》将公民的范围扩大至自然人，并将外国组织以及国际组织纳入投资主体的范围。独立初期的1991年《外国投资法》规定，投资主体包括外国国家、法人和外国公民。1997年《外国投资法》扩大了投资者的范围，增加了国外常住的吉尔吉斯斯坦公民；依据吉尔吉斯斯坦法律创办并在国外有法定地址或者主要活动在国外的法人；依据吉尔吉斯斯坦法律创办的由外国人参加、建立的企业或者具有控股权的且在法定的资本中超过20%的外国人、无国籍人创办的企业；外国的地方行政单位等。

值得注意的是，在2003年《外国投资法》对外国法人的规定中，由原来的超过20%，改为不少于1/3的股票或股东表决权，表明对外国法人的控股要求有所提高；此外还增加了非法人性质的外国组织、国际组织作为投资者的规定。

---

〔1〕　参见 Muratov Bektur："吉尔吉斯斯坦经济转型中投资环境及中国对其投资前景的分析"，载《法制与社会》2015年第5期。

第二，外国投资的范围。独立初期的 1991 年《外国投资法》规定，外国投资是指货币、物质投入、知识产权的转让等。1997 年《外国投资法》、2003 年《外国投资法》规定，投资指物质的和非物质的财富，并进行了详细列举，与 1991 年《外国投资法》相比增加了产权（抵押品、财产持有权、债权及其他）；股票和其他形式的法人股份；债券和其他形式的债权；履行契约中对货币、货物服务的权利和要求；国家机关授予的从事某种活动的许可和其他形式的权利；法定的租赁权；在吉尔吉斯斯坦边境内获取的利润和再投资获取的利润，投资的方式及其形式的改变不影响投资的性质。内容更加丰富，范围更加广泛，投资构成更加多样化。值得一提的是 2003 年《外国投资法》还对直接投资作了详细的规定。直接投资——系指投资人拥有、获取已在吉尔吉斯斯坦设立或重新设立的股份制公司不少于 1/3 的股权或股东表决权；或投资主体以其他方式的等值参股；以及投资人与投资对象之间后来发生的全部业务；对在吉尔吉斯斯坦境内设立的法人的分支机构、代表处的固定资产进行投资。在 1991 年的《外国投资法》中，对于外国投资的概念限定在货币、物质投入和转让知识产权领域，没有一个具体的罗列。而在 2003 年《外国投资法》中其将投资领域细化成了实物和非实物，进行了具体陈述，[1]并进一步细化直接投资和间接投资等各种投资形式。[2]

第三，适用的法律。（1）1991 年《外国投资法》仅仅指出可以同时适用国内法与国际条约，但是没有考虑到两者发生冲突时如何处理问题。在 2003

---

[1] 第一条 投资系指以如下形式对经济活动实体的实物和非实物投入：
——货币；
——动产和不动产；
——财产权（不动产抵押、财产抵扣权、质押及其他）；
——股票和法人资本中其他形式的股权；
——债券和其它借债；
——非财产性的权利（包括知识产权，含名誉权、著作权、专利权、商标权、工业样品权、工艺所有权、品牌和专有技术权）；
——从事许可经营活动的各种权利和以吉尔吉斯共和国国家机关授予的其他形式进行经营活动的权利；
——吉尔吉斯共和国法定的租让权，包括对吉自然资源进行勘探、研究、开采和经营的权利；
——在吉尔吉斯共和国境内进行投资和再投资的利润或收益；
——吉尔吉斯共和国法律不禁止的其他投资方式。
投资的方式或该方式的改变不影响其作为投资的性质。
[2] 详见《外国投资法》第一章第一节第 2 条、第 3 条。

年《外国投资法》中增加了投资人有权选择 10 年内对其有利的吉尔吉斯斯坦国内的法律，并且解决了在国内法与国际条约（限于吉尔吉斯斯坦参与的）出现冲突时适用的问题，即优先适用该国际条约。（2）2003 年《外国投资法》特别将第二章的名称由"外国投资者的权利和义务"修改为"投资人的法律保障"，足见吉尔吉斯斯坦为了吸引外资，鼓励外商的资金及项目投资作了充足的准备。（3）给予外国投资者的待遇从"超国民待遇"变为"正常的国民待遇"。1991 年《外国投资法》第一章第七条规定的优惠标准为"不低于"，而 2003 年《外国投资法》则降格为"同等"。[1]（4）1991 年《外国投资法》中从第三章第 9 条开始专门系统性地规定了针对外国投资者的税收优惠政策，但该政策在 2003 年《外国投资法》中已经基本不见踪影，虽然某些税收优惠依旧存在，但是只能散见于吉尔吉斯斯坦制定的其他对外经贸法律当中（如《自由经济区法》）。

第四，外国投资审查与批准的比较。对外国投资的审查与批准，是资本输入国管制外国投资进入的重要手段，目的是使国家有计划、有选择、有重点地利用外资，充分发挥外资的经济效益，使其与国家的经济发展的总体目标保持一致。中亚三国都规定必须对外资进行审批，并且制定了严格、繁琐的审批程序。（1）关于审批机构的规定。吉尔吉斯斯坦独立初期，1991 年的《外国投资法》要求外国投资应取得政府颁发的许可证，然后向财政部进行注册登记。1997 年《外国投资法》改为向司法部登记注册。2003 年《外国投资法》没有明确规定向哪个部门登记注册，而是同其本国的企业一样，按照吉尔吉斯斯坦《民法》和《法人注册法》的相关规定办理手续。从以上的变化可知，吉尔吉斯斯坦对审批机构的规定，是逐渐放宽的，简化了登记注册手续，对外资逐渐实行了国民待遇，是符合世界发展趋势的。（2）关于审批范围的规定。吉尔吉斯斯坦独立初期的投资法规定，要求所有的外资都需要强制性审批和登记，但新投资法则放宽了限制，一般的投资不需要审批，仅仅是《许可证制度条例》中规定的某些专门活动才需要审批。值得注意的是，1997 年《外国投资法》规定：外国投资者在吉尔吉斯斯坦境内实施经济活动的过程中必须遵守国家的法令，特别是《生态法》《自然保护法》《劳动法》《健康法》和城市建设条例。（3）审批程序的规定。新旧法均规定应按照其

---

〔1〕　详见《外国投资法》第二章第四节第 1 条。

《民法》《公司法》《法人注册法》规定的要求办理，除此之外，2003 年《外国投资法》还规定：新成立的外国法人、自然人应提供经过公证和认证的证明其身份的证件（法人提供其在本国注册的资料，自然人提供护照和身份证明）。

第五，关于外国投资者待遇的规定以及国有化、征收与补偿的规定。相关法律规定：1991 年《外国投资法》第一章第 7 条：对外国投资活动的法定待遇要比对吉尔吉斯斯坦从事投资的法人及公民的法定待遇优越。2003 年《外国投资法》第二章第四节第 1 条：吉尔吉斯斯坦对其境内从事投资的外国投资人，在其经济活动领域实行与本国自然人和法人同等的国民待遇。此外，对国民待遇也存在例外：为了社会、国防、国家安全、人民健康和社会道德的需要，对投资可以有所限制。可见独立初期，吉尔吉斯斯坦为了吸引外资，显示对外开放的决心，对外资采取的是"超国民待遇"的原则。后于 1998 年加入世贸组织，为了与世界经济接轨，同时也为了使本国的企业处于平等的地位，保护本国的经济发展，2003 年《外国投资法》对外资采取国民待遇的原则。

国有化、征收与补偿的相关法律规定：1991 年《外国投资法》第一章第 7 条、1997 年《外国投资法》第二章第 5 条、2003 年《外国投资法》第四节第 4 条、第 5 条、第六节第 1 条。新旧法规都规定：外国投资不得没收（国有化、征收或其他同等措施，其中包括因吉尔吉斯斯坦国家授权机关的无能而导致外国人的财物被强行没收或者丧失对其投资成果的使用权）。但依据法律程序及规定应及时偿付的，为社会最高利益而进行的没收除外。对被没收的外资进行赔偿应按赔偿对象的市场价值等值进行，或者直接按作出没收决定之日的价值赔偿。赔偿应现实可行，并用可自由兑换外币支付。赔偿费中包括利息，利率按吉尔吉斯斯坦国家银行长期贷款的利率计算，利息的数额应按被没收之日到支付之日的时间计算。总之，吉尔吉斯斯坦新近立法对补偿作了详细的规定，而且给与外资要求吉尔吉斯斯坦执法机关或其他主管部门尽快进行审查（包括对投资的评估），但不得违反吉现行法律的规定。

第六，外国投资资本、利润支配和用汇保障的规定及特区优惠。相关法律规定：1991 年《外国投资法》第 10 条、1997 年《外国投资法》第 7 条、第 8 条；2003 年《外国投资法》第二章第五节第 1 条、第 2 条、第八节第 2、3 条等。关于投资、利润的汇出、使用：投资人有权以可自由兑换货币形式及投资利润、终止部分或全部投资活动或转让投资后获得的资产，以及被征收后获得的赔偿自由汇出吉尔吉斯斯坦境外或抽回；如果投资人最初以凭证形式或电子载体方式将财产和信息输入吉尔吉斯斯坦，其有权将上述财产和信息输出吉尔吉斯斯坦，并且不受限额、许可证和其他调节外贸业务的非关税措施的限制。

此外，还可以进行再投资和贸易业务。外国投资者有权按照吉尔吉斯斯坦法律在吉尔吉斯斯坦领土上开立吉尔吉斯斯坦货币及外汇账户。值得指出的是，吉尔吉斯斯坦规定外国投资者可用出口所生产的商品或在市场上购买的商品和劳务的形式，把利润或部分利润输出到国外。关于外汇的规定：独立初期，即实行过较严格的外汇政策，即缴纳过利润所得税的外国投资者在把所得利润输出国外时免缴出口税。免缴利润所得税的外国投资者在输出利润时则要缴纳 5% 的出口利润税。现在吉对外资外汇实行的是比较宽松的政策：所有与投资有关的外币汇款，包括从吉尔吉斯斯坦汇出和汇入吉尔吉斯斯坦，均可按吉尔吉斯斯坦法定程序自由办理，不受阻碍。如吉尔吉斯斯坦法律对外币的汇入和汇出实行限额，该限制将不适用于外国投资人。只有在以为防止洗钱交易为目的时，方可对外国投资人实行此项限制措施。

特区优惠：中亚三国为了更好地吸引外资和技术，扩大外贸，促进本地区和本国的经济发展，在特定的区域内，都建立了自由经济区。在该区中采取更为开放的特殊政策，提供更为优惠的措施，实行特殊的管理办法。特殊海关制度：取消或降低自由经济区生产的出口商品的关税，简化商品过境手续，放宽（取消）进出口非税率方面的限制。为保障这一制度的执行，吉尔吉斯斯坦国家海关总局在自由经济区设立海关。经自由经济区过境的进出口商品不享受任何海关优惠。

特殊的外汇制度：自由经济区特殊的外汇制度是指外币可以自由流通，包括按照吉尔吉斯斯坦中央银行的规定用外币支付劳务费和法人、自然人之间用外币进行结算。自由经济区与外国的结算，按双方协议可使用任何一种货币进行。在自由经济区，与中央和地方预算的外汇结算享受优惠。

自由经济区生产和外贸企业享受的优惠：从事生产和外贸活动的人（法人和公民）享受以下优惠：税收优惠，包括 10 年内免缴（或降低）应上缴共和国预算的利润，降低外国投资者汇往国外的利润的汇出税率，降低增值税税率，降低法人和自然人的所得税税率；降低土地、电力、水、生产厂房和设施以及其他基础设施的使用费；与中央和地方预算进行外汇结算时提供优惠；加快固定资产折旧；自由经济区生产的产品出口不受配额和许可证的限制。对出口——生产区投资者优惠的大小，根据出口产品数量和在出口生产区加工的程度决定。

自由经济区的出入境制度：自由经济区简化外国公民的出入境制度。各自由经济区出入境的具体规定由吉尔吉斯斯坦外交部制定并纳入自由经济区章程。

综合以上论述，2003 年《外国投资法》最显著的变化在于对外国投资者的保护力度以及优惠力度有了一定程度的减少。经济基础决定上层建筑，吉尔吉斯斯坦减少税收优惠的直接好处就是，税费一直是各国国家政府收入的主要来源之一，因此作为一个发展中国家，甚至可以说是一个欠发达国家，发展国家经济固然重要，但与此同时也不能完全忽略掉本国的经济利益。因此吉尔吉斯斯坦收回了一部分原本应该收取的各项税费的原因就是为了增加本国税收方面的收入，以维持本国的基本经济需要，同时可以对本国的国民经济及有关利益加以保护。

四、1992 年《自由经济区法》

吉尔吉斯斯坦第一部《自由经济区法》于 1992 年通过并颁布，该法为吉尔吉斯斯坦建设自由经济区提供了法律基础。其后，该法又经过三次修订。现行有效的《自由经济区法》由 2014 年阿塔姆巴耶夫总统签署并通过。吉尔吉斯斯坦的自由经济区与我国的自由贸易区大致相同，在这个区域内实行特殊的法律制度及税收优惠制度等。该法最重要、突出的优势在于给予外国投资者的税收优惠。因此才能发挥自由经济区的目的：吸引外资，发展本国经济。[1]其中，给予外国投资者的税收优惠等优惠措施主要集中于第二章，详细规定了自由经济区的特殊制度。目前吉尔吉斯斯坦设立了 4 个自由经济区，

---

〔1〕《自由经济区法》第一章第 1 条，自由经济区的概念、目的和种类，吉尔吉斯斯坦自由经济区是在吉尔吉斯斯坦的一些州、区、市专门划出的特殊独立地段，用于：——将某些地区和整个共和国的经济有效地纳入国际劳动分工；——保证为吸引外国资本、技术和管理经验提供有利条件；——在使外国资本与本国国有及私有企业和单位的物资及货币资金相结合的基础上发挥区域经济潜力；——创建现代化的生产和社会基础设施；——为国内市场充分供应生活和生产用产品和商品；——提高居民的生活水平。

最大最发达的首都比什凯克自由经济区、第一个建成的纳伦自由经济区、发挥重大作用的卡拉科尔自由经济区以及玛伊玛克自由经济区。

自由经济区的优惠措施包括特殊关税制度、特殊外汇制度、劳动关系、优惠措施、活动经费以及进出自由经济区的程序等。这些优惠都有一个例外，即如果该外国投资者的目的只是过境或者是满足吉尔吉斯斯坦内的市场需求，那么这些优惠政策一般都不适用。在关税制度方面，取消了对进出口的非关税限制，但是有一定限制，即只是在自由经济区过境的商品不享受关税优惠。在外汇制度方面，外币在自由经济区内的流通不受特殊的限制，完全由当事人双方协商确定。并且不受数额限制，随意汇入汇出。在活动经费方面，吉尔吉斯斯坦也会降低项目运营期间的使用费。在优惠措施方面，外国投资者在自由经济区内的一切活动都免缴税费，并且在办理配额和许可证方面都会有一定的简化。在劳动关系方面，虽然外国投资者可以任意雇佣外国劳工，但前提是该外国投资者必须办理外国劳动力聘用的许可证。此外，其也可以将工资及收入自由汇往境外。最后，进出自由经济区的手续也可以依法进行适当简化。

第三节　吉尔吉斯斯坦矿业投资法律环境调查

一、吉尔吉斯斯坦投资环境利弊分析

通过前面的论述不难发现，吉尔吉斯斯坦为了吸引外资，发展本国经济，确实对外国投资者给予了税收优惠等涉及投资领域各个方面的优惠政策，但是从实际情况来看，企业、组织或者个人在最终决定是否对吉尔吉斯斯坦进行投资之前，不会因为仅仅看到吉尔吉斯斯坦给予的优惠政策就会贸然进行投资。众所周知，投资的风险和收益并存，赴吉尔吉斯斯坦投资的企业一定会在实际投资之前考量政治、经济、投资环境等一系列的因素，并与投资的收益进行比较，从而得出比较合理的结论和投资策略。

从立法文件和相关数据资料来看，吉尔吉斯斯坦的投资环境近年来并没有发生令人振奋的改善，因此自这些法律文件实施以来并没有对外国投资者的投资兴趣和投资信心产生显著的正面影响；第一，这些法律文件缺少可操作性，必须再进一步细化，辅之以其他行之有效的具体实施细则和配套措施，以及其他相关领域的同步改革（尤其是政府服务领域的改革），仅仅这些法律

文件的出台势必难以在近期内对吉投资环境的改善产生根本、进一步的影响。第二，吉尔吉斯斯坦涉及经济活动的法律法规修改频繁，政策的连续性和稳定性较差，且政出多门，无形中加大了在吉投资的风险系数。第三，吉尔吉斯斯坦的投资环境和自然环境比较差。其与我国的新疆地区有很大一部分接壤，因此其自然环境与新疆大致相同，风沙较大，交通运输方式比较单一，尤其是矿区所在的地方，通常地处偏僻地区，通信和供电方面也存在较大困难，并且地势较高，自然环境较差。

虽然吉尔吉斯斯坦在以上方面可能不及其他同样具有丰富资源的国家，但是其尚处于欠发达阶段，相比大国而言，其可塑性更强，投资机会更多，潜力更大，发展前景也被很多外国投资者看好。

二、中国企业赴吉投资建议

（一）吉尔吉斯斯坦概况

吉尔吉斯斯坦的投资项目主要集中在矿业等自然资源领域，因此要想对吉尔吉斯斯坦的投资环境有一个全面、系统的分析，在这之前有必要了解一下吉尔吉斯斯坦的国家概况。

吉尔吉斯斯坦位于中亚地区东北部，位于"丝绸之路经济带"的关键位置。国土面积19.85万平公里，与中国陕西省面积大体相当。全国地处亚欧大陆腹地，没有出海口，东西直线距离最长925公里，南北直线距离最长453公里。吉尔吉斯斯坦是一个山地国家，全国94%的地区海拔超过1 000米，41%的地区海拔超过3 000米。平均海拔2 750米，天山山脉的最高点是帕米尔峰（7 439米）和汉腾格里峰（6 995米）。吉尔吉斯斯坦气候大陆性特征明显，大气降水量相对较少，平均年晴天数为247天。

根据行政和领土制度，吉尔吉斯斯坦属于单一国家，全国共有7个州，2个国家城市（首都比什凯克以及第二大城市奥什）。截至2016年2月全国人口共计600万，其中，男性约占全国总人口的49%，农村人口约占全国总人口的66%，人口结构中青年人占主体，大多数从事农业生产。吉尔吉斯斯坦人口密度约为每平方公里26人，具有典型的"地广人稀"特征。吉尔吉斯斯坦为多民族、多宗教国家，全国共有90余个民族，形成了吉尔吉斯族人为主体，乌兹别克族、俄罗斯族等民族为重要组成部分的民族结构。在宗教方面，吉尔吉斯斯坦也是一个典型的多宗教国家，70%的居民为逊尼派伊斯兰教徒，国内还有部分居民信仰天主教、佛教以及东正教。吉尔吉斯斯坦将吉尔吉斯语定为国语，将俄语定为官方语言，两种语言平等适用，现实中，城镇居民大多使用俄语，乡村居民多使用吉尔吉斯语。

（二）吉尔吉斯斯坦外商较为集中的投资领域

作为苏联时期的工业原材料产地和重要的农牧业加盟共和国，吉尔吉斯斯坦自然资源极为丰富，有大量矿产资源、水资源以及旅游资源亟待开发利用。吉尔吉斯斯坦作为中亚地区经济建设处于上升期的国家，希望通过丰富的资源吸引外资，鼓励外国企业、个人进行矿产、水资源、旅游资源的勘探开发，以资源换利益发展经济，是吉尔吉斯斯坦吸引外资的重要方式。

1. 矿产资源的勘探开发利用

吉尔吉斯斯坦成矿条件优良，金属资源特别是有色金属矿产资源储量大，优质矿产有金、钨、锰、铀、汞、锑、煤、稀土和稀有金属等。[1]其中，锑产量位居世界第三、独联体国家第一，锡、汞产量位于独联体国家第二位。吉尔吉斯斯坦煤炭储量大、品质高，具有"中亚煤车"的称号。吉尔吉斯斯坦的主要矿产资源储量、分布情况详见表2-1：

表2-1　吉尔吉斯斯坦优势矿产资源种类与分布情况[2]

矿种	已探明产量	主要分布地区
金	地质储量：2 500 吨~3 000 吨 工业储量：560 吨	库姆托尔、陶尔德布拉克
锑	约 34 万吨	哈伊达尔干
锡	20.98 万吨	乌奇科什贡、特鲁达沃依
汞	4.82 万吨	琼科伊、哈伊达尔干
煤	探明储量：25 亿吨 远景产量：47 亿吨	卡拉克切、北费尔干纳盆地

---

〔1〕　参见刘海田等："吉尔吉斯斯坦共和国矿业投资环境及风险分析"，载《矿产勘查》2013年第3期。

〔2〕　数据来源参见王志刚："吉尔吉斯斯坦矿产资源及投资政策"，载《西部资源》2005年第6期。

但是，吉尔吉斯斯坦金属矿产资源总体上开发利用程度不高。目前，开发利用的主要是黄金，其中最主要的是吉尔吉斯斯坦和加拿大合资开发的库姆托尔金矿，该金矿一直占吉尔吉斯斯坦 GDP 的 10% 左右，占工业产值的 40% 以上。可见，目前吉尔吉斯斯坦是一种"一业独大，一家独大"的产业结构和出口结构。国家经济高度依赖黄金产业。吉尔吉斯斯坦将矿业资源的开发利用视为本国经济发展中的重要一环，矿业生产在本国工业生产总值中占比超过 50%，占出口总额超过 40%。该国非常重视矿业的发展，出台各种政策和法规，在企业准入、税收等方面给予外国企业切实的便利和优惠，但是，该国国有黄金公司仍保有 81% 的采矿权利。由于我国经济建设的步伐不断加快、工业领域的不断发展，对资源的消耗和需求越来越大，近年来，我国企业不断走进吉尔吉斯斯坦，投资设厂进行矿业开发，既带动了吉尔吉斯斯坦国内经济的发展，也缓解了我国原材料紧张的趋势。在有色金属开发领域，我国紫金矿业集团股份有限公司与吉尔吉斯黄金公司合资建立奥同克矿业公司，新疆凯迪矿业投资股份有限公司合资建立凯迪矿业公司，我国新疆灵玺投资、中国路桥联合灵宝黄金独资成立富金矿业，在吉尔吉斯斯坦境内进行金矿资源开采。吉尔吉斯斯坦国际统计委员会数据显示自 2008 年~2017 年，外国企业、个人在吉矿业领域投资实现了从 750 万美元到 4 822.5 万美元的飞跃。

总的来说，吉尔吉斯斯坦工业结构单一，尚未形成完整的工业体系。工业发展前景堪忧，技术、研发创新资金严重不足，在国民经济中地位不断下滑。以年为参照，一年工业对贡献率为零。优势产业包括有色金属开采、电力，机械加工业和食品加工业。工业结构一业独大，库姆托尔黄金公司产值占吉工业产值的 4 成以上。采矿业有色金属开采业是吉尔吉斯斯坦的支柱产业，以黄金、煤炭、锡乌等矿石开采加工为主。主要企业包括库姆托尔金矿、吉尔吉斯黄金公司、卡达姆詹锑联合企业等。吉自身开采业极为落后，选矿、开采设备缺乏、地矿资料陈旧多为苏联遗留，外资包揽了所有勘测、开采工作，库姆托尔黄金公司也是由加拿大公司投资兴建的。

2. 水力资源的开发利用

吉尔吉斯斯坦水资源极为丰富，国境内多湖泊河流，大小湖泊 2 000 个。水面总面积近 7 000 平方公里，约占整个国土面积的 3.4%。吉尔吉斯斯坦的地理位置和地理特征使其成为世界上最有效的"水力发电厂"之一。冰川覆盖的山脉和显著的海拔差异相结合，提供稳定的水流，这是使用水力发电站储存和发电的关键。吉尔吉斯斯坦的水电潜力为 1 420 亿千瓦时/小时，现仅使用10%的水电。电力生产成本相对较小。这使得吉尔吉斯斯坦可以出口大约10%的水力能源，主要出口到哈萨克斯坦，乌兹别克斯坦甚至俄罗斯的西伯利亚。水资源是具有跨国重要性的战略性重要自然资源，特别是在中亚部分干旱和沙质土壤地区。吉尔吉斯斯坦拥有巨大的地表水和地下水资源，其中大量的地表水存在于河流，永恒的冰屋和雪地。山地冰川保存的淡水供应量为 6 500 万立方米，超过该国河流资源的 12 倍。

尽管吉尔吉斯斯坦水力资源居苏联加盟共和国之首，有较大的水力发电潜力，但是由于技术局限吉尔吉斯斯坦没有变电设施，只能将国内发电运送到乌兹别克斯坦变电站变电升压后，由乌兹别克斯坦统一分配，吉尔吉斯斯坦仅仅获得本国发电的少部分电力资源，导致本国缺电情况十分严重。我国企业可以抓住这个重要机会，注入资金，帮助吉尔吉斯斯坦修建具有相当运载能力的变电设施，既能够充分发挥吉尔吉斯斯坦水力资源丰富的优势，创造经济利益，又能够帮助吉尔吉斯斯坦摆脱电力受制于人的被动地位，真正达到"一带一路"倡议的目标。因此，吉尔吉斯斯坦水电领域的投资开发也是我国企业"走出去"可以投资的一个新的突破口。

3. 农业资源的开发利用

吉尔吉斯斯坦农业资源也十分充足，且农产品质量较高。原因在于，吉尔吉斯斯坦农业人口超过全国人口的50%，农村劳动力充足。农田、牧场广阔，气候条件适宜。吉尔吉斯斯坦主要农产品有：牛、羊肉类、奶制品、蜂蜜、果汁等。其中，吉尔吉斯斯坦生产的蜂蜜制品连续被评为世界顶级蜂蜜。农业是吉尔吉斯斯坦经济的主要支柱产业，其产值约占吉尔吉斯斯坦内生产总值的17.5%。2012年，吉农业总产值为 1 675 亿索姆（约合35.6亿美元），同比增长1.2%；其中畜牧业增长1.8%，种植业增长0.6%。[1]

目前，我国企业已经走进吉尔吉斯斯坦与吉尔吉斯斯坦展开农业合作，其中"亚洲之星农业合作区"拥有较为成熟的中国企业，经营范围包含农业种植、禽畜养殖、物流仓储等范围。为其他企业走进吉尔吉斯斯坦提供了成

----

〔1〕 参见驻吉尔吉斯经商参处："2012年吉尔吉斯斯坦农业情况"，载 http://kg. mofcom. gov. cn/article/ztdy/201303/20130300048463. shtml，最后访问日期：2022年11月7日。

功的范例。但是，值得注意的是，目前中国并不允许吉尔吉斯斯坦未经加工的农产品通过中国海关，在一定程度上限制了吉尔吉斯斯坦农产品进入中国市场，也不利于中吉之间的经贸合作，更加为中国企业赴吉进行农贸投资提供了政策壁垒。目前，中亚国家中哈萨克斯坦正在积极与我国协商试图推动本国农产品进入中国市场。

4. 旅游资源的开发利用

吉尔吉斯斯坦不但旅游资源丰富，而且旅游业的行业管理也较为完善。美国有线电视新闻网（CNN）将吉尔吉斯斯坦评为全球 20 大旅游胜地之一，将吉尔吉斯斯坦称为中亚的"明珠"，称伊塞克湖峡谷堪比美国西部，高山草地堪比阿尔卑斯山。冬天可以在卡拉科尔滑雪，夏天可以在天山驰骋。[1]吉尔吉斯斯坦是最早加入世界旅游组织（UNWTO）的中亚国家，国内也成立了吉尔吉斯旅游经营者协会（KATO），该协会是吉尔吉斯斯坦旅游业代表中规模最大、最具领导地位的协会之一，于 1999 年在吉尔吉斯斯坦司法部正式注册为非营利组织。目前在该协会登记在案的旅行社有数十家，旅游行业的发展较为兴盛。根据吉官方数据，2017 年约 250 万外国人来吉旅游。不仅如此，根据 2016 年世界旅游组织的评估，吉尔吉斯斯坦是最具有发展旅游业潜力的国家之一，未来十年内吉旅游业将迎来蓬勃式发展。近年来，吉尔吉斯斯坦政府通过了发展旅游业总体规划，旅游业在推动地区发展、解决贫困和失业问题方面具有重要作用。巴里科夫称，吉尔吉斯斯坦国土面积的 94% 为山地地形，发展山区旅游业有利于保证山区居民的就业率和收入水平。2017 年，世界旅游组织制定了未来旅游业可能迅猛发展的国家榜单，吉尔吉斯斯坦位列前十。外国投资者可在旅游景区基础设施、餐厅、酒店的建设上注入资金，带动当地旅游业发展的同时获得投资收益。

虽然吉尔吉斯斯坦旅游资源丰富，但是绝大多数旅游资源尚未开发，诸多景区存在配套设施陈旧、交通闭塞、餐饮住宿价格较高的弊端。吉尔吉斯斯坦官员认为，欲改善吉旅游业现状，需改变地方居民对游客的态度，同时还要发展旅游基础设施。2018 年 6 月 6 日，吉尔吉斯斯坦总理阿贝尔加济耶

---

[1] 参见驻吉尔吉斯经商参处："美国有线电视新闻网将吉尔吉斯斯坦评为全球 20 大旅游胜地之一"，载 http://www.mofcom.gov.cn/article/i/jyjl/e/202001/20200102927810.shtml，最后访问日期：2020 年 1 月 5 日。

夫在政府会议上称，2012 年至 2017 年旅游业在吉尔吉斯斯坦经济所占比例仅仅提升了 0.3%，即从 4.7% 提升至 5%。阿贝尔加济耶夫称，"与此同时，五年内，来吉游客数量每年增长约 6.2%。因此，旅游业的收入应该每年按照同等比例增长"。吉一位高官指出，在吸引游客方面，吉远不如邻国。据该高官称，为改变现状，吉地方居民亟需改变对游客和旅游景点的态度。他表示，"实际上，地方居民并没有准备好按照应有方式迎接游客。他们经常与旅游景点和旅馆有分歧。一系列事件可以佐证这一论断"。阿贝尔加济耶夫还对咖啡店、旅馆较高的价格、没有稳定的旅游路线、职业导游以及救生员等表示了不满。阿贝尔加济耶夫称，"地方政府和旅游机构并没有对为自驾游客改善条件足够重视，停车区域并没有符合国际标准的汽车旅馆。没有收拾整洁的房间"。在总结发言中阿贝尔加济耶夫称，类似影响吸引游客来吉旅游的问题，不应只在夏季旅游旺季来临前解决，而应在全年内解决。

（三）针对中国企业赴吉投资的具体建议

随着中国经济实力的增强，中国对外经济的重心逐渐由货物贸易转向国际投资。"一带一路"概念提出后，中国必将更加重视对中亚地区的直接投资；而中亚国家也在积极推进国内体制改革，不断完善投资政策法规，努力改善投资环境，积极鼓励外商投资。虽然在中亚国家投资充满各种风险，但风险与机遇并存，未来机遇大于风险。对中国投资者来说，在投资前充分实地考察投资项目和市场，精心调研、合理预期、谨慎决策，不轻信合作方或他人的口头承诺，不轻易做出投资效益承诺；对涉及投资收益、己方权利等事项，通过书面合同加以详细约定，聘请当地律师进行法律审查，并尽量获得东道国政府的书面认可和承诺，严格守法经营。在经营期间，与当地政府建立并保持良好关系，积极参与当地社会活动和慈善事业，树立良好企业形象，遇有纠纷及时向当地政府、中国驻当地使领馆寻求帮助，必要时可依法提请国际仲裁，切实保护自身权益。本部分将从两个维度对中国企业赴吉投资提出法律建议。

第一部分为针对投资的具体产业提出建议。

1. 针对投资工业资源。

其一，在石油和天然气方面。吉尔吉斯斯坦的油气资源较少，全国有开发前景的油气国土面积约 2.23 万平方千米，其中约 0.5 万平方千米位于费尔干纳盆地，已经被勘探开发，其余约 1.7 万平方千米大部分位于山间盆地，较少开发或尚未开发。天然气几乎全部集中在费尔干纳盆地。据估算，吉尔吉斯斯坦具有的 A+B+C1+C2 级油气资源约 13.169 1 亿吨，各地已探明的储量分别为：费尔干纳盆地 1.09 亿吨；阿莱盆地 0.5 亿吨；纳伦盆地 0.75 亿吨；伊塞克湖盆地 0.25 亿吨；东楚河盆地 0.3 亿吨。

第一，油气生产。尽管采掘业是吉尔吉斯斯坦国民经济的支柱产业，但油气开采并不是其主业，每年产值不到工业总产值的 2%。虽然吉尔吉斯斯坦有近百年的油气开采史，但产量极低，石油年产峰值是 32 万吨，天然气年产峰值是 3.8 亿立方米。1985 年以后，油气产量呈现逐年下降趋势，根本不能满足本国需求。由于高山地形以及水浸，原油生产困难，采收率很低。按照独联体统计年鉴的数据，吉尔吉斯斯坦 2000 年~2007 年每年石油产量均为 10 万吨。但按照吉尔吉斯斯坦国家统计局公布的数字，其石油年产量约为 7 万吨，2003 年~2007 年的产量分别为 6.95 万吨、7.41 万吨、7.72 万吨、7.09 万吨和 6.82 万吨。天然气产量同样比较少，依照独联体统计年鉴的数据，吉尔吉斯斯坦 2000 年~2007 年每年天然气产量均为 3 000 万立方米。但根据吉尔吉斯斯坦国家统计局的数据，2003 年~2007 年其天然气产量分别为 2 710 万立方米、2 890 万立方米、2 510 万立方米、1 940 万立方米和 1 490 万立方米。

第二，油气进口。由于资金不足或综合开发成本高等原因，吉尔吉斯斯坦的油气产量始终不高，远不能满足国内需求，每年约 95% 的全国原油、天然气和石化制品需要依靠进口满足。除国内炼厂外，进口油气主要用于冬季枯水期的热电厂发电和热力。吉尔吉斯斯坦本的天然气产量远不能满足其国内需求，不足部分主要从乌兹别克斯坦进口，每年约进口 7.5 亿~8.5 亿立方米天然气。2006 年进口价格为 55 美元/千立方米，2007 年价格为 100 美元/千立方米，2008 年为 145 美元/千立方米。从 2009 年起，乌兹别克斯坦将参考俄罗斯进口土库曼斯坦天然气的价格，以 300 美元/千立方米的价格向吉尔吉斯斯坦出口天然气。吉尔吉斯斯坦 2008 年国内的用气价格为：南部居民 6 907.58 索姆/千立方米，北部居民 7 211.26 索姆/千立方米，南部企业 8 541.94 索姆/千立方米（含增值税），北部企业 8 982.91 索姆/千立方米（含增值税）。

第三，油气加工。目前，吉尔吉斯斯坦国内共有 4 座炼油厂，其中规模比较大的 2 座均为合资企业。一是吉尔吉斯斯坦国家石油公司与英国的派特法国际公司于 1996 年月合资组建的吉尔吉斯斯坦石化公司，二者各占 50% 的股份，位于贾拉拉巴德市，系吉尔吉斯斯坦国内第一座炼油厂，年处理能力50万吨原油和凝析油，但目前每年只能加工约7万吨，主要生产汽油、柴油和重油。二是吉尔吉斯斯坦与美国合资的东方炼厂，位于比什凯克市，年处理能力18万吨，主要生产汽油、柴油和重油等成品油。可以说，吉尔吉斯斯坦国内石化工业具有年处理68万吨石油的能力，如果进行技术改造，还可提高到100万吨。但由于油源不足及运输成本高（约占1/5，主要依靠铁路）等困难，实际开工能力只有设计能力的1/4，致使产量远不能满足国内燃料市场需求（每年约50万吨），石油产品的自给率低于30%。

其二，煤炭工业方面。吉尔吉斯斯坦的煤炭资源已探明储量为13亿吨，地质储量和远景储量是260亿吨，主要的矿区共有70处，主要分布在4个盆地：南费尔干纳、乌兹根、北费尔干纳和卡瓦克。另外，还有3个含煤区块：阿赖区块、阿位布卡——恰德尔湖区块和南伊塞克湖区块。吉尔吉斯斯坦最大的煤矿资源（褐煤）集中在卡拉克切（卡瓦克矿区）。

第一，煤炭分布。煤炭主要分布在4个盆地和3个含煤区块。4个盆地分别是：南费尔干纳盆地，主要位于巴特肯州，主要的煤矿有苏柳克塔、克孜勒基亚、别什布尔汗、阿普舍尔、卡拉梅克；乌兹根盆地，主要位于奥什州，主要的煤矿有科克扬加克、古姆别里、金丹；北费尔干纳盆地，主要位于贾拉拉巴德州，主要的煤矿有塔什库梅尔、卡拉杜特、杰根涅克；卡瓦克盆地，主要位于纳伦州，主要的煤矿有科克莫伊纳克、明古什、卡拉杰切。3个含煤区块分别是阿赖、阿拉布卡恰腾古里和南伊塞克湖。全国已探明的煤田共有70处，其中规模比较大的有：卡拉杰切煤田，蕴藏1.84亿吨褐煤，可露天开采；别什布尔汗煤田，储量3 500万吨；苏柳克塔市的11号煤田区，储量1.14亿吨；乌兹根煤田，储量约2亿吨。吉尔吉斯斯坦纳伦河与马利苏河流域是铀矿的主产区，该地区的煤矿往往与铀矿伴生，煤炭中通常含有放射性物质。比如，塔什库梅尔煤矿质量不错：灰分低于20%，水分为6%，硫为2%，每千克煤含热量约5 000千卡~5 500千卡，但由于煤炭中含有较多放射性物质，燃烧后会对环境造成较大危害。

第二，煤炭生产。苏联解体前，吉尔吉斯斯坦在1955年~1991年的煤炭年产量约为290万~360万吨。苏联解体后产量急剧下滑，现在每年约开采30万~50万吨，2000年~2007年的量分别为40万吨、50万吨、40万吨、41.53万吨、46.08万吨、33万吨、32.13万吨和35.32万吨。煤炭不是吉尔吉斯斯坦的支柱产业，2007 年煤炭开采仅占吉尔吉斯斯坦工业总产值约 1.7%。吉尔吉斯斯坦的煤炭主要用于火力发电和热力。据测算，吉尔吉斯斯坦煤炭的远景储量约为 46.65 亿吨，截至 2007 年年初，剩余可采储量为 13.45 亿吨（含约 2 亿吨焦炭），其中 A+B+C1 级占 76%，C2 级占 24%。目前，吉尔吉斯斯坦国家煤炭集团下设 15 家煤炭生产企业及其他建筑设计和科研单位，其中，包括卡拉杰切、别什布尔汗、热尔卡兰、苏柳克塔、杰克涅、阿尔马雷克、塔什煤矿等。

　　第三，煤炭进出口。虽然吉尔吉斯斯坦拥有如此丰富的煤炭储量，但是由于绝大多数矿井都是建设于 40~50 年前，大部分煤炭开采设施老化损毁，并且开采技术落后，再加上运输费用的不断上涨，所以煤炭开采量在苏联解体后不断下降，到 2006 年达到了最低点 32 万吨左右，最近几年才开始逐渐恢复、提升到了 2011 年的 83 万吨。但根据经济水平测算，吉尔吉斯斯坦每年煤炭需求量约为 150 万吨，主要用于火力发电和热力，特别是冬季。这意味着吉尔吉斯斯坦每年需进口煤炭约 110 万吨，进口量约占国内总需求量的 4/5，主要是从哈萨克斯坦进口。

　　吉尔吉斯斯坦目前处于发展的初级阶段，属于欠发达国家。其还在慢慢探索适合自身政治制度及其他社会制度的过程中，并且由于发展经验的欠缺，不可控因素很多。其中吉尔吉斯斯坦当地居民的民族情绪就是一个重要的方面。民族情绪主要指的是吉尔吉斯斯坦境内的公民的民族意识。由于吉尔吉斯斯坦公民的受教育程度没有达到很高的水准，且外国投资者的投资区域受到行业领域、环境等因素的限制，多位于偏僻地区。该地区人民的价值观也与其他大国存在着不小的差异，因此看到中国投资者进入该地区时，不会想到外国投资者将会给吉尔吉斯斯坦本国的经济带来发展，而大多只会单纯地认为其是在利用他们国家的弱小而掠夺他们的自然资源。虽然吉尔吉斯斯坦政府颁布的《地下资源法》等多部法律确实为外国投资者提供了诸多优惠和便利，但是本书前述提到，吉尔吉斯斯坦的矿产资源丰富，是外国投资者投资比较集中的领域。从吉尔吉斯斯坦的客观经济发展状况以及本国居民的人均财产来看，本国居民或者法人没有能力也不具备足够的资金用来开发自己国家的矿产资源，因此吉尔吉斯斯坦政府才会特别颁布一些法律、制定一些条款以吸引外国投资者前来开发本国的地下资源。并且，他们仅仅从吉尔吉斯斯坦政府颁布的法律内容来看，"下意识"地认为政府制定的政策过于偏向外国投资者，而忽略了本国有条件的投资者的利益。因此不可避免地会将此种情绪发泄在外国投资者身上。

总之，在能源方面，外国投资者在进行项目开发的过程中一定要注意与当地居民交流的态度及沟通交流方式，减少并且尽量避免民族矛盾的产生。针对民族情绪的爆发，中国企业应随时注意企业与当地居民、政府以及当地同行、相关企业的沟通。不仅如此，还应做好万全准备，雇佣保安等防患于未然。

另外，在进行矿业资源的勘探开发时，还应注意这些行为会对当地的自然环境产生较大的负面影响，勘探开发过程可能会对环境造成不可逆转的破坏。因此中国投资者在进行项目工程开发的过程中也要留意工作内容可能会造成的后果，并且及时关注吉尔吉斯斯坦关于环境保护的国内法，防止成本投入过大。

2. 针对投资农业资源。

农业与采矿业都属于劳动密集型产业，需要大量廉价劳动力。这些产业自然都追求低价高效的高性价比以此获得更高的利益。因此在劳工问题上应该着重关注。首先需要了解一下吉尔吉斯斯坦当地的劳动力情况。资料显示吉尔吉斯斯坦的劳动力资源也比较丰富，且劳动成本不仅是中亚五国中最低的，劳动者的综合素质也能够在很大程度上满足外国投资者的需要，但是需要注意，外国投资者在当地聘用劳动者的时候需要核查员工的信息是否有误，以免出现意外事件。其次了解一下吉尔吉斯斯坦颁布的与劳工有关的法律，如《外国投资法》《外国公民出入境管理法规》等，按照法律法规的要求严格遵守相关制度。比如《外国投资法》第八章第十六节中对于雇佣非吉尔吉斯斯坦公民员工的规定：外国投资者雇佣外国劳动力没有任何限制，但是结合其他相关法律文件，虽然外国投资者对于雇佣的程序方面没有施加任何限制，但是外国投资者在进行雇佣之前应该获得由相关部门颁发招收外国劳动力的许可证，以保证后续工作的正常进行。最后，《外国投资法》为外国员工的工资汇出以及在吉尔吉斯斯坦内工作的相关手续都做了一定程度上的简化。

3. 针对投资旅游资源等其他资源。

位于吉尔吉斯斯坦境内的伊塞克湖是世界上第二大的高山湖，每年都能够吸引大量游客前来观赏游玩。不仅如此，根据吉尔吉斯斯坦《外国公民出入境管理法规》有关于外国公民出入境管理作出的相关规定，该规定放宽了外国公民出入境的限制，其中对包括美国、英国、法国、西班牙等 40 余个国家实行免签政策，这也在很大程度上吸引了更多游客。外国投资者可以抓住这一机遇，搭上"一带一路"倡议的顺风车。基于此，外国投资者在发展旅游业时需要加强旅游景点及周边的基础设施建设，完善餐饮、娱乐、住宿等综合要求；其次也要重视旅游景点周边与机场的交通线路是否方便、快捷，并且时刻关注当地的政策、法规，灵活应变。

第二部分为针对在投资过程中可能涉及的其他方面的法律等提出建议。

1. 投资方面：第一，采取积极有效的方式，通过当地政府、中介组织和中国驻吉尔吉斯斯坦大使馆经济商务参赞处，介绍和推荐有信誉和可靠的合作伙伴进行合资合作，以避免不必要的风险。第二，选择可靠的、实力雄厚的合作伙伴。即便是中方独资项目或企业，也需聘请有实力的顾问，帮助协调解决与各级政府部门和企业之间的相关事宜。第三，在吉尔吉斯斯坦从事投资和生产等经营活动，必须严格遵守当地的相关法律，规范在当地的投资经营活动。一方面，要获得合法的身份，缴纳税费；另一方面，加强与所在地政府部门、执法机关的沟通，还要融入当地社会，建立平等互利的合作伙伴关系。第四，完善企业登记注册手续，最好聘用当地律师协助准备注册文件，正确履行相关程序。第五，当中方企业或人员的合法权益在吉尔吉斯斯坦受到侵犯，或者中方企业或人员与他人发生经济、劳资等民事纠纷，并通过法律途径维护自己的权益时，可向当地的政府部门及中国使馆反映有关情况，请求提供必要的协助。

2. 贸易方面：遵守当地的相关法律法规，规范贸易秩序，避免双边贸易中存在的不规范现象，为合作长期、稳定、健康发展打下良好基础。实事求是地介绍自己的产品和服务，坦诚提出各自的要求和条件，充分洽商以达成共识。签约后要信守合同，严格执行要约的各项条款，保证商品和服务的质量，保障合同各方的利益。

3. 劳务合作方面：第一，认真研究吉尔吉斯斯坦相关法律。吉尔吉斯斯坦政府规定，只有获得招收外国劳动力许可的企业才可雇用外籍劳务。企业根据该许可证以及雇用外籍劳务配额为外籍劳务办理工作许可证。第二，注意提升中国劳务人员的素质。吉尔吉斯斯坦对外来劳务工种的要求较细，中方在派遣劳务人员时，应选派符合工种要求的技术工人，选派有国际劳务经验的管理人员，提升中国劳务的总体水平，树立良好的中国劳务形象。第三，劳务派出单位应组织劳务人员的出国前培训，使其了解吉尔吉斯斯坦的风土人情、礼仪礼节，自觉遵守当地的相关法律法规，明确在吉尔吉斯斯坦的工作环境和工作任务，学会维权，以保证中方的利益。第四，严格审批申报和备案程序。劳务人员的派出应严格按照国内的批准权限和申报批准程序，并报中国驻吉尔吉斯斯坦大使馆经济商务参赞处批准备案。

4. 妥善处理与政府及非政府间组织的关系：中国企业在吉尔吉斯斯坦应处理好与主管部门及政府的关系，吉尔吉斯斯坦议会有检查政府工作和上诉的权力。因此，中国企业在吉尔吉斯斯坦经营应先熟悉当地法律，依法办事，守法经营。

5. 妥善处理与工会间的关系：吉尔吉斯斯坦工会是职工维权组织，中国在吉尔吉斯斯坦企业与当地员工很少有劳资纠纷，中国企业与吉尔吉斯斯坦工会没有大的冲突，但企业应注意保障当地员工权益。

6. 尊重当地的风土民情：吉尔吉斯人是由游牧逐渐走向定居的民族，同时也是由最初信仰原始宗教到以后改信伊斯兰教的民族。对于吉尔吉斯人来说纳乌鲁斯节是一年中最重要的节日之一。另外，依据伊斯兰教教历，每年3月12日，为纪念先知穆罕默德的诞生日和逝世日，举行纪念性宗教节日——圣纪节。伊斯兰教教历每年9月，成年穆斯林守斋1个月。守斋结束，举行开斋节。伊斯兰教教历每年12月10日，举行宰牲节。另外，吉尔吉斯人有相互馈赠的习俗，依照礼尚往来的习惯，得到赠品者也要回赠，而且要回赠更有分量的东西。到吉尔吉斯斯坦应注意，不要对毡房指手画脚、说三道四，不能随便抛掷帽子，不能从衣服上跳过。吉尔吉斯人同其他穆斯林一样，忌食猪、狗、驴、骡、蛇肉以及猛禽肉和自死畜肉。

另外，中国企业遇到问题时应首先寻求法律保护。在吉尔吉斯斯坦打官司耗时长、费用高，通过司法程序解决问题较复杂。因此，中国企业应尽量避免走到打官司这一步，需要从企业创办之初就一切依法办事，并寻求当地权威律师事务所支持。若中国企业或人员的人身安全受到威胁，紧急情况下可立即寻求当地警务部门保护；合法权益在吉尔吉斯斯坦受到侵犯，或者中国企业或人员与他人发生经济、劳资等民事纠纷或涉入刑事案件，并已通过法律途径维护自己的权益时，可向当地使领馆反映有关情况，请求使领馆提供必要的协助。中方人员被拘留、逮捕或正在服刑时，使领馆可根据中方人员的要求，前往进行探视。如中方人员遭遇意外，使领馆将事故或损伤情况通知中方人员的亲属，也可对中方人员或家属通过调解或法律途径争取赔偿提供必要的协助。当驻在国发生诸如地震等重大自然灾害时，或者当驻在国发生政治动乱、战乱或突发事件等紧急情况时，使领馆将在必要时协助中方人员撤离危险地区。

【参考文献】

[1] 孙壮志主编：《中亚国家的跨境合作研究》，上海大学出版社 2014 年版。

[2] 李金叶等：《中亚俄罗斯经济发展研究报告（2017 年）》，经济科学出版社 2018 年版。

[3] 李金叶等：《中亚俄罗斯经济发展研究报告（2016 年）》，经济科学出版社 2017 年版。

[4] 李金叶等：《中亚俄罗斯经济发展研究报告（2015 年）》，经济科学出版社 2016 年版。

[5] 李金叶等：《中亚俄罗斯经济发展研究报告（2014 年）》，经济科学出版社 2015 年版。

[6] 宋慧中主编：《"一带一路"沿线国家贸易投融资环境》（第 2 册），中国金融出版社 2017 年版。

[7] 艾莱提·托洪巴依主编：《中亚五国经济发展现状》，科学出版社 2014 年版。

[8] [印] 拉贾特·纳格、[德] 约翰内斯·F. 林、[美] 哈瑞尔达·考利主编：《2050 年的中亚》，董幼学、马轶伦译，中国大百科全书出版社 2018 年版。

[9] 栾政明主编：《俄罗斯中亚国家矿产资源法》，中国政法大学出版社 2013 年版。

[10] 李淑云：《中亚转型研究》，经济科学出版社 2014 年版。

[11] 岳侠、钱晓萍："中亚五国投资环境比较研究：中国的视角"，载《亚太经济》2015 年第 2 期。

[12] 王晓峰："中亚国家投资立法比较研究——以哈萨克斯坦、乌兹别克斯坦、吉尔吉斯三国为例"，新疆大学 2006 年硕士学位论文。

[13] 吴心真："中国企业对中亚能源投资法律风险防范制度研究"，贵州民族大学 2019 年硕士学位论文。

[14] 尔保利："吉尔吉斯斯坦与中国贸易合作发展研究"，哈尔滨师范大学 2016 年硕士学位论文。

吉尔吉斯斯坦国际司法协助法律制度

第一节　国际司法协助制度概述

一、国际民事司法协助制度概述[1]

国际司法协助制度是指在国际社会中各国在司法程序方面进行合作，并相互提供协助的制度。根据不同划分标准，国际司法协助制度可以分为以下几种类型：（1）根据诉讼类别不同，可以分为民（商）事司法协助、刑事司法协助以及行政司法协助；（2）根据协助内容的不同，可以分为狭义的司法协助和广义的司法协助。

（一）民事司法协助的概念

关于"民事"一词，各国并没有明确、统一的规定，这一特点可以通过各国对其法律部门划分不同体现出来。在大陆法系国家如法国，是将民法和商法划分为不同的法律部门，即实行"民商分立"的立法制度；而在瑞士，则将大陆法系中视为"商法"的法律如公司法、票据法和海商法等，统一划归为"民法"，将之统一视为民事特别法，即实行"民商合一"的立法制度，认为在民法之外不存在一个作为独立法律部门的商法。

虽然各国对"民事"一词范围的理解各有不同，对法律部门的划分也存在巨大差异，但国际社会在针对司法协助制度的规定中，无论是在其国内的立法还是在其缔结的国际条约中，都将整个民事领域的所有事项，包括商法，

---

〔1〕　参见徐宏：《国际民事司法协助》，武汉大学出版社 1996 年版，第 13~48 页。

规定在一个统一的制度中。因而，对于"民事司法协助"这一概念，无需对"民事"和"商事"进行区分，简单将其理解为"包括商事案件在内的司法协助"即可。

（二）民事司法协助的范围和定义

关于司法协助，在国际上并没有一个统一的称谓。有些国家将之称为"司法协助"（judicial assistance），有些国家将之称为"法律协助"（legal assistance），还有些国家将之称为"司法合作"（judicial cooperation）或"司法联系"（judicial relation）。在英、美等一些国家的立法中，甚至连"民事司法协助"这一概念都没有，它们将"域外送达""域外取证""外国判决的承认与执行"等事项皆作为各自独立的问题分别予以规定。

但在国际社会中，对于司法协助，既有广义的主张，亦有狭义的主张。主张狭义的民事司法协助的国家认为，民事司法协助并不包括对外国判决和仲裁裁决的承认和执行，而仅包括送达文书和调查取证。其认为司法协助应定义为：不同国家法院作为主体，接受不同所属国法院正在进行的民事诉讼的委托请求，从而代为履行诉讼中所需的对应司法协助行为，且仅仅包含诉讼文书送达、调查取证。[1]主张广义的民事司法协助的国家则认为，民事司法协助不仅包括送达文书和调查取证，还包括对外国判决和仲裁裁决的承认和执行。对于采纳广义的民事司法协助的国家而言，广义的民事诉讼的协助内容，可以突破地域性的限制，更有利于保护不同国家公民的合法利益。主张别国法院对其提出的司法协助请求，其内容可以包括文书的送达、对证人的询问、调取相关物证以及请求本国法院针对该国法院所作出的判决或者仲裁裁决予以承认与执行。

虽然各国对司法协助范围的理解各有不同，所坚持的主张也在其国内立法和国际条约中不同程度地反映出来，但是一国同他国所缔结的民事司法协助对民事司法协助范围的界定，除与该国对民事司法协助范围的理解和主张有关外，还与缔约国的现实需要以及条约的针对性等其他因素相关。互持相异司法协助观点的国家在与对方缔结司法协助条约时会因顾及对方法律制度而作出某种妥协，只就狭义范围的或就广义范围的司法协助订立条约，或仅

---

〔1〕参见谢欢欢："国际民事司法协助中的域外送达与调查取证问题研究"，河北经贸大学2019年硕士学位论文。

就司法协助中的一项或若干项内容缔结专门的国际条约。应该说，对于是否应将外国判决和仲裁裁决的承认与执行纳入到司法协助的范围内，所进行的不同主张的区分是有一定道理的。但事实上，对外国判决和仲裁裁决的承认与执行实际上就是一种对外国法院的协助行为。即使采取狭义司法协助观点的国家不直接承认外国判决或仲裁裁决，而是将该国判决或仲裁裁决视作事实证据重新作出判决或裁决，但它们也只是在形式上不直接承认该外国判决或仲裁裁决而已，其在实践中所执行的仍然是外国判决或仲裁裁决的内容。因而，从本质上看，所谓的"狭义的司法协助"或"广义的司法协助"，只不过是"标签""称呼"的不同而已，并不会影响到各国在这些方面的合作。

据此，民事司法协助可理解为：在民事案件中，一国法院或其他主管机关，根据另一国法院或其他主管机关的请求，代为或协助进行送达文书、调查取证等诉讼行为，或为外国法院进行民事诉讼提供其他协助，或根据另一国法院或其他主管机关或有关当事人的请求，承认与执行外国法院的民事判决或仲裁裁决。

（三）　民事司法协助的基本原则

民事司法协助的原则，是指在国际社会中，各国之间开展民事司法活动所必须遵循的准则。虽然民事司法协助类型各有不同，在与不同对象国进行合作时的做法也可能各有差异，但是，作为民事司法协助的基本原则，必须具有普遍的指导意义，否则民事司法协助制度就会流于表面，难以得到开展。

民事司法协助的原则包括国家主权原则、平等互利原则、保护当事人合法权益原则。虽然在国际实践中，也衍生出很多其他原则，如国民待遇原则、条约必守、公正原则等，但这些原则都是在国家主权原则、平等互利原则、保护当事人合法权益原则的基础上发展而来。吉尔吉斯斯坦有关民事司法协助的法律规定，都贯穿了这些基本原则。另外，在吉尔吉斯斯坦对外签订的民事司法协助条约序言部分，也有相关规定。例如《中华人民共和国和吉尔吉斯共和国关于民事和刑事司法协助的条约》序言规定，"中华人民共和国和吉尔吉斯共和国为了实现司法领域的合作，在尊重主权和互惠的基础上，决定互相提供民事和刑事方面的司法协助"。

1. 国家主权原则

国家主权，又称主权，是国家独立自主地处理自己内外事务，管理自己国家的最高权力，也是国家区别于其他社会集团最重要的属性，任何其他国家均无权进行任何形式的侵犯或干涉。国家主权原则是国际关系中最基本、最重要的原则，其他原则均以此为基础派生而出。民事司法协助，从形式上看，是一国司法机关请求他国司法机关所为的司法协助行为，但实质上，这种协助关系从来就是以国与国之间的关系为前提条件的。若一国没有完全的国家主权，自然就没有完整的司法主权，就不存在与他国之间的平等的民事司法协助问题，正是由于各国拥有完整的国家主权，能够独立自主地处理自己内外事务，管理自己的国家，彼此间才可以开展司法协助。而且，在民事司法协助中，有很多原则与制度如"提供司法协助应适用被请求国的法律""被请求国的公共秩序保留制度"等，都是国家主权原则的直接体现。因此，国家主权原则是民事司法协助中最基本的一项原则。

实践中，有些人认为，民事司法协助制度仅仅是一种民事领域的合作关系，它不同于各国在政治上或打击刑事犯罪领域的合作，不应过分强调"国家主权原则"，而应重点强调"司法公正"。实际上，这种说法是相当狭隘的。虽然，作为民事司法协助的基本原则的"国家主权原则"在绝大多数情况下都得到了遵守，但在特殊情况下，少数国家仍会置"国家主权原则"于不顾，公然侵犯其他国家的司法主权。例如，有的国家会在未得到外国同意的情况下，无视该国的法律以及所缔结的条约的规定，直接派遣人员到该国直接收集证据，有时甚至广泛搜集政治、经济、科技等其他方面的情报，这已远远超出诉讼本身的需求。这种明显的霸权主义行为，是强权政治在民事司法协助领域里的表现，当然遭到大多数国家的谴责、抵制和抗议。各国不仅在各种场合表明自己的立场，而且还专门制定国内立法，对这种行为予以禁止，以便维护国家主权。可见，在民事司法协助领域，"国家主权原则"才是最重要、最基本的原则。

2. 平等互利原则

平等互利原则，是指各国在国际交往中应当互相尊重彼此在国际法上所享有的平等的地位，任何国家均不得以损害他国权益的方式来谋求自己片面的利益。[1]平等互利原则是在国家主权原则基础上衍化而来的。世界各国虽有大小、强弱、贫富之分，政治、经济、文化、司法等制度各有不同，但是

─────────────

〔1〕 参见王虎华主编：《国际公法学》，北京大学出版社 2008 年版，第 57 页。

各国主权一律平等，这就要求各国在相互开展司法协助时，也应一律平等。民事司法协助绝不能只对一方有利，任何一方均不能以损害对方利益的方式来满足自己的需求、谋求自己片面的利益，这就是平等互利原则的含义。

当然，我们不能将"平等互利"原则中的"平等"错误地理解为民事司法协助的双方在提供协助的方式上必须完全相同。而且，在国际社会中，各国所追求的"平等"，也绝非"形式平等"而是"实质平等"。对于给予民事司法协助的条件以及程序，各国法律皆有不同的规定，因此，不能以某一国家的法律为标准，强求别国的做法与其一致，否则，就会损及他国的司法主权，从而造成实质上的不平等。另外，如果一国在提供民事司法协助时单方面给予某些外国司法机关以某种便利，那么它也不能强求其他国家为其提供同等便利。例如，关于文书送达问题，美国在 1976 年允许外国通过其使领馆官员以邮寄或私人渠道等非正式方式向美国境内的当事人进行送达；关于取证问题，美国也同意外国使领馆官员或私人律师在美国境内进行非正常取证。美国依据其法律给予别国的这种权利，仅是其单方面的行为，对于别国并不产生相应的约束力。因此，美国无权以"对等"为由要求别国也给予相同的权利，除非在平等协商的基础上，与有关国家达成协议。总之，绝不能从表面上去理解"平等互利"原则，而必须着眼于实质上的平等。

3. 保护当事人合法权益原则

对当事人之间的民事法律关系予以确定，并通过对这种法律关系的保护以维护整个社会的法律秩序，维护当事人的合法权益，正是民事诉讼的目的所在。各国提倡国际民事司法协助，就是要更好地保障当事人的合法权益，避免当事人依法享有的权益受到损害，以保障各国人民之间的正常交往和整个国际社会的法律秩序。

国际民事司法协助中有很多制度，都体现了保护当事人合法权益原则。例如，《中华人民共和国和吉尔吉斯共和国关于民事和刑事司法协助的条约》第1条第1款规定："缔约一方的国民在缔约另一方的境内，在人身权利和财产权利方面享有与缔约另一方国民同等的司法保护，有权在与缔约另一方国民同等的条件下，诉诸缔约另一方法院和其他主管民事和刑事案件的机关，有权在这些机关提出请求或进行其他诉讼行为。"这是在保护当事人在其他缔约国能获得同这些缔约国国民相同的民事、刑事诉讼权利以及平等的司法保护，以维护当事人的合法权益。

另外，关于证人和鉴定人的保护问题，该条约第 4 条第 1 款规定："对于由提出请求的缔约一方法院或其他主管机关通过被请求的缔约一方通知前来的证人和鉴定人，不论其国籍如何，提出请求的缔约一方不得因其入境前的犯罪行为或者因其证言、鉴定或其他涉及诉讼内容的行为而追究刑事责任或以任何形式剥夺其人身自由。"以及第 5 条"司法协助的费用"第 2 款的规定，"被通知到提出请求的缔约一方境内的证人或鉴定人的旅费和食宿费，由提出请求的缔约一方承担。此外，鉴定人有权取得鉴定的报酬。上述被通知人有权取得的报酬的种类，应在通知中注明。应上述被通知人的要求，提出请求的缔约一方的主管机关应向其预付上述费用"。这些规定实际上就是在保护证人和鉴定人的合法权益。

最后，在送达文书和调查取证方面，该条约第 15 条第 2 款规定："缔约任何一方派驻在缔约另一方的外交或领事代表机关可以向其本国国民送达司法文书和司法外文书，询问当事人或证人，但不得使用强制措施，并不得违反驻在国的法律。"这里的"不得使用强制措施"也是"保护当事人合法权益原则"的重要体现。

二、国际刑事司法协助制度概述

随着经济全球化的发展，商品、资本、技术、知识、人员的跨境流动呈几何式增长，各国之间的合作、依赖程度进一步加深，共同利益愈加广泛。但是，有些刑事犯罪呈现出跨国性的特点，如恐怖活动、贩毒、洗钱、非法移民、贪污腐败等犯罪，这些非传统安全威胁对国际社会造成的危害日益上升，而且对这些犯罪的打击也并非能由一国完全处理，迫切需要世界各国携手应对，才能更好地制止跨国犯罪行为，营造良好的国际秩序。在此背景下，以合作求发展，实现共赢已成为各国的普遍共识。国际刑事司法协助作为诸多国际合作措施的一个重要方面，得到世界各国的高度重视，吉尔吉斯斯坦也不例外，并在国际合作方面呈现加速发展的态势。

（一）吉尔吉斯斯坦国际刑事司法协助趋势[1]

1. 协调力度加大，积极同各国展开国际刑事司法协助合作。近年来，吉

---

〔1〕 参见徐宏：《国际民事司法协助》，武汉大学出版社 1996 年版，第 2~5 页。

尔吉斯斯坦积极参与到上海合作组织的各种国际司法协助中来，并且积极同各国缔结各类条约或协定。例如，吉尔吉斯斯坦与中国签订《中华人民共和国和吉尔吉斯共和国关于民事和刑事司法协助的条约》《中华人民共和国和吉尔吉斯共和国关于打击恐怖主义、分裂主义和极端主义的合作协定》《中华人民共和国和吉尔吉斯共和国引渡条约》等。在这些重要的公约中，吉尔吉斯斯坦同中国一道将刑事司法协助、引渡等事宜作为核心内容，作了全面详尽的规定。

2. 减少合作障碍，提供最大便利。从协助的实体内容上看，吉尔吉斯斯坦主张采取切实措施，减少妨碍合作的障碍，明确将一些严重跨国犯罪排除在政治犯罪的概念之外。

3. 重视司法协助核心价值，追求司法公正。"不得因种族、宗教、国籍性别、政治见解或身份等原因导致不公正的待遇"以及"免于酷刑"等，已是吉尔吉斯斯坦在签署各类刑事司法协助条约的标准条款。

4. 吉尔吉斯斯坦与其他国家间的司法协助关系的紧密程度受彼此间政治、经济、文化等领域关系的影响。吉尔吉斯斯坦同与其在政治、经济、文化等领域交流更密切的国家司法协助的紧密程度显然更深。

（二）吉尔吉斯斯坦同其他上海合作组织成员国间刑事司法协助现状[1]

1. 中亚地区国际刑事司法合作的必要性

（1）"恐怖主义"危害严重。中亚地区是一个民族宗教矛盾十分复杂的地区，恐怖主义、民族极端主义和宗教极端主义，尤其是恐怖主义犯罪，正严重威胁着中亚地区的和平、稳定、繁荣与安全。且随着国际交流的深入开展以及互联网技术的广泛应用，中亚地区的恐怖主义犯罪规模还在不断扩大。

（2）毒品犯罪日益猖獗。众所周知，中亚地区是世界上最重要的毒品生产地之一，毒品犯罪活动为恐怖主义活动提供了重要的资金来源，严重威胁中亚地区的安全与稳定，阻碍中亚国家经济的发展。面对组织严密、网络庞大的跨国毒品走私犯罪团伙，一国警方难以从根本上抑制贩毒分子日渐猖獗的势头，必须加强同各邻国之间的刑事司法协助，深入加强合作，展开专向

---

[1] 参见胡钰："上海合作组织框架下'刑事司法协助区域化'研究"，新疆大学 2009 年硕士学位论文。

打击毒品走私行动，才能有效遏制毒品犯罪活动的蔓延。

（3）腐败犯罪威胁。中亚地区国家腐败程度在世界范围内"名列前茅"，若长此以往，必将降低政府的威信，对政府执政以及国家安全构成严重威胁。越是高度腐败的国家越需要他国的协助，各国间应就反腐败工作加强沟通与协助。

2. 吉尔吉斯斯坦与其他上海合作组织成员间的刑事合作

吉尔吉斯斯坦也深受各种跨国犯罪的威胁，为有效惩治国际犯罪行为，吉尔吉斯斯坦努力支持并积极配合上海合作组织内的安全合作，不断深化同其他上海合作组织成员国之间的合作范围、合作深度及层次。为进一步打击国际恐怖主义以及为开展反恐合作提供法律依据，2002 年，吉尔吉斯斯坦元首同其他四国元首签署了《上海合作组织成员国关于地区反恐怖机构的协定》。2004 年，吉尔吉斯斯坦同中国、俄罗斯、哈萨克斯坦、塔吉克斯坦、乌兹别克斯坦在塔什干正式成立上海合作组织地区反恐怖机构。同年 6 月，吉尔吉斯斯坦又同其他各成员国首脑（除巴基斯坦和印度）签署了《上海合作组织成员国关于合作打击非法贩运麻醉药品、精神药物及前体的协定》，将禁毒作为国际刑事司法合作的重要内容。2005 年 7 月吉尔吉斯斯坦元首与上海合作组织各成员国元首（除巴基斯坦和印度）会晤，共同确认在反恐建设方面加强部署，让刑事司法合作变得更加有效和机制化。吉尔吉斯斯坦积极参与各成员间的联合反恐演习。例如，2019 年，吉尔吉斯斯坦国民卫队"黑豹"特战旅与中国武警新疆总队"山鹰"突击队开展为期 10 天的联合反恐演练。[1] 通过军事演习的开展，有效地增强了两国执法部门合作打击恐怖势力的能力，并加强了两国在国际刑事司法协助领域的互信与合作。

3. 吉尔吉斯斯坦与其他上海合作组织成员国间的刑事司法协助现状

吉尔吉斯斯坦同其他各成员国在刑事司法协助方面的合作主要表现在以下几个方面：

第一，吉尔吉斯斯坦与俄罗斯、哈萨克斯坦、塔吉克斯坦、乌兹别克斯坦之间的合作相对更紧密些。这是因为这几个国家 20 世纪 90 年代同属于苏联，虽然现在他们都独立为单独的主权国家了，但他们之间的合作关系仍然

---

〔1〕 参见"中吉军演合力反恐"，载央视网：http://news.cctv.com/1m/522/41/57819.html，最后访问日期：2020 年 4 月 2 日。

十分密切，这也使国际刑事司法在区域内的合作成为可能。

第二，吉尔吉斯斯坦在上海合作组织框架内，同其他成员国间在恐怖主义犯罪和毒品犯罪领域的刑事司法合作发展比较迅速，也已经取得一些成果。吉尔吉斯斯坦同上海合作组织成员国（除巴基斯坦和印度）于2001年6月缔结了《打击恐怖主义、分裂主义和极端主义上海公约》。并于2002年6月同其他各成员国（除巴基斯坦和印度）签署了《上海合作组织宪章》，明确将"共同打击一切形式的恐怖主义、分裂主义和极端主义，打击非法贩运毒品、武器和其他跨国犯罪活动"确定为上海合作组织的基本宗旨和任务之一。自2004年起，同中国、俄罗斯、哈萨克斯坦、塔吉克斯坦、乌兹别克斯坦相继建立了地区反恐机构、安全会议秘书和检察长会议机制，为开展反恐合作建立了机制基础。吉尔吉斯斯坦还积极落实2004年的《上海合作组织成员国关于合作打击非法贩运麻醉药品、精神药物及其前体的协议》，并同其他成员国一道开展相关禁毒合作。另外，吉尔吉斯斯坦还针对破坏国家安全、挑起民族和宗教争端的活动，同哈萨克斯坦、乌兹别克斯坦、塔吉克斯坦签署了《四国安全条约》，联合采取措施，打击这些破坏活动，消除恐怖主义和极端主义的威胁，确保不被恐怖主义组织和极端主义组织在本国建立恐怖主义、极端主义基地，避免针对其他国家的恐怖主义活动的产生。而且，吉尔吉斯斯坦同俄罗斯、哈萨克斯坦、塔吉克斯坦都是独联体集体安全条约组织成员国，彼此间在军事技术、打击毒品犯罪等领域有一定的合作。因此，上合组织其他成员国之间，尤其是吉尔吉斯斯坦同俄罗斯、哈萨克斯坦、塔吉克斯坦之间的合作是比较紧密的。

（三）吉尔吉斯斯坦同其他上海合作组织成员国间刑事司法协助存在的问题[1]

虽然上海合作组织各成员国在国际刑事司法协助领域取得了一定成效，但是，因为各国法制水平不同以及在司法理念上的差异，导致各国在刑事司法协助领域上的合作尚存在许多不足之处，亟待填补和完善。主要体现在以下方面：

第一，成员国之间刑事司法协助的形式有待于进一步完善和提升。虽然

---

〔1〕　参见胡钰："上海合作组织框架下'刑事司法协助区域化'研究"，新疆大学2009年硕士学位论文。

成员国间刑事司法协助的范围正在不断扩大，但刑事司法协助形式比较单一，仅局限在传统的几个方面，如送达文书、调查取证、移交赃款赃物、刑事诉讼的通知等，缺乏对恐怖犯罪、毒品犯罪和其他有组织犯罪的查封、扣押、冻结、返还犯罪财产原则和程序方面的规定，这对于打击日益复杂的国际犯罪显然不足。当务之急应对刑事司法协助内容方面加紧完善。

第二，信息交流和互换方面不够灵活，停留于消极的司法协助方式。即被请求方是以一种被动、消极态度提供协助，而非被请求方以自己积极的作为向请求方提供便利、帮助或合作。实际上，在很多案件的调查、审理过程中，了解情况的一方很少主动向对方提供相关信息。其实，为了更有利于国际刑事司法合作，提高案件的审理效率，在某些跨国刑事犯罪案件中，如果某国的主管机关更了解案件的相关信息，认为这些信息有助于其他成员国预防犯罪、减少损失，或有利于其他成员国调查、审理相关案件的，该国可在无损于其司法主权的前提下，主动向其他成员国提供己方所获信息。

第三，吉尔吉斯斯坦同上海合作组织其他成员国的刑事司法协助并没有形成统一的步调，个案处理效率低。因此，为提高案件处理的效率，国际刑事司法协助急切地需要统一化、区域化。

（四）国际刑事司法协助应遵守的原则

吉尔吉斯斯坦认为在上海合作组织的框架下进行国际刑事司法协助必须遵守国家主权原则和平等互惠原则。

1. 国家主权原则

国家主权原则在国际刑事司法协助中的含义：

原则上，一国的司法机关对刑事案件的立案、侦查、起诉、审判、执行和追诉完全是一个主权国家的内部事项，其他国家、国际组织不得干涉，司法权不能及于其他主权国家。但是，国际犯罪、跨国犯罪的犯罪行为，因其含有涉外因素，不是一国能完全处理的，所以，在一定情况下必须取得其他主权国家司法机关的支持、协助和配合，案件才能得以顺利解决。国际刑事司法协助的国家主权原则就是在这一基点之上，将一国的司法权通过他国的司法机关引向一国的领域之外，并完成刑事司法职能。

2. 平等互惠原则

在国际刑事司法协助过程中，任何主权国家不得以损害其他国家的利益来满足自己的片面利益。具体表现：

（1）具有国际法主体地位。参加刑事司法协助的当事国，无论是请求国还是被请求国必须具有国际法主体资格，必须能够独立地参加国际关系，并且是直接在国际法上享受权利和承担义务的国际法律人格者。[1]

（2）权利、义务的对等。无论双边、多边国际刑事司法协助条约内容，还是刑事司法协助的互惠承诺的规定，都应遵守权利、义务的对等原则。任何一个国家在请求其他国家给予国际刑事司法协助时所享有的权利，其他条约当事国或给予互惠承诺的对方国家也同等享有，任何一个被请求国在履行他国请求协助时的义务，他国也承担着未来被请求协助时相同的义务。

（3）"国民待遇"上的平等。签订国际刑事司法协助条约的缔约国，都应相互给予其他缔约国的国民"国民待遇"，承认其他缔约国国民在其境内参与诉讼活动的权利；另外，也应相互承认本国国民在他国参加诉讼活动时应履行与他国国民相同的诉讼义务，任何缔约国的司法机关不能对其他缔约国国民施加任何特殊的不公正待遇。

第二节　吉尔吉斯斯坦国际司法协助国内法基础[2]

随着吉尔吉斯斯坦和国际社会在政治、经济、文化、军事、教育、科技、贸易等领域的交流和合作不断深入以及同各方人员跨境往来增多，吉尔吉斯斯坦同其他各国在国际司法协助领域合作就显得更加紧迫和必要了。吉尔吉斯斯坦和他国的国际司法协助主要体现在民事、刑事领域。民事司法领域的协助主要体现在：相互送达司法文书、协助调查取证以及承认和执行对方国家作出的司法判决和仲裁裁决；刑事司法领域的协助则主要体现在：相互引渡在本国境内的人员，以便追究其刑事责任；或根据已生效的判决执行刑罚；在刑事诉讼方面，相互代为询问证人、被害人、鉴定人，讯问犯罪嫌疑人和

---

〔1〕　参见王虎华主编：《国际公法学》，北京大学出版社 2008 年版，第 70 页。

〔2〕　参见孙钰："中国与吉尔吉斯斯坦共和国司法合作的法律基础"，载《和田师范专科学校学报》2010 年第 3 期。

被告人；进行搜查、鉴定、勘验以及其他与调查取证有关的诉讼行为；移交物证、书证以及赃款赃物、送达刑事诉讼文书和通报刑事诉讼结果等。吉尔吉斯斯坦同其他国家的国际司法协助是建立在大量的法律基础上的，既包括国内立法，又包括所缔结的双边条约、协定以及区域性、全球性国际公约。

一国与另一国进行司法协助的首要前提和依据是其国内法。吉尔吉斯斯坦国内立法也是吉尔吉斯斯坦同外国展开国际司法协助的国内法基础。目前，吉尔吉斯斯坦国内多部现行法律也规定了与外国进行司法协助的条文，主要包括《民事程序法》《刑事程序法》《刑事执行法》《反恐怖主义法》等。

1. 吉尔吉斯斯坦民事程序法典。现行的《民事程序法》第四十四章"……吉尔吉斯共和国法院对涉外民事案件的审理"中的第 378 条至第 381 条规定了吉尔吉斯斯坦法院委托外国法院代为执行诉讼行为的程序、对外国机关颁发的文件承认的条件、对外国法院的判决的承认和执行的根据以及对不要求执行的外国法院判决的承认的理由；第四十八章"对国际法院、外国法院和国际仲裁法院及其外国仲裁法院判决和裁决的执行"中的第 430 条至第 442 条规定了外国法院判决的承认和执行的理由、强制执行外国法院判决的申请的主体、强制执行外国法院判决的申请书的内容、对外国法院判决承认和执行的申请程序、拒绝承认和执行外国法院的判决的理由、法院对承认和执行外国法院判决案件的决定、对外国法院的判决的承认的理由、对外国法院的判决的拒绝承认的根据以及对外国仲裁和国际仲裁庭裁决的承认和执行程序及其对外国仲裁和国际仲裁庭裁决的拒绝承认和执行的理由。

2. 吉尔吉斯斯坦刑事法典。现行《刑事执行法》第 8 条规定了吉尔吉斯斯坦向外国引渡罪犯的对象和向外国请求引渡的对象，即吉尔吉斯斯坦向外国请求引渡在吉境内外犯罪的本国和他国公民或者无国籍人和向外国引渡在吉境内外犯罪的外国公民和无国籍人，但不向外国引渡本国公民。

3. 吉尔吉斯斯坦刑事程序法典。现行《刑事程序法》第十四编"……法院、检察院和调查人员依照司法协助程序与外国有关机关和工作人员的相互协作的基本规定"的第四十七章和第四十八章第 425 条至第 441 条规定了吉尔吉斯斯坦法院、检察院和调查人员按司法协助程序与外国有关机关和工作人员的相互协作的问题，主要包括委托调查和司法行动的提出的程序、委托调查和司法行动的内容、司法委托的范围及其执行、材料的送达、引渡的依据和理由、引渡的对象、引渡者的责任范围、引渡请求的提出和执行程序、拒绝引渡的理由、对引渡对象采取的强制措施、将罪犯交予本国服刑的理由、将罪犯交予本国服刑的条件和程序、拒绝将罪犯引渡给外国服刑的理由、对引渡吉尔吉斯斯坦公民服刑的请求的受理程序等内容。

第三节　国际司法协助国际法基础

国际司法协助，是指一个主权国家司法机关应他方请求，代为实施或者协助实施特定司法行为的活动。它是主权国家开展司法合作，解决互涉法律问题的最基本形式，其主要依据是国内法律规定、国际双边或多边条约约定和国家之间的互惠原则。总的来说有广义狭义两种理解。广义的国际司法协助包括民商事司法协助、刑事司法协助、引渡、诉讼移管、被判刑者移管和犯罪资产的归还等。而狭义的国际司法协助包括民商事司法协助和刑事司法协助。

在中国与许多国家签订的双边司法协助协定中，都明确规定了国际民事司法协助包括域外送达诉讼文书、域外调查取证和承认与执行外国法院判决和仲裁裁决等。比如 1987 年《中华人民共和国和法兰西共和国关于民事、商事司法协助的协定》第 2 条还将本国民商事法律、法规文本以及本国在民商事诉讼程序方面司法实践的情报资料确定为国际民事司法协助的内容之一。[1]

一、国际民事司法协助的国际法基础

从各国的立法和实践看，国际民商事司法协助一般应依据国际条约或互惠原则开展和进行。有关国际民商事司法协助的国际条约，包括多边的和双边的，是各国相互间提供国际民事司法协助最为明确和可靠的依据。1990 年至今，中国先后和波兰、法国、蒙古国、罗马尼亚、比利时、意大利、俄罗斯、白俄罗斯、哈萨克斯坦、乌克兰、古巴、西班牙、保加利亚、土耳其、泰国、希腊、加拿大、越南、匈牙利等多国签订了双边民商事司法协助条约。

在不存在国际条约的情况下，各国开展国际民商事司法协助的另一大依据就是互惠原则。各国能证明互惠关系存在的时候，原则上应当给予相互之

---

〔1〕　参见李双元、欧福永主编：《国际私法》，北京大学出版社 2015 年版，第 385 页。

间国际民事司法协助。各国之所以要求互惠，主要是为了保证彼此能够真正在平等互利的基础上切实有效地进行相互国际民商事司法协助。

根据立法和实践基础，中国也是以国际条约和互惠原则为国际民事司法协助依据的。《中华人民共和国民事诉讼法》第283条第1款规定，根据中国缔结或参与的国际条约，或者按照互惠原则，人民法院和外国法院可以互相请求，代为送达文书、调查取证以及进行其他诉讼行为。

（一）国际民事司法协助的基本原则

国际民事司法协助的原则，是指国家之间开展民事司法活动所必须遵守的具有普遍指导意义的基本准则。它包括国家主权原则、平等互利原则、保护当事人合法权益原则。我国有关民事司法协助的法律规定，也都贯穿了这些基本原则。另外，在我国对外签订的民事司法协助条约序言部分，也有相关规定。例如《中华人民共和国和俄罗斯联邦关于民事和刑事司法协助的条约》序言规定，"中华人民共和国和俄罗斯联邦为了实现司法领域的合作，在尊重主权和互惠的基础上，决定互相提供民事和刑事方面的司法协助"。[1]

1. 国家主权原则

国家主权作为一个国家最重要的属性，表现为国家独立自主地处理内外事务，管理自己国家的权力。民事司法协助，尽管从形式上表现为一国司法机关与他国司法机关之间的互助行为，但这种协助关系从来就是以国与国之间的关系为前提条件的。在半封建半殖民地时期的旧中国，一些西方国家在中国拥有所谓的"领事裁判权"，中国的司法主权不能独立，也就不存在与外国之间的平等的民事司法协助问题。民事司法协助的历史表明，正是由于各国主权完全平等，才需要开展司法协助。而且，民事司法协助的许多制度与原则，都是主权原则的直接体现，例如提供司法协助应适用被请求国的法律、被请求国的公共秩序保留制度等。因此，国家主权原则是民事司法协助中的一项最基本的原则。

2. 平等互利原则

平等互利是国家主权原则的延伸。世界各国无论国力强弱，经济水平高低，或是政治制度和司法制度各有不同，主权都是一律平等的。因此，在相

---

〔1〕 王晓丹："中国与上海合作组织其他成员国间民事司法协助研究"，新疆大学2009年硕士学位论文。

互开展司法协助时，也应一律平等，民事司法协助应当有利于双方，不能以损害对方利益来满足自己的需求，这就是平等互利的含义。但平等互利并不意味着民事司法协助的双方在某些具体做法上也必须完全一致。各国法律对于办理民事司法协助案件的程序和条件都有不同的规定，如果在这些方面以某一国法律为标准，强求别国与其一致，往往会损及对他国法律的尊重，从而造成实质上的不平等。此外，一国有时单方给予外国司法机关提供某些便利，并不能强求其他国家提供同等的便利。例如，美国国务院于1976年给各国驻美使团散发的照会中允许外国通过使领馆官员或采用邮寄或私人渠道等非正式方式向美国境内的当事人送达文书，也不反对外国使领馆官员或私人律师在美国境内进行非正常取证。美国给予别国的这种便利，有其国内法律制度方面的原因，但这只是美国单方面的行为，对于别国并不产生相应的约束力，所以未经别国同意，美国有关机关或个人无权以"对等"为由去别国境内进行类似活动。因此，"平等互利"原则的核心是实质上的平等而非表面意义的平等。

3. 保护当事人合法权益原则

民事诉讼的目的，在于确定当事人之间的民事法律关系，维护当事人的合法权益，并通过对这种法律关系的保护，维护整个社会的法律秩序。各国通过相互提供司法协助，所要维护的是整个国际社会的法律秩序和各国人民之间的正常交往，因此，对当事人合法权益予以保障，也是民事司法协助的一项基本原则。民事司法协助的许多制度都体现了对当事人利益的保护。例如，《中华人民共和国和俄罗斯联邦关于民事和刑事司法协助的条约》第1条第1款规定，缔约一方的国民在缔约另一方的境内，在人身和财产权利方面享有与缔约另一方国民同等的司法保护。此外，司法协助条约规定，在送达文书的案件中，应采取有效措施使受送达人能够实际知悉文书，在送达完成之前法院应推迟作出判决；在域外调查取证的案件中，被调查人依法享有的拒绝作证的权利应予尊重，而且这种取证不宜采取强制措施；在一国的证人根据另一国的请求到另一国出庭作证时，该另一国不得因证人入境前所犯的罪行追究其刑事责任，或因其作证的内容追究其刑事责任；在承认和执行外国判决的案件中，对于申请人权利的保护体现为协助其实现外国判决所赋予的权利和利益，对被申请人权利的保护体现为它可以依法对执行事宜提出异议，并享有执行中的一切权利等。[1]

(二) 国际民事司法协助的法律适用

国际民事司法协助制度的法律适用，指被请求国的司法机关在提供国际民事司法协助时，应当依据何国法律来具体实施司法协助的行为。

1. 国际民事司法协助法律适用的一般原则

鉴于国际社会主权林立、利益分歧的实际状况，再加之程序问题适用法院地法传统规则的惯性，多数国家立法和一些国际条约规定国际民事司法协助问题适用被请求国法律。如，1995 年的《意大利国际私法制度改革法》第71 条第 3 款规定：送达文书应遵循意大利法。再如 1970 年海牙的《送达公约》第 9 条第 1 款规定：负责执行嘱托书的司法机关应遵循其本国法律所规定的方式和程序。[2]

2. 国际民事司法协助法律适用的例外情形

尽管国际社会确立了国际民事司法协助适用被请求国法律这一一般原则，但同时因为不同国家对诉讼程序规范作出不同的规定，国际民事司法协助也设置了许多例外情形。比如在取证程序中，有些国家要求证人宣誓，而有些国家则无此规定。国际社会一般认为，在国外提取证据的效力既应当由法官根据取证地的法律来认定，同时也应当根据请求国的法律被认为是有效的。通常情况下，各国允许国际民事司法协助在以下场合例外适用其他法律：

首先，以请求国提出的特别程序或方式提供国际民事司法协助。不过，这种特别程序或方法不得与被请求国法律或公共秩序相违背。1995 年的《意大利国际私法制度改革法》、1965 年海牙的《送达公约》和 1970 年海牙的《取证公约》等，在原则上规定应依据被请求国法律提供司法协助之后，又例外地规定被请求国应执行请求国特别要求的且不与被请求国法律或公共秩序相抵触的程序或方式。

除此之外，对国外取证的效力可依据请求国法律确定。为确保在国外取得的证据在请求国法院被认为是有效的和可接受的，许多国家都主张可依请求国法律来确定在国外取得的证据效力。

---

[1] 参见王晓丹："中国与上海合作组织其他成员国间民事司法协助研究"，新疆大学 2009 年硕士学位论文。

[2] 参见李双元、欧福永主编：《国际私法》，北京大学出版社 2015 年版，第 388 页。

根据中国立法和实践以及中国所缔结或参加的国际条约，中国也采取了同国际社会实践一致的做法。在《中华人民共和国民事诉讼法》第 286 条首先确定了国际民事司法协助适用被请求国法律的一般原则，即法院提供司法协助应当按照我国法律来进行。该条随后又确定了适用请求国法律的例外，外国法院请求采用特殊方式提供司法协助的，人民法院也可以按照其请求的方式来提供相应协助，但请求协助的方式不得违背我国法律的规定。

二、国际刑事司法协助的国际法基础

（一）国际刑事司法协助原则[1]

国际刑事司法协助的一般原则，是指贯穿刑事司法协助的过程始终，规制刑事司法协助当事国的，充当指导思想、实践基础或者理论本源的具有综合性、稳定性的原理或者准则。对于国际刑事司法协助实践的顺利高效开展和相关制度的演进发展具有方法论层面的指导意义。

1. 国家主权原则

国家主权原则具体体现：第一个层次体现在国家司法权具有专属性这一特征。第二个层次体现在国家信守国际条约之义务。第三个层次则上升到国家司法权的豁免这一高度，司法豁免权在国际刑事司法协助应当受到尊重。在国际刑事司法协助中，绝不可无视他国外交代表的尊严而侵犯其应当享有的特权。那样不仅会造成国际秩序的混乱，使外交代表的所在国感到其主权受到侵犯，影响国际关系的正常发展，也会造成他国以对等原则实施报复。第四个层次则是对治外法权这种不符合公正理念的特权的排除。第五个层次则是强调在实行国际司法协助行为过程中，被请求国对本国国民和本国公共利益的特殊保护。

2. 平等互惠原则

平等互惠原则体现在以下七个层面：第一个层面体现在协助当事国主体资格具有平等性这一天然属性层面；第二个层面则是在前一个层面的基础上衍生出的协助当事国加入国际条约表意行为的自愿性层面；第三个针对的是牵涉协助双方的协助具体内容的权义之对等性；第四个层面则是从协助的被

---

〔1〕　参见成良文："国际刑事司法协助的基本原则"，载《中国法学》2002 年第 3 期。

请求国不得对多个请求当事国做出法律地位上的区分层面来展开；第五个层面则重申了国家主权原则第四个层面的内容，将平权之间的主权国家排除在国际刑事司法协助的范围之外；第六个层面则是在具体的司法协助过程中，作为解决冲突的行为准则和依据的一个原则性要求，即协助当事国之间应当奉行的平等协商这一准则；第七个层面则是从事实公正的角度，对对方当事国拒绝其协助请求行为的反制措施——对等限制的合理化论述。[1]

3. 法治原则

法治原则将国际刑事司法协助置于协助牵涉双方当事国法律的规制之下，具体体现在以下两个具体原则方面。第一个层面是"双重犯罪原则"，第二个层面是"一事不再理原则"。总的来说，关于作为国际刑事司法协助领域独有的"双重犯罪原则"，主张针对某一跨国犯罪行为，只有在同时符合协助当事国双方各自的本国法的前提之下，方能进行协助。同时，还存在某一跨国犯罪行为虽然符合双方当事国国内关于犯罪构成要件之规定，但依据一定的情形可以被免除追诉这一例外规定，一般情况下，当事国国内刑法关于诉讼时效以及赦免的规定可以作为此种情形，拒绝对方当事国协助请求的合理依据。而"一事不再理"原则，是作为对犯罪行为进行惩治应当遵循的普世性限度性规则。

4. 特定性原则

特定性原则总体来说是规制协助当事国双方是否进行协助以及如何进行协助的具体程序等实践方面的原则。具体体现在以下方面：第一个层面，在协助案件范围的选择上，将政治犯罪、军事犯罪排除在外。这个层面的规定是出于对协助当事国双方的政治和军事层面的独立自主性的尊重。第二个层面，是在符合双重犯罪原则的基础上，针对具体案件引渡所要求的刑罚最低限度做出规制。第三个层面，则是关于协助进程可能涉及的特殊诉讼制度的规制。

5. 人权保护原则

人权保护原则具体包括四个层次：第一个层次是"死刑不引渡"的规定，协助请求国出于人道的考虑，将可能被判处死刑刑罚的犯罪行为人拒绝引渡给请求当事国是符合人权之发展趋势的规定。第二个层次则是基于普世的平

---

〔1〕 参见靳璐："区域刑事司法协助研究——以上海合作组织为视角"，甘肃政法学院 2016 年硕士学位论文。

等性原则，尊重和保护平等权、政治宗教等方面的自由而设置的。第三个层次则更进一步地将人道主义精神从高高在上的平等、自由等高度落实到实实在在的年龄以及健康状况的特殊考虑层面。第四个层次则是对被追诉人诉讼权利的最低保障性要求做出规制。

国际刑事司法协助当事国是否选择进行协助以及如何展开具体的协助行为，其根本的出发点和归宿则是司法协助背后支撑一切国家交往的国家主权和国家利益。双方则是以维护本国主权完整和本国利益最大化作为国际刑事司法协助的价值追求。"尊重国家主权"这一原则性表述，是更加侧重从政治层面来对国际刑事司法协助做出的表述，而这一原则在法治相关原则层面则体现在具体原则"双重犯罪原则"之中。

对比以上五个不同原则，它们的相通之处在于，各个不同原则性表述都是以国家主权和国家利益作为国际刑事司法协助的研究起点，而各个国家之间主权的平等性，也就紧随其后地作为仅次于"尊重主权和利益"原则的共通性原则表述。国家主权原则和保护人权原则，是司法协助最基本的要求，而具化的"双重犯罪原则""一事不再理原则""或引渡或起诉原则"则是作为一种更加法律化的表述来具体阐述了贯穿国家刑事司法协助始终的"国家主权原则"和"保护人权原则"。

（二）国际刑事司法协助的法律依据

国际刑事司法协助的依据是国际条约和互惠承诺。主要包括：一国参与的全球性预防、禁止和惩治国际犯罪的具有刑事司法协助性质的多边条约。比如《联合国反腐败公约》，如今跨国洗钱、转移赃款、犯罪嫌疑人潜逃出境等情形时有发生，腐败犯罪呈现出巨额化、群体化、多样化、国际化等新特点。一个国家在治理跨国性腐败问题时，通常需要借助充分的国际合作，得到全世界各个国家的支持与配合，才能解决这一难题，有效地预防与打击腐败犯罪。《联合国反腐败公约》是联合国通过的第一个以反腐败为主题的国际法律文件，其中强调了反腐败国际司法合作的重要性，并对合作内容和手段进行了十分详细的规定。《联合国反腐败公约》除序言外，共分为 8 章，总计71 条款，包括总则、预防措施、定罪和执法、资产的追回、国际合作、技术援助和信息交流、实施机制及最后余款。《联合国反腐败公约》中的预防措施、国际合作、执法与救济、资产返还等诸多规定，在应对腐败犯罪上体现出了有效性、针对性和前瞻性，同时又考虑到了各国应对腐败犯罪的差别性、适应性。所以说《联合国反腐败公约》是迄今为止以反腐败为主题的最全面、最完整、最具创新性和广泛性的国际法律文件，得到了广大缔约国的充分认可。

为了有效打击腐败犯罪，我国加入了多项以《联合国反腐败公约》和《联合国打击跨国有组织犯罪公约》为代表的含有刑事司法协助的国际公约，这是进行国际反腐合作的一项有效的途径。随着国际交往与合作不断深入，条约的数量也与日俱增。我国还应该积极参与缔结、签署其他国际性或区域性的有关反腐败的国际公约，这将成为我国反腐败国际合作的重要法律基础。

除了《联合国反腐败公约》这种多边条约，还有两个主权国家之间签订的具有刑事司法协助性质的双边协议或条约。中国和波兰、蒙古国、罗马尼亚、俄罗斯、土耳其、乌克兰等国都签署过双边性质的刑事司法协助条约或协议。还有一国和其他多个国家共同签订的具有刑事司法协助性质的条约或协议。

当然，国家之间开展的刑事司法协助也并非一定要以国际条约为前提，在没有国际条约作基础的情况下，如果一国承诺在相同情况下将给予对方协助，刑事司法协助同样可以开展。这就是刑事司法协助中的互惠原则的体现。

三、中国与吉尔吉斯斯坦司法协助国际法基础

中国与吉尔吉斯斯坦自建交来，双方在司法协作方面有了长足的发展，近年来两国签订了一系列双边有关司法协助及合作的协定和条约，此外，两国还共同参加了一些有关司法合作的区域性、全球性多边国际公约。

（一）中国与吉尔吉斯斯坦签订的双边司法互助条约

1. 《中华人民共和国和吉尔吉斯共和国引渡条约》

为加强两国在打击犯罪领域内的合作，1998 年 4 月 27 日中华人民共和国代表张德广与吉尔吉斯斯坦代表阿勃德尔达耶夫在北京签订了《中华人民共和国和吉尔吉斯共和国引渡条约》。《中华人民共和国和吉尔吉斯共和国引渡条约》共 23 条加上一句前言。该条约规定了引渡义务、可引渡犯罪的条件、应当或可以拒绝引渡的情形、执行条约所用的文字、引渡请求及所需文件、为进行引渡采取的强制措施、引渡费用的承担，暂缓引渡和临时引渡的理由和条件、过境引渡、通报对被引渡人的刑事诉讼和执行结果、对执行本条约

的争议的解决以及终止本条约的程序和本条约文本所使用的文字及其文本文字的效力。[1]

2.《中华人民共和国和吉尔吉斯共和国关于民事和刑事司法协助的条约》

1996 年 7 月 4 日中国与吉尔吉斯斯坦在比什凯克签订了《中华人民共和国和吉尔吉斯共和国关于民事和刑事司法协助的条约》，该条约于 1997 年 2 月 23 日正式公布。该条约根据双方各自的有关国内法律和法规以及共同参加的国际司法互助公约签订，由一段前言和正文构成，分为总则、民事司法协助、刑事司法协助、其他规定和最后条款共计五编，总计 35 条，其主要内容：双方相互给予在其境内的另一缔约国国民司法保护、执行司法互助使用的文字、证人和鉴定人的保护、司法协助费用、司法协助的拒绝、司法协助所适用的法律、民事司法互助的范围、送达文书和调查取证、诉讼费用的支付和免除、司法互助的请求的提出与执行及其结果的通报、相互承认和执行对方法院作出的裁决和仲裁庭作出的裁决的程序以及拒绝执行的根据、刑事司法互助的范围、送达文书和调查取证、赃款和赃物的移交、执行结果的通报、司法协助文件的制作及其效力、法律情报的交换和提供、条约的修改和补充程序、执行条约的争端解决的途径、条约的文本文字及其效力和条约生效以及终止的程序。[2]

3. 中国与吉尔吉斯斯坦共同缔结的区域性司法合作的国际公约

作为上海合作组织的两个创始国和缔约国，中国与吉尔吉斯斯坦共同缔结的区域性司法合作的国际公约主要是在上海合作组织框架下进行的。上合组织自从 2001 年成立以来，先后签订了以下几部涉及中亚区域性司法合作的国际条约，主要包括 2001 年上海合作组织成立时签订的《打击恐怖主义、分裂主义和极端主义上海公约》，2004 年 6 月在乌兹别克斯坦首都塔什干签订的《关于合作打击非法贩运麻醉药品、精神药物及其前体的协定》和 2005 年 7 月在哈萨克斯坦首都阿斯塔纳签订的《合作打击恐怖主义、分裂主义和极端主义的构想》等，确立了成员国合作打击"三股势力"、毒品走私、有组织犯

---

〔1〕　参见《中华人民共和国和吉尔吉斯共和国引渡条约》，载 http://www.moj.gov.cn/pub/sfbgw/flfggz/flfggzflty/fltyydty/201812/t20181225_151441.html，最后访问日期：2020 年 3 月 20 日。

〔2〕　参见"中华人民共和国和吉尔吉斯共和国关于民事和刑事司法协助的条约"，载百度百科：https://baike.baidu.com/item/中华人民共和国和吉尔吉斯共和国关于民事和刑事司法协助的条约/6713282?fr=aladdin，最后访问日期：2020 年 3 月 20 日。

罪等跨国犯罪的司法合作机制和相关部门的协作及其会晤机制。[1]此内容在本章的下一节将有更详细的介绍。

（二）中国与吉尔吉斯斯坦共同参与的全球性有关司法合作的国际公约

1. 《承认及执行外国仲裁裁决公约》

签订于 1958 年的联合国《承认及执行外国仲裁裁决公约》是国家相互承认及其执行外国仲裁裁决的国际法依据。据各缔约国的国内法或者签订的双边条约及其协定，国家只承认和执行为该公约另一缔约国境内的仲裁裁决。《中国人民共和国民事诉讼法》《中华人民共和国仲裁法》《中华人民共和国和吉尔吉斯共和国民事和刑事司法互助条约》都作了如此规定。目前中国和吉尔吉斯斯坦均为《承认及执行外国仲裁裁决公约》的缔约国。我国第六届全国人大常委会第十八次会议于 1986 年 12 月 2 日决定加入，1987 年 1 月 22 日我国递交加入书，该公约 1987 年 4 月 22 日对我国生效。[2]1987 年世界上已有 130 多个国家和地区加入了《承认及执行外国仲裁裁决公约》，这为承认和执行外国仲裁裁决提供了保证和便利，为进一步开展国际商事仲裁活动起到了推动作用。吉尔吉斯斯坦于 1996 年 12 月 18 日加入该公约。该公约是两国公民和组织相互到对方国家请求承认和执行在对方国家作出的裁决的法律依据和在另一方申请裁决的保障。

2. 《关于从国外调取民事或商事证据的公约》

1970 年在荷兰海牙签订的《关于从国外调取民事或商事证据的公约》是一国受理民商事案件的法院到域外取证的国际法依据，其内容在我国与吉尔吉斯斯坦签订的《中华人民共和国和吉尔吉斯共和国民事和刑事司法互助条约》中也有反映。该公约涉及了一缔约国司法机关到另一缔约国调查取证的根据和途径、请求外国司法机关调查取证的程序和一缔约国在另一缔约国调查取证的主体和对象。

---

〔1〕 参见孙钰："中国与吉尔吉斯斯坦共和国司法合作的法律基础"，载《和田师范专科学校学报》2010 年第 3 期。

〔2〕 参见 "最高人民法院关于执行我国加入的《承认及执行外国仲裁裁决公约》的通知"，载中华人民共和国最高人民法院公报网：http://gongbao. court. gov. cn/Details/e4defa983a153b314590d73e5a0c60. html，最后访问日期：2020 年 3 月 20 日。

3. 《维也纳领事关系公约》

《维也纳领事关系公约》有四章内容，共计 79 条，并附有与《维也纳外交关系公约》相同的两个任择议定书。《维也纳领事关系公约》第 5 条第 10 款规定了领事调查取证的依据和理由，中国和吉尔吉斯斯坦都是该公约成员国。[1]

第四节　上合组织成员国际司法协助制度建设

一、上合组织民事司法协助制度

上海合作组织的前身是由中国 、俄罗斯、哈萨克斯坦、吉尔吉斯斯坦和塔吉克斯坦组成的"上海五国"会晤机制。2001 年 6 月 14 日，"上海五国"元首在上海举行第六次会晤，乌兹别克斯坦以完全平等的身份加入"上海五国"。15 日，六国的元首举行了首次会晤，并签署了《上海合作组织成立宣言》，宣告上合组织正式成立。上合组织设立的目的是希望能够在政治多极化、经济及信息全球化进程发展的背景下，共同努力为维护和平，保障地区安全与稳定作出贡献；坚信其成立可以更有效地共同把握机遇，应对新的挑战和威胁；认为其框架内的协作有助于各国和各国人民发掘睦邻、团结、合作的巨大潜力。[2]上合组织在政治、经济、区域和平等不同方面都有着深层的交流与合作。

（一）上合组织民事司法协助制度现状

随着"一带一路"建设的稳步推进，我国与沿线国家之间的民商事往来日益频繁，与此同时，各国相互承认和执行判决的现实需求将愈发突显。由涉外经济纠纷引发的国际民事诉讼，会涉及国际民事司法协助的具体问题，包括民事文书的送达、调查取证、民事判决的承认与执行及仲裁裁决的承认与执行。与此同时，我国与上合组织其他成员国缔结的双边司法协助条约缺

---

〔1〕　参见孙钰："中国与吉尔吉斯斯坦共和国司法合作的法律基础"，载《和田师范专科学校学报》2010 年第 3 期。

〔2〕　参见 "上海合作组织宪章"，载百度百科：https://baike.baidu.com/item/上海合作组织宪章/1249075? fr=aladdin，最后访问日期：2020 年 3 月 18 日。

陷日益显现，有待改进。

从我国与上合组织其他成员国立法实践来看，多数是在本国民事诉讼法中以专章形式规定民事司法协助制度。例如，《哈萨克斯坦共和国民事诉讼法典》第五编"国际民事诉讼法"中规定了民事司法协助制度；《俄罗斯联邦民事诉讼法典》第五编"涉外案件的诉讼程序"下的第四十四章、第四十五章对民事司法协助制度进行了系统阐述；《中华人民共和国民事诉讼法》在第四编"涉外民事诉讼程序的特别规定"这一总标题下的第二十七章"司法协助"中规定了送达文书、调查取证及法院判决及仲裁裁决的承认和执行制度。另外，《俄罗斯联邦仲裁程序法典》第四编第三十一章规定了"承认与执行外国法院判决和外国仲裁裁决的案件的诉讼程序"；我国有关部门还制定了一些与民事司法协助有关的司法解释或规定，这些也是民事司法协助的法律渊源。

（二）上海合作组织框架下民事司法协助模式设计

中国与上合组织其他成员国之间开展区域民事司法协助需要选择一种适当的模式，这是因为区域司法协助只有严格按照一定的程序、由适当的主体通过适当的途径完成，才能达到最佳的效果，从而实现这一制度在设立时所期望的目的。由于上合组织框架下民事司法协助存在特殊性，所以不能完全照搬国外的模式，而是应该在借鉴国外经验的基础上，结合中亚区域实际情况，选择最为恰当的模式。

上合组织最初设立的目的是通过加强成员国安全领域的合作共同打击恐怖主义犯罪，然而，发展至今，上合组织的职能日益增多，成员国的合作领域开始呈现多元化的趋势。依据 2001 年 6 月 15 日发布的《上海合作组织成立宣言》和 2002 年 8 月 29 日批示的《上海合作组织宪章》，上合组织宗旨之一就是鼓励开展政治、经贸、国防、执法、环保、文化、科技、教育、能源、交通、金融信贷及其他共同感兴趣领域的有效区域合作。由此，上合组织不再仅限于安全领域合作，经贸领域的合作被提上议事日程，江泽民同志形象地称之为上海合作组织的"两只轮子"。此后，上合组织加快了机制化与组织化的进程，政治、经济、文化、科技等领域的合作全面启动。在上合组织框架下构建中亚区域私法会议模式，满足了上合组织职能扩大化的需求。

中亚区域私法会议模式的当前目标就是实现区域民事司法协助统一化，这一目标的实现将有助于各成员国民事诉讼法的统一。然而，事实上，即使在欧盟，虽然区域民事司法协助统一立法已基本完成，但各成员国民事诉讼法也还远没有"统一"起来，仅大陆法系和普通法系的种种差异就使得他们倍感这种"统一"的艰难。由此可见，上合组织各成员国民事诉讼法的统一不仅依赖于区域民事司法协助统一化的实现，还取决于各国民事诉讼法的高度协调，二者相辅相成。考虑到俄罗斯、哈萨克斯坦、吉尔吉斯斯坦、塔吉克斯坦、乌兹别克斯坦在 20 世纪 90 年代以前都属于苏联，尽管它们现在已经分别成为独立的国家，但法律传统上可谓一脉相承，而新中国成立后一段时期的立法也主要借鉴了苏联的法律制度，中亚各国虽然政治、经济乃至文化等方面存在很大差异，但是共同的法律传统使得各国民事诉讼法的高度协调本就有良好的基础。综上，区域民事司法协助统一化作为统一民事诉讼法的一部分，无疑是其千里之行的第一步，为最大程度实现上海合作组织宗旨和任务，各成员国有必要高度协调各自的民事诉讼法，朝着民事诉讼法统一化这一远景目标努力。倘若不积极构建中亚区域私法会议模式，不进行创新与突破，不确立明确的远景目标，而是囿于旧的法律法规，只满足于眼前的合作现状，对于这一组织的未来是毫无益处的，该组织在国际社会的未来发展中显得无所作为。

（三）中国与吉尔吉斯斯坦民事司法协助制度的构建

在分析中国与上合组织其他成员国双边司法协助条约的基础上，下文将重点针对中国与吉尔吉斯斯坦之间在域外送达、域外取证、民事判决的承认和执行、仲裁裁决的承认和执行、公共秩序保留制度中存在的问题及其改进措施作以具体论证。

1. 在上合框架下中国与吉尔吉斯斯坦司法协助条约总则的主要内容

仔细观察 1992 年至 1997 年，中国与上合组织其他成员国缔结的五个双边司法协助条约，从中可见，这五个司法协助条约总则部分规定的均是民事、刑事共同涉及的问题，内容大致相同，仅有细小差别，下面就中国与吉尔吉斯斯坦之间民事司法协助领域普遍存在的问题作以介绍。

关于司法协助的联系途径，五个司法协助条约都规定，除条约另有规定外，缔约双方的法院和其他主管机关相互请求和提供民事司法协助，应通过各自的中央机关进行联系。"中央机关"（Central Authority）是指一国为民事司法协助的目的指定或建立的，在民事司法协助中主要起联系、传递作用的国家机关。条约均规定由各国司法部作为中央机关。另外，"主管机关"就是具体办案的机关。法院是司法协助的主管机关，但不是唯一的，除它之外，还有"其他主管机关"。至于什么是"其他主管机关"，条约并无明确的界定。

关于司法协助的请求书，司法协助条约规定，请求民事司法协助应以请求书的形式提出，请求书应包括下列内容：请求机关、被请求机关的名称；请求司法协助的案件的名称；请求书中所涉及的与诉讼有关的人员的名称、国籍、职业和住所或居所地，如果是法人，则需要提供其名称和所在地；当事人的姓名和地址；请求协助的内容；执行请求所需附具的其他材料。

关于司法协助的费用，条约规定，缔约双方应相互免费提供民事司法协助，但鉴定人的鉴定费除外。被通知需到达提出请求的缔约一方境内的证人、被害人或鉴定人的旅费和食宿费，由提出请求的缔约一方承担，上述被通知人有权取得的各项费用应在通知中注明，并且被通知人有权要求提出请求的缔约一方主管机关预付。

关于司法协助适用的法律，被请求机关提供民事司法协助，适用本国法律。被请求机关提供民事司法协助，亦可应请求适用缔约另一方的诉讼程序规范，但以不违背被请求的缔约一方法律的基本原则为限。

对于民事案件，中吉在条约中约定民事案件的范围包括商事、婚姻家庭和劳动案件。[1]

2. 中国与上合其他成员国间民事文书送达

（1）送达文书的范围

五个司法协助条约对送达文书的范围均规定，文书包括司法文书和司法外文书。但是对于"司法文书"和"司法外文书"的判定标准，条约未加以明确。在国际上，绝大多数国家都认为，司法文书是指与诉讼文书有关的所有文书，既包括法院制作的判决、裁定、令状等文书，也包括当事人制作的起诉书、答辩状等文书。

根据我国2020年修正的《最高人民法院关于涉外民事或商事案件司法文书送达问题若干规定》，"司法文书"是指起诉状副本、上诉状副本、反诉状

---

〔1〕 参见王晓丹："中国与上海合作组织其他成员国间民事司法协助研究"，新疆大学2009年硕士学位论文。

副本、答辩状副本、传票、判决书、调解书、裁定书、支付令、决定书、通知书、证明书、送达回证以及其他司法文书。

关于"司法外文书"，各国对其含义和范围也有不同认识，海牙国际私法会议曾在 1977 年一次特别委员会会议上进行专门讨论。各国专家认为：司法外文书应具备以下两个基本特点：第一，它与诉讼案件本身并不直接相关；第二，它需要有某一"当局"（authority）或司法助理人员（judicial officer）（可以是请求国也可以是被请求国）的介入，并产生相应的法律效果。前一个特征使它与司法文书相区别，后一特征使它与私文书相区别，因而诸如给付催告书、婚姻反对书、收养同意书等皆属此类。

（2）送达文书的途径

条约主要规定了三种送达文书的途径：其一，中央机关途径，其基本程序：需要文书送达的缔约一方法院或其他主管机关提出请求书，请求书通过缔约双方中央机关直接传递，被请求缔约方的中央机关对请求进行形式审查，认为该请求不损害本国的主权、安全和公共秩序，则交由有关主管机关执行。其二，领事途径，条约均规定，根据主管机关的请求，缔约一方派驻在缔约另一方的外交或领事代表机关可以向其本国国民送达司法文书和司法外交书，并进行询问，但不得使用强制措施，并不得违反驻在国的法律。其三，外交途径，虽然条约没有规定，但根据国际惯例，对享有外交豁免权的人进行国外司法文书送达时，只能通过外交途径。缔约双方在执行司法协助条约时若发生困难，一般仍要通过外文途径解决。

（3）请求的执行

中俄、中哈、中吉、中塔司法协助条约规定四种情况：第一，如果按照被请求的缔约方法律，缔约另一方请求事项不属于法院或其他主管机关的职权范围，可以说明理由，予以退回；第二，如果被请求机关无权执行请求，应将该项请求移送有权执行的主管机关，并通知提出请求的缔约一方；第三，如果被请求机关无法按照请求书中所示的地址执行请求，应采取适当措施以确定地点，或要求提出请求的缔约一方提供补充情况；第四，若因无法确定地址或其他原因不能执行请求，被请求的缔约方应通知提出请求缔约一方，说明妨碍执行的原因，并退回提出请求的缔约一方所附的全部文件和材料。中乌司法协助条约还增加一款规定：根据请求机关的请求，被请求机关应及时将执行请求的时间和地点通知请求机关，以便请求机关在被请求方法律允许的情况下，在执行请求时到场。另外，五个条约还都规定请求为被请求的缔约一方的主管机关执行完毕，被请求的机关应将执行请求的结果，通过双方的中央机关通知提出请求的机关，并附送达回证。送达回证应有收件日期和收件人的签名，应有执行送达机关盖章和执行送达人签名。若收件人拒收，还应注明拒收的理由。

二、上合组织刑事司法协助制度

在上合组织国家区域内最为严重的刑事犯罪就是恐怖犯罪和毒品犯罪。以上两种跨国犯罪之间具有关联性特征，防控难度极大，因此，十分有必要建立多边性、地区性的区域统一刑事司法协助模式。

建立和完善以打击以上两类犯罪为主要目标的上合组织框架下的区域刑事司法协助模式的前提，是针对以上两类犯罪行为构成要件同时符合国际法和国内法关于刑事司法协助层面的规定加以认定。上合组织各个成员国预防和打击恐怖犯罪、毒品犯罪是该地区各主权国家国内法调整之要求，体现了保护地区利益之需求。这同时也构成了本区域主权国家以实现更加有力地打击跨国犯罪为目的而实现刑事司法协助区域化的法理依据。[1]

（一）上合组织刑事司法协助制度现状

截至目前，上合组织各个成员国之间的刑事司法协助主要是通过各成员国参加双边司法协助条约进行合作的。

上合组织成员国在刑事司法协助方面的合作主要有：

第一，双边刑事司法协助以实践为主导。中国作为上合组织的重要成员国，在促进组织内的刑事司法协助方面做出了应有的努力。中国与各上合组织成员国间通过双边的努力，签订了一些民事和刑事的双边司法协助条约。而这种双边的刑事司法协助的实践，是现在上合组织内部刑事司法协助的主导。自 1993 年至 1998 年年底上合组织内部相互签订的双边刑事司法协助条约主要有：《中华人民共和国和俄罗斯联邦关于民事和刑事司法协助的条约》《中华人民共和国和哈萨克斯坦共和国关于民事和刑事司法协助的条约》《中

---

〔1〕 参见靳璐："区域刑事司法协助研究——以上海合作组织为视角"，甘肃政法学院 2016 年硕士学位论文。

华人民共和国和吉尔吉斯共和国关于民事和刑事司法协助的条约》《中华人民共和国和乌兹别克斯坦共和国关于民事和刑事司法协助的条约》《中华人民共和国和塔吉克斯坦共和国关于民事和刑事司法协助的条约》。这些双边的刑事司法协助条约在刑事司法协助的问题上，规定的范围清楚，内容详尽，对调查取证和送达文书等协助问题都有明确的表述。

第二，历史相似和社会发展间的便利合作。上合组织各成员国，除了中国外，俄罗斯等其他五个国家在苏联解体之前同属于苏联，因此从历史联系、社会发展和语言文化上，几个国家虽然随着苏联的解体相继独立，但是各种合作关系仍然很密切，对这几个国家来说它们之间的合作不存在任何阻碍问题。从而便利了上合组织这几个成员国之间在区域刑事司法协助合作上建立密切的关系。从 2001 年至今，上合组织成员国与我国在政治、军事、文化、教育、经济、科技等方面都进行了深入的合作，为六国之间进一步合作奠定了基础。苏联解体之后，独立的中亚几国外加俄罗斯，由于国内外环境变化和解体后政治和社会上的问题突出，恐怖主义等问题成为几个国家面临的重要挑战，也成为几个国家社会的公害。为了应对恐怖主义和极端主义等的威胁，中亚各国开始合作，开展多边反恐协助，哈萨克斯坦与乌兹别克斯坦、塔吉克斯坦、吉尔吉斯斯坦签订了《四国安全条约》，四国决定联合起来，采取措施，打击区域内的恐怖主义势力，建立统一的反恐怖中心，加强合作，协调反恐，维护地区稳定。加上俄罗斯对于中亚各国的帮助和独联体集体安全意识的提高，在打击诸如毒品犯罪、恐怖主义等跨国犯罪问题上深化合作，这一切都促使上合组织各成员国之间的合作更加紧密。

第三，上合组织在某些方面的刑事司法合作已经取得一些成果。上合组织已经率先在打击恐怖主义犯罪和毒品犯罪的刑事司法协助上取得了一些成果，这跟上合组织区域成员国面临这两大犯罪的威胁是有很大关系的。21 世纪初上合组织成员国先后签署了《打击恐怖主义、分裂主义和极端主义上海公约》《上海合作组织宪章》。《上海合作组织宪章》第 2 条明确规定，"共同打击一切形式的恐怖主义、分裂主义和极端主义，打击非法贩卖毒品、武器和其他跨国犯罪活动，以及非法移民"。针对这一合作，除了在公约上明确之外，上合组织已经有了实际行动，建立了组织内部的地区反恐机构、安全会议秘书机构和检察长会议机制等合作制度和机构，并于 2004 年签署《上海合作组织成员国关于合作打击非法贩运麻醉药品、精神药物及其前体的协议》，明确宣告要合作打击区域内的毒品及相关犯罪活动，在禁毒上开展合作。除了在这两大方面外，随着上合组织合作的深入，上合组织在刑事司法协助方面还会继续深化区域合作机制，在刑事案件的调查、审理等方面，在协助对方获取证据方面，在各成员国刑事司法协助的信息交流和互换方面等都会开展协助和合作。而在具体的案例方面，涉及刑事司法协助方面的案例也多有增加。上合组织成立后大批恐怖组织成员被逮捕或引渡。尤其是在恐怖主义犯罪方面，上合组织成员国间的司法协助案件增多。如2006年哈萨克斯坦执法机构就将13名涉嫌恐怖主义的嫌疑人引渡给俄罗斯、乌兹别克斯坦等。哈萨克斯坦和俄罗斯也将涉嫌安集延事件的恐怖主义分子引渡给乌兹别克斯坦。在涉及中国的恐怖主义犯罪中，乌兹别克斯坦将东伊运的骨干成员玉山江引渡回中国受审就是很好的上合组织刑事司法协助的例证。可见，上海合作组织在区域刑事司法协助合作机制方面取得的成绩证明了区域刑事司法协助应该和能够起到的积极作用。

（二）相关的国际公约、多边条约、双边条约

1. 《上海合作组织宪章》

上合组织的宪章性文件《上海合作组织宪章》在第1条上合组织的宗旨和任务中针对恐怖犯罪作出了原则纲领性规定，此规定将打击区域内恐怖犯罪与开展经济、政治等领域的交流置于同样重要的地位，足以体现了上合组织在打击跨国恐怖主义犯罪中的决心。

2. 关于安全合作的《比什凯克声明》和《打击恐怖主义、分裂主义和极端主义上海公约》两项文件

上合组织成员国签署的关于安全合作方面的《比什凯克声明》和《打击恐怖主义、分裂主义和极端主义上海公约》两项文件，更加明确和细化了恐怖犯罪的规定，其中，后一个文件在第2条中做出了三项义务性内容。第一，规定了公约各方依据主权和国际义务，针对预防、查明和惩治恐怖行为开展刑事司法协助；第二，并将以上的行为明确规定为可引渡行为；第三，是一个关于其他的兜底性义务规定。

3. 其他专门性公约

在一些诸如《防止和惩治恐怖主义公约》等类型的全球性的专门性公约中，无一例外针对恐怖犯罪防控作出有关此类罪行刑事司法协助制度层面的

规定。该类公约的专门性体现在其具体规制的领域有所不同，但是对于恐怖犯罪的全球性防控的普遍性规则是具有相通性的。

4. 双边条约

上合组织成员国之间开展刑事司法协助的法律依据除了以上国际公约、多边条约之外，在实践中，主要是以双边条约的形式来展开实践层面的操作的。以中国为例，中国与上合组织的所有成员国均签订有刑事司法协助条约。

（三）上合组织反恐机制的特点

1. 上合组织反恐机制的构建具有极强的专门性和针对性

中亚是世界文明的交汇点，这里有多重宗教势力交织在一起，异常纷杂，这里民族繁多，文化传统各异。不同的文明的碰撞、不同势力的角逐使得该地区有"第二个巴尔干"之称。中亚成为世界上少有的集国际恐怖主义、极端宗教势力和民族分裂主义为一体的恶势力发源地，此现状，严重危及这一地区的国家安全，因此，中、俄、哈、吉、塔、乌六国针对这种情况，构建专门的反恐合作机制以对付三股势力。因此，上合组织打击跨国犯罪合作机制具有针对某项犯罪的专门性特征。

2. 上合组织构建了系列反恐专门机制

上合组织反恐机制以反恐法律文件为依据，构建了系列反恐专门机制，密切了成员国之间反恐合作。这些举措都体现了签署专门性反恐协定并开展反恐常设机构的建制模式。在各方的境内设立反恐机构的分部；建立反恐机构的领导机构——理事会；建立成员国常驻反恐代表机制等。上合组织在反恐过程中非常注重建立各方具有法律拘束力的合作机制，形成了专门反恐机构主导、成员国密切合作的强有力的反恐机制。

3. 系列反恐机制运作由政府主导

上合组织反恐机制的建立主要依赖于各国政府间协商、谈判和缔约程序，其模式还是政府间合作，并没有构建一个超国家政权机构来行使各个成员国的国家职责。这一点，与欧盟是有所不同的，欧盟自身就是一个超国家性质的国际组织，欧盟有关机构自上而下主导刑事合作模式是主流，而上合组织反恐合作则是在充分尊重各个成员国意志、平等协商下的共识。总的来说，上合反恐机制的诞生是在六国之间的国家元首峰会、总理会晤、主管部长会晤等不同层面的协商推动下发展建立的，而不是欧盟刑事合作机制那样在一个既有的国际组织机构的主导下建立。上合组织反恐机制是六国政府通力合作的结晶，而在上合组织建立以后，在其主导之下，又不断完善和扩展反恐方面的职能。构建反恐机制，制定反恐计划，密切强化了上合组织的反恐职能。因此，上合组织反恐机制走了以下的道路：六国间政府会议、总理会晤以及部长会议——上合组织反恐机制初步建立——上合组织成立——上合组织反恐机制的完善。上合组织反恐机制成功构建的源动力为中、俄、哈、吉、塔、乌六国的通力合作，而上合组织又更进一步完善了反恐刑事合作机制。由此，上合组织反恐机制从本质上是属于各国政府主导之下而启动、运作的。

从 2013 年到 2017 年，上合组织成员国有关机构共制止 600 多起具有恐怖主义性质的犯罪活动，摧毁 500 多个武装分子培训基地，抓获 2 000 多名国际恐怖组织成员，[1]缴获 1 000 多件自制爆炸装置、50 多吨爆炸物、1 万多支枪支及 100 多万发子弹，战绩斐然。为建立广泛的反恐网络，上合组织地区反恐怖机构与国际刑警组织、独联体反恐中心、亚信会议等国际和地区组织进行密切合作，与联合国的合作正稳步快速推进。有关机构还准备和联合国反恐怖主义办公室、非洲恐怖主义研究中心等签署合作备忘录，谋求更深层次的合作机制。

三、区域内打击毒品犯罪相关立法和条约

（一）国内立法对毒品犯罪之规定

主权国家以法律的惩治模式针对毒品犯罪的防控，这从一个层面体现了毒品犯罪对各国公共利益的巨大侵害。各个主权国家在其国内刑法体系中均设置有关于毒品犯罪的刑罚，出于对此类犯罪的重视，一些国家还尝试以专门立法的形式对毒品犯罪进行更加有效地防控。中国关于毒品犯罪的国内法规定体现在现行《中华人民共和国刑法》第 347 条到第 357 条的规定中。而作为立法草案的《中华人民共和国禁毒法》则体现了以专门立法形式开展毒品犯罪司法协助的此类犯罪防控新趋势。俄罗斯毒品相关犯罪的综合性法典是 1996 年《俄罗斯联邦刑法典》第二十五章第 228 条和第 132 条的规定，此

---

〔1〕 参见许涛："上合组织的全球贡献"，载 http://www.rmlt.com.cn/2018/0626/52918.shtml，最后访问日期：2020 年 2 月 26 日。

规定完整比照国际公约就毒品犯罪定罪和量刑的规定。《俄罗斯批准联邦国家禁毒委员会章程的总统令》作为毒品犯罪专门性法律，在禁毒机构和组织形式上对本罪实现了更加具化的规定。两部法律相互配合、共同致力于打击毒品犯罪。中亚各国在打击毒品犯罪的国内法立法上以及国家策略制定方面，重视度极高。在法治层面，中亚所有国家均在联合国反毒品公约框架下开展毒品犯罪防控立法与实践，其中吉尔吉斯斯坦在其国内法体系以专门立法的形式构建和完善其法律体系，土库曼斯坦习惯法将毒品犯罪规定了极其严重的刑罚。

（二）国际禁毒公约中关于司法合作的规定

20 世纪初期至 20 世纪 60 年代，国际社会针对禁止毒品签订了一系列公约性的规定，这个阶段的禁毒更多地是从号召和鼓舞国家提高禁毒意识层面展开的。而 20 世纪 60 年代以后，毒品犯罪危害程度日益增大的背景之下，联合国是作为世界上代表性最广泛、最有权威的综合性国际组织，在毒品犯罪公约制定上，颇有建树。具有代表性的公约为《麻醉品单一公约》《一九七一年精神药物公约》《联合国禁止非法贩运麻醉药品和精神药品公约》。以上三个公约开创了毒品犯罪国际防控机制的先河，强调了开展刑事司法协助打击毒品犯罪的重要性和相关的制度构建，自此，将毒品犯罪的防控从国家内部扩展到国家之间、区域之间以及国际范围之内。此后，联合国通过五个公约，对打击毒品作出了更进一步的规定，具体针对毒品犯罪防控的国家责任和集体责任以及如何在具体的司法协助实践中实现对毒品犯罪的国际防控、区域防控。

（三）上合组织区域有关打击毒品犯罪的法律文件简析

上合组织区域有关打击毒品犯罪类的多边性的区域法律文件具体主要包括两大类：第一类是上合组织框架下的《上海合作组织成员国关于合作打击非法贩运麻醉药品、精神药物及其前体的协议》；第二类是以独联体国家为基础的《中亚各国和俄罗斯联邦外交部长、联合国国际药物管制规划署执行主任和阿加汗发展组织代表会议的议定书》和《喀布尔睦邻友好禁毒宣言》。当然，特定成员国之间的相关协议也在这一文件体系之内。第一类文件是在对前面提到的系列国际公约吸收借鉴的基础上，转为上合组织框架下的禁毒法律文件，以实现毒品犯罪刑事司法协助区域性治理为目标。协议具化了情报合作、反洗钱合作、侦查合作和司法合作等合作形式以及与之相配套的实施制度。该协议将司法合作和警务合作作为上合组织成员国开展毒品犯罪治理合作重要模式，主权国家依据"或引渡或起诉"原则强化相关犯罪治理的司法协助。第二类多边性法律文件是独联体国家外交部部长会议的成果，这就再次印证了区域层面打击毒品犯罪的必要性和可行性。

四、上合组织未来国际司法协助制度的完善

上合组织虽然是一个具有世界影响力的区域合作组织，但由于区域国际形势的复杂性和各国法律制度建设的差异性，在刑事司法协助领域上的合作尚存在许多空白和不足，亟需填补和完善。[1]

（一）刑事司法协助的范围和形式有待扩大

在多元化刑事犯罪层出的情境下，本区域主权国家开展国际刑事司法协助范围亟待扩大，多元化刑事司法协助的具体形式成为必要。在国际总体大背景之下，为更进一步强化对跨国有组织犯罪的打击力度，近年来刑事司法协助关于协助调查证据、追查赃款赃物的去向等形式已经实现了日常化，将来司法协助的调查的范围应当将金融类犯罪或者财税犯罪扩大。由于上合组织建立的时间并不长，本区域主权国家开展刑事司法协助目前则主要局限于送达文书和调查取证、赃款赃物的移交和刑事诉讼的通知等传统形式层面，这在面对本区域日益严峻的跨国犯罪现状方面，打击力度还远远不够。

（二）有关信息交流与交换的具体方式有待于转变

信息交流与互换在刑事司法协助层面为更加有效的针对跨国有组织犯罪的防控发挥着极其重要的作用。本区域主权国家现行的信息交流与互换，则体现更多的是一种消极的司法协助模式。因此，掌握相关信息的一方，在对方还未提出请求时，可以积极主动地向对方提供信息，只要这种积极的司法协助行为对对方案件的进行来说具有必要性，同时此行为亦无损于信息提供一方本国的法律、利益，并且，对对方和案件的独立调查与审理不构成强加性的干涉，此种积极的刑事司法协助在开展打击跨国有组织犯罪的国际法合

---

〔1〕 参见王永红："问题与对策：上合组织下国际刑事司法协助论纲"，载《长春理工大学学报（社会科学版）》2012 年第 2 期。

作层面对于案件的审理效率提高是不言而喻的，同时对整个区域内跨国相关犯罪的防控来说意义深远。

（三）刑事司法协助程序不完备

本区域内刑事司法协助程序还不够完备，虽然上合组织在恐怖犯罪和毒品犯罪建立了合作，但仍然缺乏具有统一性和区域性的程序性法律设置，在个案处理中，合作的规定过于分散。[1]典型的体现在《打击恐怖主义、分裂主义和极端主义上海公约》第 2 条第 3 款，此规定将本区域主权国家的刑事司法协助法律依据寄托于各国国家参加的国际公约，这在实际的操作层面，具有极大的局限性。这印证了主权国家之间刑事司法协助具体程序的欠缺，此种简单的、分散性合作规定，严格意义上还不属于国家之间的国际刑事司法协助这一范畴。上合组织作为本区域的重要性国际组织，在区域刑事司法协助功能发挥方面，还具有极大的发展潜力。区域刑事司法协助的现状方面，欧盟组织于 1959 年签订了《欧洲刑事司法协助公约》，于 2000 年签订了《欧盟成员国刑事事项互助公约》以及美洲国家组织于 1992 年签订了《泛美刑事司法互助公约》，这些公约的诞生充分体现了相关组织在其所在区域刑事司法协助方面的法律建树与功能的发挥。这种高度一致性的区域内的刑事司法协助制度，为组织内部相关跨国有组织犯罪的防控发挥重要的保障作用。上合组织致力于维护和保障地区的和平、安全与稳定，而在区域内刑事司法协助方面，存在法制构建等程序方面的欠缺，有待更进一步的发展与完善。[2]

【参考文献】

［1］李双元、欧福永主编：《国际私法》，北京大学出版社 2015 年版。

［2］王晰："上海合作组织应对网络恐怖主义的对策研究"，中国人民公安大学 2017 年硕士学位论文。

［3］王永红："问题与对策：上合组织下国际刑事司法协助论纲"，载《长春理工大学学报（社会科学版）》2012 年第 2 期。

---

〔1〕　参见王永红："问题与对策：上合组织下国际刑事司法协助论纲"，载《长春理工大学学报（社会科学版）》2012 年第 2 期。

〔2〕　参见靳璐："区域刑事司法协助研究——以上海合作组织为视角"，甘肃政法学院 2016 年硕士学位论文。

[4] 成良文："国际刑事司法协助的基本原则"，载《中国法学》2002 年第 3 期。

[5] 邹国勇："论欧洲联盟国际私法的统一化"，载《法学评论》2007 年第 1 期。

[6] 曾朝晖："《关于依据国际公约和双边司法协助条约办理民商事案件司法文书送达和调查取证司法协助请求的规定》的理解与适用"，载《人民司法》2013 年第 13 期。

[7] 王君祥："中国—东盟打击海上犯罪刑事合作机制研究"，载《刑法论丛》2010 年第 1 期。

[8] 孙钰："中国与吉尔吉斯斯坦共和国司法合作的法律基础"，载《和田师范专科学校学报》2010 年第 3 期。

[9] "关于向国外送达民事或商事司法文书和司法外文书公约"，载中国政府法制信息网：http://www.moj.gov.cn/pub/sfbgw/flfggz/flfggzflty/fltysfxzxggy/201812/t20181225_ 151441. html，最后访问日期：2020 年 2 月 6 日。

[10] 黄风："国际刑事司法协助制度的若干新发展"，载《当代法学》2007 年第 6 期。

吉尔吉斯斯坦海关法律制度

【**本章概要**】　吉尔吉斯斯坦于 2005 年 8 月 12 日正式加入欧亚经济联盟，签署的《欧亚经济联盟海关法典》于 2018 年 1 月 1 日生效，为使本国海关立法与《欧亚经济联盟海关法典》相衔接，吉尔吉斯斯坦通过了《海关监管法》，以规范欧亚经济联盟海关领域的法律、规范欧亚经济联盟海关法律、国际条约和法案未规定的内容。吉尔吉斯斯坦的海关法律制度与从事进出口贸易、海关事务领域相关活动以及在吉尔吉斯斯坦投资的法人和自然人息息相关。本章从吉尔吉斯斯坦海关法概述、海关组织、海关通关法律制度、海关税收法律制度、海关监管法律制度、海关事务领域活动的参与者以及海关法律救济制度等方面解读吉尔吉斯斯坦最新海关法律制度。

第一节　海关法概述

1992 年 7 月，吉尔吉斯斯坦颁布其独立后的第一部《海关法》；1997 年 7 月，吉尔吉斯斯坦出台了第二部《海关法》；2004 年 7 月 12 日，吉尔吉斯斯坦时任总统阿斯卡尔·阿卡耶夫签署了第三部海关法——第 87 号《海关法》；[1] 2014 年 12 月 31 日，吉尔吉斯斯坦时任总统阿尔马兹别克·阿塔姆巴耶夫签署了第 184 号《海关监管法》（也翻译为《关于吉尔吉斯共和国海关条例》），

---

〔1〕　参见叶芳芳：《中亚五国海关法律概论》，知识产权出版社 2015 年版，第 121 页。

该法律生效后，2004 年 7 月 12 日第 87 号《海关法》失效；[1]2019 年 3 月 14 日，吉尔吉斯斯坦国家议会审议通过了《海关监管法》，该法律生效后，2014 年 12 月 31 日第 184 号《关于吉尔吉斯共和国海关条例》失效。[2]因吉尔吉斯斯坦于 2015 年 8 月 12 日正式宣布加入欧亚经济联盟，[3]且各成员国之间签署的《欧亚经济联盟海关法典》于 2018 年 1 月 1 日生效，根据欧亚经济联盟的海关法律，联盟成员国的海关立法需与联盟海关法相衔接，故吉尔吉斯斯坦制定了新的海关法律。

新《海关监管法》目的是规范欧亚经济联盟海关法、国际条约和法案未规定的内容。该法律规定了欧亚经济联盟国通过边境向吉尔吉斯斯坦运输货物的相关程序、条件和规定；货物在联盟成员国和吉尔吉斯斯坦海关区域的地点存放和使用；货物抵达海关时需要进行的业务程序；离开海关区域时货物的临时存放、报关和放行以及其他海关业务；海关付款、特殊付款、反倾销、补偿税和海关监管；海关机构和在海关区域内拥有、使用和存放货物的货主间的法律关系等。

一、海关监管和事务范围

吉尔吉斯斯坦海关监管，是对在海关监管、临时保存、海关申报以及根据海关手续放行和实施海关监管、支付海关费用下商品通过吉尔吉斯斯坦海关边界，与在海关境内运输所产生的关系，以及吉尔吉斯斯坦海关部门与行使上述商品所有权、使用权和支配权的人之间的关系进行法律监管。

海关事务是指保证遵守关税同盟的海关法和吉尔吉斯斯坦海关监管法的方式方法的总和。

二、调整海关事务的法律

调整吉尔吉斯斯坦海关事务领域的法律包括以宪法为基础制定的《海关

---

[1] 参见西北师范大学中亚研究院编译：《吉尔吉斯斯坦常用法律》，中国政法大学出版社 2019 年版，第 512 页。

[2] 参见"吉总统签署海关监管法"，载 http://cn. kabar. kg/news/cn2019-05-07-05/，最后访问日期：2020 年 3 月 23 日。

[3] 中国国际电子商务中心："吉尔吉斯斯坦正式加入欧亚经济联盟"，载 http://gpj. mofcom. gov. cn/article/zuixindt/201508/20150801078311. shtml，最后访问日期：2022 年 11 月 15 日。

监管法》、依据该法制定的其他国内法律文件、《欧亚经济联盟海关法典》以及吉尔吉斯斯坦缔结的其他双边或多边国际条约。

三、海关法律的适用范围

吉尔吉斯斯坦海关在其关境内适用调整吉尔吉斯斯坦海关事务领域的法律。吉尔吉斯斯坦关境与其国界吻合，其领土范围即其关境，此外还包括位于吉尔吉斯斯坦专属经济区和大陆架内受吉尔吉斯斯坦法律管辖的人工岛屿和固定建筑设施。在吉尔吉斯斯坦领土上可根据吉尔吉斯斯坦法律建立属于关境一部分的经济特区。

四、海关法律失效

《海关监管法》以及其他相关法律文件只对其生效实施后的关系适用，对在其生效实施前出现的关系不具有溯及力。但其中其改善各类人员地位的条款具有溯及力。

五、海关事务的管理

吉尔吉斯斯坦政府对海关事务实施总体领导，吉尔吉斯斯坦政府确定的海关事务领域的国家授权部门，对海关事务实施直接领导，国家授权部门的法律地位由吉尔吉斯斯坦政府确定，其权力通过下级以及海关实现。

第二节　海关组织

一、海关

《关于简化和协调海关制度的国际公约》对"海关"一词的陈述是："指负责海关法的实施、税费的征收并负责执行与货物的进口、出口、移动、或存储有关的其他法律、法规和规章的政府机构。"[1]吉尔吉斯斯坦海关总署隶

---

〔1〕　海关总署国际合作司编译：《关于简化和协调海关制度的国际公约（京都公约）总附约和专项附约指南》，中国海关出版社 2003 年版，第 7 页。

属吉尔吉斯斯坦财政部收入委员会，下设 13 个海关。除了全国 7 州 1 市均设有海关外（楚河州辖区内有托克马克和卡拉巴尔达两个海关），玛纳斯国际机场和比什凯克自由经济区也分别设有海关，此外还有"北方海关"和"动力海关"。中吉边境的两个陆路公路口岸 ——吐尔尕特口岸和伊尔克什坦口岸分别位于纳伦海关和奥什海关辖区。

二、海关的职责

吉尔吉斯斯坦海关部门具有执法机关的地位。除吉尔吉斯斯坦最高法律机构和执行机构外，任何国家机构都无权作出涉及海关部门职能的决定、没有相应许可的情况下完成或修改海关部门的职能、赋予海关部门其他任务或以任何其他方式干扰海关部门符合吉尔吉斯斯坦法律规定的工作。

吉尔吉斯斯坦海关在其权限范围内承担实施海关作业和海关监管；征收海关关税及保障措施关税、反倾销税和反补贴税；保障遵守对通过联盟海关边界货物（物品）的关税调节措施、禁止和限制规定、市场内部保护措施；在对通过联盟海关边界的现金或资金工具进行海关监管时，打击企图合法化通过犯罪途径获得的收入（洗钱）和对恐怖活动提供经费的行为；预防、发现、制止犯罪和行政违法行为；在进出口环节中保护知识产权；编制海关统计；实施出口监管、放射性监管和其他形式的国家监管等。

三、海关与对外经济活动参与者及其他组织的关系

吉尔吉斯斯坦海关部门与对外经济活动参与者、承运人及其他从事与对外贸易相关活动的组织、他们的专业联合体（协会）保持正式的关系，以便在推广更有效的海关手续、海关监管以及解决其他促进外贸发展的任务方面进行合作。海关部门与对外经济活动参与者及其他组织的合作形式包括允许他们参与制定吉尔吉斯斯坦海关事务领域的法规草案、欧亚经济联盟海关法条例；参与分析吉尔吉斯斯坦境内对外经济活动发展的财务、经济、社会和其他指数，其中包括个别经济领域；参与评估海关行政管理措施的有效实施；为吉尔吉斯斯坦国家授权机构提交完善海关事务的建议。

四、海关事务中的信息系统和信息技术

（一）海关信息系统和信息技术的使用

吉尔吉斯斯坦通过使用海关信息系统和信息技术开展海关业务，包括使用依赖电子方法传达的信息以及其保障手段。海关事务中的信息系统和信息技术的使用，应是经济实惠并对海关部门和对外经济活动参与者有效的。信息系统、信息技术及其保障手段应在吉尔吉斯斯坦法律规定的前提下，以规定的方式进行认证。海关部门使用的信息系统、信息技术及其保障手段属于国家所有，海关部门可在其职权范围内行使所有权；若海关部门使用的信息系统、信息技术及其保障手段归第三方所有，上述产品应符合吉尔吉斯斯坦政府规定的要求，并应与海关部门完成其他海关业务时使用的其他产品相兼容。

（二）海关信息资源及其保护

吉尔吉斯斯坦海关部门的信息资源是文件证明信息的总和，包括数据库及其他在吉尔吉斯斯坦海关信息系统中整理和累计的信息群，这些信息资源，是完成海关业务时提供的文件和信息及其完成所必需的文件。吉尔吉斯斯坦海关部门的信息资源归国家所有，吉尔吉斯斯坦海关部门在其职能范围内进行管理。除根据吉尔吉斯斯坦法律属于限制接触的信息外，吉尔吉斯斯坦海关部门的信息资源对外开放，自然人、法人以及政权机构、地方自治机构有权从吉尔吉斯斯坦海关部门获取信息，且无需说明获取信息的理由。

吉尔吉斯斯坦海关应当按照吉尔吉斯斯坦法律规定保护信息过程和信息化参与主体的信息和权利。吉尔吉斯斯坦海关、海关关员及其他人，不得将构成国家秘密、商业秘密、税收秘密、银行秘密和受欧亚联盟成员国立法保护的其他秘密以及其他机密信息泄露，且不得用于个人目的或者移交他人，但《欧亚经济联盟海关法典》、吉尔吉斯斯坦与第三方国家签署的国际条约以及吉尔吉斯斯坦法律规定的其他情形除外。

（三）海关部门的国际信息交换

国家授权部门和吉尔吉斯斯坦其他海关部门加入与海关部门的国际信息交换，并在其职能范围内，按照吉尔吉斯斯坦法律和国际公约规定的方式和

条件，参与与外国其他部门、组织以及国际组织的信息交换。

五、海关开展的咨询

吉尔吉斯斯坦海关部门按照吉尔吉斯斯坦法律规定的方式提供海关事务，以及属于其职权范围的相关问题的咨询。吉尔吉斯斯坦海关部门可提供免费的口头和书面咨询，但在进行咨询时，向相关人员提供的信息，不作为吉尔吉斯斯坦海关部门在进行与商品和运输工具有关的海关业务时作出决定或作为的依据。

第三节　海关通关法律制度

海关通关法律制度包括对不同进出口对象适用的不同实体和程序规则，主要包括海关对运输工具、货物等实施的管理和运输工具、货物权利人依法享有和承担的权利义务。[1]

一、海关制度的种类

所有人都有按照吉尔吉斯斯坦海关法律确定的方式将货物和运输工具运过关境的平等权利。所有通过关境的货物和运输工具均需按照海关法律规定的方式和条件办理海关手续并接受海关监管。

为实现海关管理，吉尔吉斯斯坦规定了货物可适用的 17 类海关制度：放行供境内消费、出口、海关过境、海关仓库、关境内加工、关境外加工、加工供境内消费、临时进口、临时出口、复进口、复出口、免税店、销毁、放弃收归国有、自由关税区、免税仓库、特别海关制度。

货物通关人有权根据吉尔吉斯斯坦海关法律规定的方式和条件，在任何时间选择上述任意一种海关制度，无论商品的性质、数量、产地国、发送地和目的地，但法律另有规定除外。此外，货物通关人在选定一种海关制度后，还可根据法律规定变更所选择的海关制度。

---

〔1〕 参见刘达芳：《海关法教程》，中国海关出版社 2007 年版，第 23 页。

（一）放行供境内消费

放行供境内消费，是指对货物适用的一种海关制度，依照该海关制度，货物位于吉尔吉斯斯坦关境并在吉尔吉斯斯坦关境消费，没有处于海关调整领域里的国际条约和法律文件对货物规定的占有、使用或处分限制，但是吉尔吉斯斯坦海关法律另有规定的除外。按照海关法律的规定缴纳进口关税、进口环节税、保障措施关税、反倾销税和反补贴税以及遵守禁止和限制规定等的货物可适用放行供境内消费制度。

（二）出口

出口，是指将在关境自由流通的货物运出该区域，并不必再运进的海关制度。出口货物时，应按照海关法典规定的程序缴纳出境关税，并适用吉尔吉斯斯坦非关税调节措施，遵守国家调节外贸活动法律的限制性规定，完成海关法规定的要求和条件。出口货物时免除缴纳、返还或补偿吉尔吉斯斯坦税收法律所规定的内税。不征收关税的货物在出口时，按照简化方式办理申报，且无需对该货物的海关价值进行申报和证明。

（三）海关过境

海关过境，是指货物在不缴纳关税、进口环节税、保障措施关税、反倾销税和反补贴税从启运地海关运输到指运地海关的海关制度。置于海关过境海关制度下的货物保持外国货物的地位。该种制度下，货物不得已经置于其他海关制度下。

根据海关过境海关制度运输的商品，经发运海关或相应的货运操作业务实施地所在经营区的海关同意，在海关法律规定的情形下，可以进行商品装卸、倒装（转运）和其他货运操作以及更换运输商品的国际运输工具。

在结束海关过境海关制度前，货物存放在送达地海关监管区。按照起运地海关的规定，将货物运输至指定的送达地后，海关过境海关制度效力结束。具体而言，承运人或置于海关过境海关制度下的货物申报人，在规定的期限内向指运地海关提交海关转运申报及其具有的其他单证，方可结束海关过境海关制度的效力。

（四）海关仓库

海关仓库，是指运入关境的货物在海关监管下存放于海关仓库，无需缴纳进口关税、进口环节税、保障措施关税、反倾销税和反补贴税的海关制度。海关仓库分为开放式海关仓库和封闭式海关仓库。开放式海关仓库可以保存任何商品，可被任何对商品拥有权利的人使用；封闭式海关仓库仅保存海关仓库业主和组建该仓库时业主确定的个人的商品，存在使用限制。封闭式海关仓库可根据申请人提出的能证明组建封闭式海关仓库合理性的申请而组建。开放式和封闭式海关仓库可以用来保存需要特殊保存条件或能给其他商品带来损害的个别类别的商品（专门海关仓库）。

作为海关仓库使用的场地和场所，应以能保证商品完整性、排除他人接触商品、保证对该商品可以海关监督的方式进行装配和装备。在货物适用海关仓库海关制度期间，不得以任何方式将货物交给其他人使用和处分，包括转让。海关仓库海关制度有效期为不得超过将货物置于此海关制度下之日起 3 年，但法律另有规定的情形除外。

（五）关境内加工

关境内加工，是指对货物在关境实施加工作业，获取的加工产品需在规定的期限运出关境，且这些货物不缴纳进口关税、进口环节关税、保障措施关税、反倾销税和反补贴税的海关制度。

货物可以置于关境内加工制度的条件：具有吉尔吉斯斯坦相关授权机关签发且载有海关法律规定的信息的文件；海关能在置于关境内加工海关制度下的货物加工产品中识别出置于关境内加工海关制度下的原货物，依照海关法律规定采用等效货物替换这些货物的情形除外；遵守海关法律规定的禁止和限制性规定。

在关境加工货物的期限一般不得超过 3 年，该期限包括了加工货物生产过程持续时间，以及将加工产品从关境实施出口和实施与处分货物废碎料、剩余材料有关的海关作业所需的时间。自将货物置于关境内加工海关制度下之日起计算在关境加工货物期限；而在货物分数批向海关申报时，自将第一批货物置于关境内加工海关制度下之日起计算。

（六）关境外加工

关境外加工，是指货物从关境运出，在关境外实施加工作业以获取其加工产品，随后将这些加工产品运入关境，对这些货物不征收出口关税的海关制度。

货物可以置于关境内加工制度的条件：具有吉尔吉斯斯坦相关授权机关签发且载有海关法律规定的信息的文件；海关能在置于关境外加工海关制度下的货物加工产品中识别出置于关境外加工海关制度下的原货物，依照海关法律规定采用等效货物替换加工产品的情形除外；根据海关关境外加工制度运出商品时，不免除缴纳、退还或补偿内部税收；遵守海关法律规定的禁止和限制性规定。

在关境外加工货物的期限一般不得超过 2 年，该期限包括了加工货物生产过程持续时间以及将加工产品实际进口到关境和将其置于结束关境外加工海关制度效力的海关制度下所需的时间。自将货物置于关境外加工海关制度下之日起计算在关境外加工货物期限；而在货物分数批向海关申报时，自将第一批货物置于关境外加工海关制度下之日起计算。

（七）加工供境内消费

加工供境内消费，是指对货物实施加工供境内消费作业以获取其加工产品，并将加工产品置于放行供境内消费海关制度下的海关制度。

货物可以置于加工供境内消费海关制度的条件：具有吉尔吉斯斯坦相关授权机关签发且载有海关法律规定的信息的文件；海关能在置于加工供境内消费海关制度下的货物加工产品中识别出置于加工供境内消费海关制度下的原货物；如果在将货物置于加工供境内消费海关制度下之日，考虑在加工货物供境内消费条件的文件中载明的加工产品产出率对加工产品计算的进口关税税额少于对货物置于加工供境内消费海关制度下计算的进口关税税额；加工产品不能以经济上获利的方式恢复到初始状态；缴纳保障措施关税、反倾销税和反补贴税；如果没有给予缴纳进口环节税的优惠的，还需缴纳进口环节税；遵守海关法律规定的禁止和限制性规定。

供境内消费加工货物的期限不得超过 1 年，该期限包括了加工货物生产过程持续时间；将加工产品置于放行供境内消费海关制度下所需的时间。自将货物置于加工供境内消费海关制度下之日起计算供境内消费加工货物的期限；而在货物分数批向海关申报时，自将第一批货物置于加工供境内消费海关制度下之日起计算。

（八）临时进口

临时进口，是指货物暂时位于关境和在关境使用，且部分缴纳或不缴纳进口关税、进口环节税、不缴纳保障措施关税、反倾销税和反补贴税的海关制度。置于临时进口海关制度下的货物保持外国货物地位。

货物可以置于临时进口海关制度的条件：为结束临时进口海关制度效力，在随后将货物置于此海关制度下时，可以识别置于该制度下的货物；依据法律规定部分缴纳了进口关税、进口环节税、不缴纳保障措施关税、反倾销税和反补贴税，但法律规定不缴纳进口关税、进口环节税、不缴纳保障措施关税、反倾销税和反补贴税的情形除外；遵守海关法律规定的禁止和限制性规定。

临时进口货物应保持状态不变，但因为自然磨损改变以及在运输或储存正常条件下由于自然损耗改变的除外。对于临时进口货物准予实施为保障其完好无损所必需的作业，包括修理（但大修、升级改造除外）、技术维护和保持货物处于正常状态所必需的其他作业。申报人应实际占有和使用临时进口货物，但依照法律规定准许将其转让给其他人占有和使用的情形除外。

将货物置于临时进口海关制度的有效期不得超过 2 年，该期限自将货物置于临时进口海关制度之日起计算。

（九）临时出口

临时出口，是指货物不缴纳出口关税从关境运出以暂时位于关境外和在关境外使用的海关制度。

货物可以置于临时出口海关制度的条件：为了结束此海关制度效力，在其随后置于海关制度下时，可识别置于临时出口海关制度下的货物；遵守海关法律规定的禁止和限制性规定。

临时出口货物应保持状态不变，但因为自然磨损改变以及在运输或储存正常条件下由于自然损耗改变的除外。对于临时出口货物准予实施为保障其完好无损所必需的作业，包括修理（但大修、升级改造除外）、技术维护和保持货物处于正常状态所必需的其他作业，如果在将货物置于复进口海关制度下时保障海关对其能进行识别。

临时出口海关制度下的货物临时出口的期限，依据这一出口的目的和状况，由海关部门根据申报人的申请确定，法律另有规定的除外。根据申报人的书面申请，货物临时出口的期限可以由海关部门根据法律规定予以延长，海关部门在 10 个工作日内审核有关延长临时出口期限的申请，并通知申报人有关允许延长期限或拒绝延长期限的决定。只有在申报人未遵守吉尔吉斯斯坦法律规定的临时出口海关制度适用条件和要求的情况下，海关部门才有权拒绝延长临时出口期限。海关部门拒绝延长临时出口期限，应该有理由和依据，并以书面形式通知申报人有关拒绝的决定。将吉尔吉斯斯坦法律未规定必须返回吉尔吉斯斯坦境内的临时出口货物的所有权转让给外国人时，这些货物临时出口的期限不能延长，货物应按照出口海关制度办理相关业务。

（十）　复进口

复进口，指先前从关境出口的货物，不缴纳进口关税、进口环节税、保障措施关税、反倾销税和反补贴税再运入关境的海关制度。

货物可置于复进口海关制度的条件：依照海关法律规定遵守禁止和限制规定；向海关提交货物从关境运出情况、修理作业的信息。

货物先前适用出口海关制度、关境外加工海关制度以及暂时出口海关制度从关境运出的，可适用复进口制度。

先前适用出口海关制度从关境运出的货物，置于复进口海关制度下的条件：自货物从关境实际运出之日的次日起 3 年期满前，或法律规定的其他期限届满前，将货物置于复进口海关制度下；货物保持其从关境运出时的状态不变，但因为自然磨损改变以及在运输或储存正常条件下由于自然损耗改变的除外；按照吉尔吉斯斯坦法律规定的办法和条件补偿进口环节税或利息。

先前适用关境外加工海关制度从关境运出的货物，置于复进口海关制度下的条件：在海关规定的关境外加工海关制度有效期内将货物进口到关境；货物保持其从关境运出时的状态不变，但因为自然磨损改变以及在运输或储存正常条件下由于自然损耗改变的除外。

先前适用暂时出口海关制度从关境运出的货物，置于复进口海关制度下的条件：在暂时出口海关制度有效期内将货物运入关境；货物保持其从关境运出时的状态不变，但因为自然磨损改变以及在运输或储存正常条件下由于自然损耗改变，以及在依照暂时出口海关制度规定在使用货物时对这些货物准予改变的除外。

（十一）　复出口

复出口，是指货物不缴纳进口关税、进口环节税、保障措施关税、反倾销税和反补贴税或依照法律规定退还这些税的税额从关境运出的海关制度。

对于申报为直接、绝对用于复出口的货物，不需缴纳关税和税收。如果在 6 个月的期限内未进行实际的货物出口或使用货物，包括为了获得收入使用货物，应缴纳该货物进口申报为放行供境内消费海关制度所应缴纳的关税和税收，以及在货物办理复出口程序时对该金额可能提供的延期付款所产生的、根据吉尔吉斯斯坦国家银行的利率计算的利息。

（十二）免税店

免税店，是指货物位于免税贸易商店和在免税贸易商店零售，且不缴纳进口关税、进口环节税、保障措施关税、反倾销税和反补贴税的海关制度。

货物置于免税店海关制度的条件是依照海关法律规定遵守禁止和限制性规定。依照免税店海关制度使用货物的条件：货物位于免税贸易商店内；货物在免税商店销售给离开、抵达关境的自然人以及位于关境的外交代表机关、领馆、国家在国际组织的代表机构、国际组织或其代表机构，以及外交代表机关的外交职员、领事官员和与他们居住在一起的家庭成员。

免税店的商品应在吉尔吉斯斯坦海关监管下，在吉尔吉斯斯坦国家边防放行口岸和其他吉尔吉斯斯坦政府规定的地方销售。将国有商品置于免税店海关制度下时，不应返还内部税以及之前缴纳的关税和税收。

（十三）销毁

销毁，是指货物不缴纳进口关税、进口环节税、保障措施关税、反倾销税和反补贴税进行销毁的海关制度。销毁应理解为使货物处于部分或完全销毁，或者失去其消费属性或其他性能且通过经济上获利方式不能恢复到初始状态的状态。但下列货物不适用销毁海关制度：具有文化价值、考古价值和历史价值的物品；属于依照吉尔吉斯斯坦法律规定的受保护种类的动物和植物，他们的部分和衍生物，但为了制止动物流行病、传染病和检疫对象的传播需要销毁的情形除外；在抵押关系终止前，海关接受作为抵押标的物的货物；依照吉尔吉斯斯坦法律规定被收缴的货物或者对其实施扣留的货物，其中包括作为物证的货物。

将货物置于销毁海关制度下，应经海关部门同意。销毁货物的期限，海关依据申报人的申请，按申请的方式确定该类商品销毁业务所需的时间，以及从货物所在地到销毁地运输商品所需的时间等确定。销毁货物产生的费用由申报人承担，国家不承担任何费用。除法律特别规定外，销毁货物产生的废碎料，获得外国货物的地位，应按照法律规定置于外国货物适用的海关制度下，但产生的废碎料不适合进一步商业利用或依照成员国立法规定应当掩埋、无害处理、废物利用或其他方式销毁的情形除外。

销毁货物后产生的废碎料，在置于申报人所选择的海关制度下时，视为以此状态进口到关境的货物，应缴纳关税和其他税。

（十四）　放弃收归国有

放弃收归国有，货物不缴纳进口关税、进口环节税、保障措施关税、反倾销税和反补贴税，无偿转让成为吉尔吉斯斯坦国家财产的海关制度。

吉尔吉斯斯坦法律禁止流通的货物以及有效期已过的货物不适用放弃收归国有海关制度。

将货物置于放弃收归国有海关制度下，应经海关部门允许，同时不应对吉尔吉斯斯坦国家部门造成任何费用支出，这些费用无法通过销售货物所得进行补偿。

未遵守放弃收归国有海关制度适用条件的责任，以及通过将货物置于放弃收归国有海关制度的方式支配货物的合法性，由申报人承担。海关不予支持对货物具有权利的人员提出的任何财产补偿诉求。

（十五）　自由关税区

自由关税区，是指货物不缴纳关税、进口环节税、保障措施关税、反倾销税和反补贴税，在自由经济区或者自由经济区一部分区域存放和使用的海关制度。

货物按照自由关税区海关制度存放的条件：为了自由经济区的法人或个体经营者依照在自由经济区开展活动的协议开展经营活动和其他活动；货物用以不是港口自由经济区或物流自由经济区的法人或个体经营者且与港口自由经济区或物流自由经济区的法人或个体经营者订立了服务合同的人在港口自由经济区区域或者物流自由经济区区域存放，在提供这些服务时是否对货物实施相应的加工等变更措施；作业是否改变依照《欧亚经济联盟对外经济活动统一商品目录》的商品编码有关的货物特性；遵守海关法律规定的禁止和限制性规定。

自由关税区是海关监管区，吉尔吉斯斯坦海关部门有权实施海关监管。对于存放在自由经济区的货物的海关作业，应依法进行。自货物运入港口自由经济区区域或物流自由经济区区域之日起，该批货物视为已置于自由关税区海关制度下。自由关税区海关制度在下列情形下效力终止：从自由经济区终止运营或作出决定终止在自由经济区适用自由关税区制度之日起 6 个月内；将货物置于自由关税区海关制度下的人失去自由经济区法人或个体经营者地位之日起 6 个月内；将置于自由关税区海关制度下的货物从自由经济区运出时，但法律另有规定的除外。

（十六）免税仓库

免税仓库，是指货物不缴纳关税、进口环节税、保障措施关税、反倾销税和反补贴税，在免税仓库存放和使用的海关制度。

置于免税仓库海关制度下的货物和没有置于免税仓库海关制度下的欧亚经济联盟的货物，以及置于其他海关制度下的外国货物，均可在免税仓库存放和使用。

货物置于免税仓库海关制度的条件：遵守海关法律规定的禁止和限制性规定。

免税仓库海关制度效力终止的情形：在从免税仓库终止运营之日起 6 个月内免税仓库终止运营；将置于免税仓库海关制度下的货物、从置于免税仓库海关制度下的货物制造的货物从免税仓库区域运出，但是法律另有规定的除外。

（十七）特别海关制度

特别海关制度，是指根据欧亚经济联盟委员会规定的清单和条件的个别类别商品进口到吉尔吉斯斯坦境内或出口到吉尔吉斯斯坦境外，无需缴纳关税和其他税收，且不适用禁令和限制性规定，但《欧亚经济联盟海关法典》另有规定的除外。

在将货物置于特别海关制度下时，不予返还已缴纳的关税和其他税，以及免除缴纳返还或补偿内部税。

适用特别海关制度的货物的种类：从关境运出的用以保障位于关境外的外交代表机关、领馆和国际组织代表机构运转所需的物品；通过海关边界的，供位于关境的外交代表机关和领馆使用的公务用品；领馆所代表的国家或根据所代表的国家要求获取的，运入关境，供位于关境的名誉领事官员担任馆长的领馆公务使用的国徽、国旗、铭牌、印章和印戳、书籍、官方印刷材料、办公家具、办公设备和其他类似物品；通关海关边界的，供位于关境的国家在国际组织的代表机构、国际组织或者其代表机构使用的公务用品；为保持战备状态，为完成驻扎在关境和关境外的国家武装部队规定任务创造良好条件，联合演习以及庆祝活动通过海关边界的武器、军事技术装备、弹药和其他物资；用以预防自然灾害与其他紧急情况和消除其后果，通过海关边界的货物和运输工具；非商业用途用以在北极地带和南极地带开展科学研究工作所需的物资；为监管兴奋剂目的通过海关边界的物品；用以开展按照体育项目划分的国家队和集训队候补队员和队中的成员的医疗活动和恢复活动，以及为了保障开展高成就体育运动领域的科研小组活动，在非商业基础上通过海关边界的外国物品；通过海关边界的，仅用于组织开展正式国际体育活动或筹备参加这些国际体育活动并开展训练所需的运动装备、设备和其他物品；在太空研究和利用领域里的国际合作框架下使用的物品；通过海关边界的，用以组织和举办国际展览的外国物品。

二、个别类型物品的特殊通关程序

（一）国际邮件

国际邮件，指的是寄出关境、邮寄至关境或者在此关境内转关的邮件。国际邮件包括信件（平信、挂号信、报价信）；明信片（普通、挂号）；邮包和专门的邮袋（普通、挂号）；盲文邮件（普通、挂号）；小型邮封（挂号）；包裹（普通包裹、保价包裹）；国际快递邮件。

1. 限制性条件

不得采用国际邮件寄递的物品：吉尔吉斯斯坦法律禁止运入、运出关境的；根据万国邮政联盟的规定，禁止邮寄的；吉尔吉斯斯坦制定的不得在国际邮件中邮寄清单上的物品。

对于吉尔吉斯斯坦的法律或者吉尔吉斯斯坦加入的国际条约限制运入、运出关境的物品，其收件人、寄件人或者他们的委托人在办理海关手续时，必须提交批件、许可证及其他证明遵守上述限制性规定的文件。

没有海关的准许，邮政部门不得将国际邮件交付给收件人或者寄出关境。

2. 通关程序

通关国际邮件寄送的物品，应按优先方式，在最短的时间内办理海关手续。办理海关手续的具体期限由国家授权部门与邮政领域授权机构协商确定。

对于应提交单独海关申报单的物品的海关申报，由物品收货人或发货人所在区域的海关部门，按照国家授权部门确定的方式，经与邮政领域授权机构协商确定。通过国际邮政发送到关境外的，应提交单独海关申报单的物品，有物品发货人或以其名义作为的人，在将物品交给邮政领域授权机构发送之前办理海关申报。在吉尔吉斯斯坦转运过境的国际邮件不需要办理海关申报。

自国际邮件存放在国际邮件互换地的海关监管区之时起，对国际邮件指定的邮政运营人产生缴纳进口关税、进口环节税的义务，进口关税、进口环节税根据固定数额 4 欧元/千克（毛重）的标准进行计算。

（二）个别外国人携带物品

享有外交特权或豁免权的外交代表机关和领馆、国家在国际组织的代表机构、国际组织或其代表机构、其他组织或者其代表机构的公务用品以及依照吉尔吉斯斯坦签订的国际条约规定，享有外交特权或豁免权的一些类别的自然人的自用物，可以简化程序办理海关手续。

1. 外国的外交代表处运输物品通过关境

位于吉尔吉斯斯坦领土上的外国外交代表处可以将官方代表处使用的物品运入和运出关境，免除关税和其他税。

2. 外国代表机关馆长、外交代表机关外交职员运输物品过境

位于吉尔吉斯斯坦领土上的不在吉尔吉斯斯坦永久居留且不是吉尔吉斯斯坦公民的外国代表机关馆长、外交代表机关外交职员、领馆馆长、领馆其他领事官员及与上述人员居住在一起的家庭成员，有权免缴关税、进口环节税运输物品入境，同时有权不缴纳关税从关境运出自有物品。但名誉领事官员、在名誉领事官员担任馆长的领馆工作的领事官员以及上述人员的家庭成员不享受免缴关税和其他税地将物品运入、运出关境。

外交代表机关馆长、外交代表机关外交职员、领馆馆长、领馆其他领事官员以及与他们生活在一起的家庭成员的私人行李免受海关检验，如果没有重要证据怀疑其中含有个人和家庭使用目的之外的物品，或者吉尔吉斯斯坦的法律和吉尔吉斯斯坦加入的国际条约禁止运进、运出吉尔吉斯斯坦的物品。对这些物品的海关检验只在上述人员或者他们的代理人在场的情况下才能实施。

3. 外交代表机关职员中的行政技术人员携带物品通过关境

不在吉尔吉斯斯坦永久居留且不是吉尔吉斯斯坦公民的外交代表机关职

员中的行政技术人员、领馆雇员和与上述人员生活在一起的家庭成员，可以将用于最初安置的物品运入关境，免缴关税、进口环节税，同时有权不缴纳关税将自用物品从关境运出。

4. 非欧亚经济联盟成员国代表和代表团成员物品进入关境

非欧亚经济联盟成员国代表、这些国家的议会和政府代表团成员，吉尔吉斯斯坦可以本着与单个国家的个别对等关系，给予海关优惠。非欧亚经济联盟成员国代表前往吉尔吉斯斯坦境内参加国际谈判、国际会议或者有其他官方公务，以及陪同这些人的家庭成员的私人行李免受海关检验，如果没有重要证据怀疑其中含有个人和家庭使用目的之外的物品，或者吉尔吉斯斯坦的法律和吉尔吉斯斯坦加入的国际条约禁止运进、运出吉尔吉斯斯坦的物品。对这些物品的海关检验只在上述人员或者他们的代理人在场的情况下才能实施。

5. 外交邮袋和领事邮袋通过关境

经海关许可，外交邮袋和领事邮袋可不向海关申报和不置于海关制度下通过吉尔吉斯斯坦关境，但需向海关提供法律规定的文件。构成外交邮袋和领事邮袋的所有邮包应具有指明这些邮包性质的显著外部标记。外交邮袋只能装载外交文件和公务用品，领事邮袋只能装载官方往来信件、公务文件和公务用品。外交邮袋和领事邮袋由外交信使和领事信使携带通过关境，也可以托交给仅携运该外交邮袋和领事邮袋的外交信使和领事信使，或者民用航空器机长。

通过海关边界的外交邮袋不得开拆和扣留。通过海关边界的领事邮袋不得开拆和扣留，但如果有重大理由推定领事邮袋中装有非公务信件、文件和用品，海关有权要求被代表国的被授权人员在海关官员在场的情况下开拆领事邮袋。如果拒绝开拆，领事邮袋退回发送地点。

（三）含知识产权的货物

吉尔吉斯斯坦海关部门按照海关法律以及《欧亚经济联盟海关法典》规定的方式，保护根据权利人申请列入知识产权客体的海关登记目录的著作权与相邻权商标权；版权所有者的权利；对使用货物的地理标志、服务标志的使用权。

1. 对权利人申请的审理方式

如果权利人或代表其利益的人认为，由于向吉尔吉斯斯坦境内外进出口其认为侵犯其知识产权的货物时，或者在完成海关监管下货物的其他行为时，可能或已侵犯吉尔吉斯斯坦法律规定的其所拥有的知识产权，则申请人有权向国家授权机构提交维权申请。在提交申请的同时，可以提交包含知识产权保护客体的货物和盗版货物的样品，以及其他可以让海关部门查明盗版货物的信息，包括侵犯其权利的推测信息。国家授权部门在收到申请之日起1个月的期限内审核申请，并作出将申请中注明的知识产权客体列入海关登记的决定，或拒绝列入海关登记的决定，该决定将以书面形式通知申请人。如果提交的文件不能证明知识产权客体的权利属于申请人，或申请人提交了不真实的信息，则可以作出有关拒绝采取终止货物放行相关措施的、将知识产权客体列入海关登记目录的决定。

2. 海关登记及其他

为将知识产权客体列入海关登记中，权利人或其代表应缴纳吉尔吉斯斯坦政府规定的费用。在发现货物侵犯知识产权时，海关部门有权按照吉尔吉斯斯坦政府规定的方式中止放行未列入海关登记的、包含知识产权保护客体的货物。海关部门的知识产权保护，不应妨碍权利人根据吉尔吉斯斯坦法律规定采取其他保护其权利的手段。在货物中止放行期间，申报人经权利人书面同意销毁货物的，可以申请销毁该批货物。同时，海关部门有关中止商品放行的决议应被撤销。

（四）管道输送和输电线路输送货物

1. 通过管道输送货物

货物通过管道运输进口到吉尔吉斯斯坦境内时，可按照吉尔吉斯斯坦法律规定进行临时阶段性的海关申报。临时阶段性的海关申报通过提交临时海关申报单的方式办理。自海关部门登记临时海关申报单或完整海关申报单之日起，申报人有义务缴纳通过管道运输的货物进口关税和其他税收。通过管道运输进口的货物适用供货月前一个月的15日实施的关税和税收税率。

2. 通过输电线路输送货物

通过输电线路输送货物，应申报进口和出口实际电量流动平衡，作为每个月的国家间输电线路反方向的电流的代数和。在海关申报单中，每个月进口或出口的电量以电能量流动平衡表示，或者实际上分别的进口和出口电量，被调整到电能输送时电网中的损耗量。通过输电线输送的货物应按照吉尔吉斯斯坦海关法律的规定缴纳关税和其他税。

（五）国际运输交通工具

经营国际运输的交通工具依据海关法律规定的办法，按照临时进境和临时出境海关制度通过关境。

1. 经营国际运输的交通工具的临时进境

符合下列条件的经营国际运输的交通工具临时运进关境，不缴纳进口关税、进口环节税、保障措施关税、反倾销税和反补贴税：

（1）经营国际运输的交通工具以外国人名义和在外国领土上；

（2）经营国际运输的交通工具运入关境并为外国人所用，不包括外国人以适当方式授权吉尔吉斯斯坦人使用运输工具的情况；

（3）经营国际运输的交通工具不在关境内用于内部运输；

（4）如果交通工具运入关境后，不用于租赁（或转租，当运输工具已经作为租赁物进境时），签订租赁合同（转租合同）以利用运输工具的及时出境完成运输业务的情况除外。

临时进境的运输工具应在需要其临时进境的运输业务完成后及时复运出境。在特殊情况下，为了实现海关监管，海关有权根据承运人的申请、结合完成计划内运输业务的所有相关情况，规定运输工具的临时进境期限。海关可以根据当事人有正当理由的申请，延长最初制定的临时进境期限。

临时进境的运输工具在前往关境途中或者在该关境内使用时，可以完成必要的常规技术维护和修理业务。

2. 经营国际运输的交通工具的临时出境

经营国际运输的交通工具临时出境的条件为该交通工具在关境内自由流通并以吉尔吉斯斯坦人的名义注册，法律另有规定的除外。

海关可以规定运输工具临时出境的期限，海关可以根据当事人有正当理由的申请，延长最初制定的临时出境的期限。

在关境之外无论由何人、出于何种目的使用交通工具，均不影响其临时出境。

如果交通工具未在关境之外接受加工，临时出境运输工具在复运进入关境时，无需缴纳关税和其他税，下列业务除外：

（1）为保证运输工具的完好和运行所需的修理、技术维护以及其他类型业务，使运输工具保持在适用临时出境海关制度之日状态的业务；

（2）依据法律或者合同无偿进行的修理业务；

（3）在关境之外，因事故或者不可抗力作用造成运输工具受损后，所进行的恢复性修理业务，包括大修。

在确定加工业务的价值时，不包括搬移运输工具到加工地点并返回的费用，如果这种搬移与完成国际货运或者客运有关。

在遵守海关法典规定的要求和条件的情况下，可以将临时出境交通工具的临时出境海关制度变更为出口海关制度或者其他海关制度。在临时出境交通工具的所有权转给外国人的情况下，为交通工具申请临时出境海关制度的申请人必须将临时出境海关制度变更为出口海关制度。

3. 交通工具、零配件和设备的海关手续

交通工具、零配件和设备按照简化程序在其运抵或者运离关境的地点办理海关手续。

为交通工具办理海关手续时，如果其中包含交通工具、运输路线、承载物、备用品、乘务员和乘客资料以及交通工具的入境（出境）目的和用于修理或者运行交通工具零配件、设备名称资料，海关收取吉尔吉斯斯坦加入的运输领域国际条约规定的承运人标准文件作为相应的入境或出境报关单，当承运人标准文件不包含全部必要信息时，将不足的资料按照吉尔吉斯斯坦海关事务行政职能部门规定的形式，通过入境或者出境报关单通报海关。在这种情况下，将承运人标准文件视为相关入境和出境报关单不可分割的一部分。海关无权要求提交其他资料。交通工具驶入或者驶离关境时，承运人向海关提交相应的入境或者出境报关单。

4. 设备与零配件的临时进境与临时出境

对随同交通工具临时进境的用于装货、卸货、加工和保护货物的专门设备，无论其是否可以脱离交通工具单独使用，均有条件地完全免除关税和其他税。

对于用于修理、技术维护或者运行交通工具的临时进境零配件和设备，给予有条件的完全免除关税和其他税。在修理或者技术维护临时出境交通工具时，用于替换临时出境交通工具中安装的零配件和设备的零配件临时运出关境时，给予有条件地完全免除出口关税。替换下来的零配件和设备运入关境时，按复进口海关制度完全免除进口关税和其他税。

（六）自然人运送自用物品

自然人用于个人、家庭、住宅和其他与经营活动无关的物品由自然人携带通过关境时，可以依照海关法律的规定适用简化的海关手续。海关根据携带物品通过关境的自然人申报的物品的性质和数量以及物品通过关境的频率，审定物品的用途。

自然人携带自用物品通过关境的规定包括：完全免除关税和其他税，适用关税和其他税的统一税率，以总的海关税费形式征收各种海关税费，不适用吉尔吉斯斯坦规定禁止性和限制性规定，无需进行单货一致验证和简化的海关手续。

1. 自由物品的临时储存

依照吉尔吉斯斯坦法律规定打算迁移到吉尔吉斯斯坦经常居住地的，打算获得难民身份、被迫移民身份的外国自然人的自用物品，可以在其经常居住地或临时居住地、临时停留地和吉尔吉斯斯坦海关法律规定的其他地点储存。在临时储存的自由物品放行自由流通前，这些自用物品由外国自然人实际占有，不得转让给其他人占有、使用和处分，但法律另有规定的除外。

2. 自用交通工具临时进境

吉尔吉斯斯坦准许外国自然人将在非吉尔吉斯斯坦登记的自用交通工具临时运入关境，期限不超过 1 年。临时进境的自用交通工具应在吉尔吉斯斯坦关境内由申报人实际占有和使用，但是在法律规定的情形和条件下，也可进行转让。申报人在吉尔吉斯斯坦关境将临时进境的自用交通工具进行转让的，不免除申报人遵守相关规定要求的义务以及不中止和不延长这些自用交通工具临时进境的期限。

3. 自用物品暂时出境

吉尔吉斯斯坦海关准予自然人在关境外临时停留期间将自用物品从关境暂时运出。对于临时出境的自用交通工具准予实施这些自用交通工具位于关境外所要求的技术维护或者修理作业。

4. 税费

运入关境的物品，不包括交通工具价值，不超过吉尔吉斯斯坦最低工资50 倍的，完全免除关税和其他税，交通工具和物品的价值超过吉尔吉斯斯坦最低工资50 倍但不超过500 倍的，对超过50 倍的部分征收关税和其他税的统一税率。吉尔吉斯斯坦根据自然人携带各种物品和交通工具进出境的最大数量应交的关税和其他税的平均税率，制定关税和其他税的统一税率的应用办法。

在自然人以完全免除关税或者其他税或者应用关税和其他税的统一税率的条件，携带征收消费税的物品以及吉尔吉斯斯坦关于采取措施保护吉尔吉斯斯坦对外贸易经济利益的法律规定限制运入吉尔吉斯斯坦的物品进境时，吉尔吉斯斯坦有权规定其数量限制或者价值限制。不足一定年龄的自然人和经常出入境的自然人携带物品进入关境时，吉尔吉斯斯坦有权规定不予完全免除关税和其他税或者缩小完全免除关税和其他税范围的情形。自然人因常住地搬迁携带进境物品、难民和被迫迁徙者携带进境的物品以及继承的财产，超出前面所述的数量限制时，吉尔吉斯斯坦有权规定给予完全免除关税和其他税，或者应用关税和其他税的统一税率的情形。

5. 自然人纳税

自然人以书面形式为物品办理报关手续时，应缴纳关税和其他税。自然人以海关总税费的形式（不区分各种关税和其他税，缴纳关税和其他税的总额）或者按照关税和其他税的统一税率，为通过关境的自由物品缴纳关税和其他税。从海关登记海关旅客申报单之时起，对运入关境的采用海关旅客申报单应当向海关申报的自用物品，申报人产生缴纳关税、进口环节税义务。

6. 自然人所携带物品的海关价值

在向海关申报自用物品时，根据在具有自用物品价值信息的发票、账单、标签、标牌或者关于购买这些物品的其他单证上载明的价值，在海关旅客申报单中申报自用物品价值，但通过国际邮件寄递的自用物品除外。为证明自用物品价值，自然人提交申报自用物品价值所依据的单证原件；而对于承运人送达的自用物品，自然人提交单证原件或者其副本。自用物品海关价值不包括其运费和保险费。

第四节　海关税收法律制度

一、概述

海关税收法律制度，涉及商品归类、货物原产地、海关估价以及税收种类等内容，在整个海关法律体系中发挥较为重要的作用。

二、商品归类法律制度

商品归类，是指根据《欧亚经济联盟对外经济活动统一商品目录》（下称《对外经济活动商品目录》）确定的归类规则，通过对不同商品的物理性质、化学性质、构造、用途等因素进行分析、比对，确定不同商品在《对外经济活动商品目录》中应当属于哪一类应税商品以及实现国家对进出口贸易的调节和管制的制度。

（一）对外经济活动商品目录

世界海关组织《商品名称及编码协调制度》和独立国家联合体《对外经济活动统一商品目录》是《对外经济活动商品目录》的制定基础。

《对外经济活动商品目录》是商品的分类器，其中包括商品品目、子目和次子目以及属于他们的分类代码。对外贸和对外经济活动其他项目、吉尔吉斯斯坦外贸的海关统计、欧亚经济联盟成员国相互贸易的统计方面实施海关税率和非税率调整措施时，适用《对外经济活动商品目录》。

根据《欧亚经济联盟海关法典》及吉尔吉斯斯坦法律的规定，应向海关申报依照《对外经济活动商品目录》的商品编码的情形下，申报人和其他人依照《对外经济活动商品目录》实施商品归类。若查明商品分类不正确，吉尔吉斯斯坦海关可自行进行商品分类并作出商品分类决议。

（二）未组装或拆分商品的归类

未组装或拆分的商品，其中包括非成套或未成品的商品，进口到吉尔吉斯斯坦境内时，用一个或几个运输工具，按同一份运输单据或发票发送给同一个收货人，应根据商品分类规则按商品成品代码进行分类。

为了获得未组装或拆分商品的分类决议，申报人可向未来应放行该商品的吉尔吉斯斯坦海关部门提交书面申请。申请应包括申报人的信息、商品的信息（商品名称、配件清单）、商品的发运期限、商品将使用的海关制度的信息及商品海关申报区域所在的吉尔吉斯斯坦海关部门的名称。

除申请外，申报人还应同时提交证明完成了商品外贸贸易的文件、纸质或电子版的商品配件清单、描述商品的个别配件、组装图纸。

若吉尔吉斯斯坦海关无法依据申报人提交的上述申请和文件作出未组装

或拆分商品的分类决议，吉尔吉斯斯坦海关部门在申报人提交该申请之日起的 15 日内以书面形式通知申报人提交必需的补充信息。

三、原产地规则

原产地，是指货物的生产来源地，在国际贸易中主要是指货物的来源国别、国家集团或独立的关税地区。《关于简化和协调海关制度的国际公约》对于原产地规则的表述：指按照国家法令或国际协定确定的原则所发展的，并由一国实施以确定货物原产地的特别规则。原产地规则所强调的产地概念的功用是区别货物来自不同的关税地区，在适用关税、统计等措施时采用不同的对待。

（一）货物原产地的一般规定

对于产自欧亚经济联盟成员国的货物，在进口至吉尔吉斯斯坦时，根据《欧亚经济联盟条约》规定的货物原产地确定规则确定进口到吉尔吉斯斯坦的货物的原产地。

货物原产地也可能是一系列国家、国家间海关联盟、单个国家的某一地区或部分。若为了确定货物原产地有必要将其区分开，包括完全在某国生产的货物和充分加工的货物。

完全在某国生产的货物：在该国、其领海或海底开采的矿产；在该国生长或采集的植物产品；在该国出生或生长的动物；从在该国生长的动物中获得的产品；该国狩猎业、捕鱼业获得的产品；该国渔船获得的海洋捕鱼业产品和其他海洋渔业产品；完全由该国渔船获得的海洋捕鱼业产品和其他海洋渔业产品在该国加工船港口加工后所得的产品；从该国领海外的海底或海底矿藏中获得的产品，若该国拥有开采上述海底和海底矿藏的专属权；在该国从事生产或加工业务产生的边角料和废件（再生原料）以及在该国收集的、仅能被加工成原料的废弃品；空间站内在该国登记注册的宇航设备中获得的高科技产品；完全由上述所列产品在该国制造的货物。

充分加工的货物，是指若在生产货物过程中有两个或者两个以上的国家的生产者参与，则在其国土上完成最后的加工或者制造业务的国家是货物的原产地，且最后的加工或制造业务符合法律规定的充分加工的标准。

货物原产地由申报人确定，若在吉尔吉斯斯坦法律规定需要吉尔吉斯斯坦海关部门确定的，则由吉尔吉斯斯坦海关确定。申报人应在货物进行海关申报时向吉尔吉斯斯坦海关部门申报货物的原产地，申报时，需提供法律规定的相关证明文件。

（二）确定货物原产地的特殊性

分几批发货的未组装商品，如果根据生产或运输条件无法一批发运，并且如果由于错误分几批发运的商品，应根据申报人的意愿在确定原产地时作为同一商品。但申报人需提前通知吉尔吉斯斯坦海关部门有关分批供货的散装（未组装）商品，注明供货理由，并提交每批货的装箱单、货物的分类代码、每批货物的价值和原产地，或者证明货物分几批发运的错误的文件；货物由一个发货人从一个国家发运全部货物；申报人向吉尔吉斯斯坦海关部门申报全部批次的货物；所有批次的货物进口至吉尔吉斯斯坦的期限不超过吉尔吉斯斯坦海关部门接受海关报关单之日起 6 个月，或者第一批货物提交的期限届满。根据申报人理由充分的申请，吉尔吉斯斯坦海关部门可以将上述期限延长至所有批次货物进口所需的时间。

在确定货物原产地时，不考虑生产或加工所使用的电能、机械、设备和工具的产地。若用于机械、设备、仪器或运输工具的配件、备件和工具和机械、设备、仪器以及运输工具一同成套进口并销售的，则它们的原产地与机械、设备、仪器以及运输工具一致。

货物进口到吉尔吉斯斯坦境内时，若其和包装非分开申报的，则视为属于同一原产地；若分开申报，则货物的原产地和包装的原产地分开确定。

（三）在确定货物产地时货物的放行条件

在缺少证明货物原产地的文件，或发现申报人提交的文件未按规定方式办理和包含不真实信息时，吉尔吉斯斯坦海关部门将根据吉尔吉斯斯坦加入的国际公约和法律拒绝将货物放行。若货物的原产地未得到证实，货物将按照来自无优惠制度国家的商品适用的税率支付关税，并于支付关税后放行；若吉尔吉斯斯坦海关在接受海关报关单之日起 1 年期限届满前确定该商品的产地国，则对其适用相应的税收优惠政策，已支付的关税，将按照法律规定予以返还。

四、海关估价制度

海关估价，是指海关通过法定的程序和方式认定货物的进出口完税价格，从而确定进出口货物的应征税款的行为。由于大量的进出口关税都是从价计征，因而进出口人从降低缴纳关税数额的角度出发，会以各种方式对进出口货物的完税价格实施影响，达到避税或者逃税的目的。吉尔吉斯斯坦海关当局则通过海关估价制度，对他们认为不正常的进出口完税价格重新估定，防止关税的流失。

（一）海关估价的一般规定

报关人根据吉尔吉斯斯坦法律制定的海关价值确定办法，确定货物的海关价值，并在办理货物报关手续时，向海关申报。报关人申报的货物海关价值和提交的用以确认海关价值的相关资料，应以经文件证实的真实信息为基础。报关人有义务根据海关的要求，提交必需的补充文件和资料，以证实所申报的货物的海关价值，或者以书面形式解释无法提供海关索要的文件和资料的原因。

海关根据报关人提供的文件和资料以及自身掌握的用于确定货物海关价值的信息，审定报关人选择的确定货物海关价值的方法，并核准报关人申报的货物海关价值。如果报关人提交的文件和资料不足以核准所申报的货物海关价值，海关以书面形式向报关人索要补充文件和资料，并规定充足的提交期限。报关人未在海关规定的期限内提交补充文件和资料，或者报关人申报的货物海关价值缺乏证明材料，或者发现报关人提供的文件和资料不可信和（或）不充分的情况下，海关有权否定报关人已选的货物海关价值的确定方法，并建议报关人使用另外的方法确定货物的海关价值。在报关人拒绝根据海关建议的方法确定货物海关价值的情况下，海关可以合理使用货物海关价值的确定方法，自行决定货物的海关价值。

（二）海关估价的具体规则

运进关境内的货物的海关价值有 6 种方法确定，分别为进口货物成交价格法、相同货物成交价格法、类似货物成交价格法、倒扣价格、计算价格、备用法。其中，确定货物的海关价值的最基本方法是进口货物成交价格法。

如果不能够使用基本方法可以依次采用上述任一方法。如果用前一个方法不能确定货物海关价值时就采用下一个方法。

1. 进口货物成交价格法

进口货物成交价格法，是指以进口货物的成交价格确定其海关价值，这些货物在以销售为目的出口到吉尔吉斯斯坦关境时实付或应付且根据相关规定补充加算的价格，是其海关价值。作为适用成交价格的限制条件，主要是成交双方必须满足或者不违反下列四项条件：

（1）卖方对买方处置或使用该进口货物不予限制，但是法律规定实施的限制、对货物转售地域的限制和对货物价格没有实质性影响的限制除外；

（2）该货物的成交价格没有因为搭售或其他因素的影响而无法确定；

（3）卖方不得从买方直接或间接获得因该货物进口转售、处置或使用而产生的任何收益，或者虽然有收益，可以依照规定加以调整；

（4）买卖双方没有特殊或关联关系，或者虽有特殊或关联关系，但未对成交价格产生影响。

2. 相同货物成交价格法

相同货物成交价格法，是指当进口货物的成交价格不能作为完税价格时，与以待估进口货物同时或者大体同时从同一进口国进口的相同货物的成交价格作为待估进口货物的完税价格。其中作为成交价格必须包含的特许权费、包装、援助、佣金、转售收益以及运保费等因素也必须包含在相同货物的成交价格中作为完税价格一并考虑。而相同货物则是指与进口货物在同一国家或地区生产的，在物理性质、质量和信誉等所有方面都相同的货物，但允许存在表面微小的差异。

相同货物交易价格被作为确定货物海关价值的基础，如果这些货物被卖往吉尔吉斯斯坦，货物的数量及商业水平大致相同（批发、零售）。如果不存在在相同商业水平上运进相同数量货物的情况，可以利用数量不同、商业水平不同的同一运进货物的价值进行估计，但此时要参考这些差异对价格的影响，并作出调整。

在采用相同货物交易价格法时，如果出现一个以上的相同货物交易价格，则采用其中最低的一个价格来确定其海关价值。

3. 类似货物成交价格法

类似货物成交价格法，指利用与进口货物在同一国家或地区产生的，具有相似的特征、组成材料、功能并且在商业中可以互换的货物的价格确定货物海关价值的方法。与相同货物成交价格法中相同货物的标准相比，这里的类似货物不要求货物在所有方面都相同，而是侧重于货物的"相似"和"互换"。由于类似货物的特征，决定了它在海关估价中的使用顺序在相同货物成交价格之后，对相同货物成交价格的一些要求同样适用于类似货物的成交价格。虽然类似货物的标准在相同货物的基础上有所放宽，但仍然首先强调货物来自同一国家的同一生产商。

4. 倒扣价格

倒扣价格，是指海关对被估价的货物根据其在吉尔吉斯斯坦境内的销售价格，扣除其在吉尔吉斯斯坦境内产生的费用、利润、税收等相关因素，还原出的该项货物的进口完税价格。由于倒扣价格是在海关无法根据进口人提供的申报资料和自身掌握的相同或类似货物的成交价格时求助的一种确定进口货物完税价格的方法，且由于倒扣价格扣除的在进口国境内产生的费用、佣金等因素本身就存在较大的弹性，不同的企业费用和利润的水平也有差异，而还原的标准却由于种种因素必须相对确定，所以倒扣价格相对于进口货物的成交价格和相同或类似货物的成交价格而言，与进口的实际完税价格之间的误差程度要大于成交价格和相同或类似货物的成交价格。倒扣价格只能在货物的成交价格和相同或类似货物的成交价格都没有的时候才可以适用。

根据吉尔吉斯斯坦法律规定，利用倒扣价格时，单位货物的价格被作为确定货物海关价值的基础，被估价的同一或同类货物按照该单位货物价格在被估价货物运进之日起 90 天内被大批量地售给与卖方不相关的交易参与者。如果在该期限内没有实现销售，则应该在被估计货物运进后最短的时间内售出货物，但不得迟于 90 天。从单位货物价格中减除下列构成项：

（1）通常支付或应支付给代理人的佣金，或者为了获取利润和补偿而支付的总费用，按照在吉尔吉斯斯坦关境销售同级别或同种类货物通常发生的数额的通常加价；

（2）在吉尔吉斯斯坦境内用于运输、保险、装货和卸货工作的费用；

（3）因进口或销售货物而应在吉尔吉斯斯坦支付的进口关税、其他税、税费和其他费用的总额。

5. 计算价格

计算价格，是指吉尔吉斯斯坦海关根据出口商的生产成本、利润和一般费用、运费、保险费等数据，核定进口货物的进口完税价格。与倒扣价格的基准价格来自境内市场销售价格相反，计算价格在使用上面临比上述四种价格都大的困难是计算价格所依赖的作为计算基础的信息、资料均来自进行计算估价的国家海关的管辖范围之外。

利用计算价格估算货物价值时，计算价格通过下列加算之和予以确定：

（1）生产该货物所使用的原材料价值和进行装配或其他加工的费用；

（2）与向吉尔吉斯斯坦境内出口销售同等级或同种类货物的利润和一般费用相符的利润和一般费用；

（3）货物运抵境内输入地点起卸前的运输及相关费用、保险费。

6. 备用法

备用法，是指利用上述方法仍不能确定货物海关价值的，吉尔吉斯斯坦海关根据货物海关估价的国家惯例规定的程序来确定货物海关价值。采用备用法确定货物的海关价值时，要利用吉尔吉斯斯坦海关拥有的信息以及报关人提供给吉尔吉斯斯坦海关的信息。

但下列价格不能作为利用备用法确定货物海关价值的基础：

（1）境内生产的货物在境内的销售价格；

（2）可供选择的价格中较高的价格；

（3）货物在出口地市场的销售价格；

（4）《欧亚经济联盟海关法典》第 44 条规定对相同货物或类似货物已确定的计算价值中所包含成本以外的其他成本；

（5）出口到第三国或地区的货物的销售价格；

（6）货物最低海关价值；

（7）任意价值或虚构价值。

五、海关税费制度

（一）海关税费的种类

海关税费包括进口关税、出口关税、货物进口到吉尔吉斯斯坦境内征收的增值税、货物进口到吉尔吉斯斯坦境内征收的消费税、海关费。海关部门征收的特别税、反倾销税和反补贴税，是根据吉尔吉斯斯坦参加的国际公约以及吉尔吉斯斯坦海关事务领域法律的规定确定的，并按照吉尔吉斯斯坦海关法律为征收进口关税规定的方式征收，法律另有规定的除外。

关税是海关根据海关法对进出境货物征收的一种税，包括进口关税和出口关税。对于产自吉尔吉斯斯坦而未与其达成相互给予最惠国待遇国家的货物或未明确原产地的货物，实行加倍征收进口关税的规定。

海关费是指海关部门为完成与货物放行、货物海关护送，以及作出初步裁定等相关行为所征收的费用。根据申报人或对货物享有权利的其他人的申请，海关部门可以提供海关护送，其中包括采用电子护送方式，对每个运送商品的运输工具的护送，每公里按 1/10 结算指数的金额征收海关费。

（二）海关税费的缴纳义务人

缴纳海关税费的义务人是报关人，或根据《欧亚经济联盟海关法典》及吉尔吉斯斯坦法律规定的应承担缴纳海关税费相关义务的其他人。

一般情况下，报关人是纳税人。但如果报关手续由海关经纪人办理的，依据吉尔吉斯斯坦海关法律规定海关经纪人是纳税人。

如果违反海关法律关于使用和处分货物的规定，或者海关法律为完全或者部分免除关税和其他税的海关程序和海关制度规定的适用要求和条件，那么在海关法律直接规定的情形下，临时保税仓仓主、保税仓仓主、承运人等必须遵守海关制度的人员是纳税人。

按照吉尔吉斯斯坦法律规定的程序，以应有方式证实货物和运输工具属于非法通过关境时，纳税人是非法运输货物和运输工具者、非法运输的参加者，如果他们知道或者应该知道这种运输的非法性质，在进境情况下，还包括非法入境货物和运输工具的所有人或者占有人，如果在购买之时，他们知道或者应当知道进境的非法性质。

（三）纳税义务的产生

货物通过吉尔吉斯斯坦关境时，产生支付关税和其他税的义务，在货物进境的情况下，从货物通过关境之时起；在货物出境的情况下，从提交报关单或者直接将货物运出关境的行为完成之时起。

在下列情况下，无需缴纳关税和其他税：

1. 依据吉尔吉斯斯坦海关法律，货物免征关税和其他税；

2. 在 1 周时间内，按一个收货人地址运入关境的货物的海关总价值不超过 3500 索姆；

3. 依据吉尔吉斯斯坦海关法律，对于给予有条件完全免除关税和其他税的货物，在免除有效期内并符合享受这种免税的条件；

4. 货物放行自由流通之前，在没有人员违反海关法律制定的要求和条件的情况下，外国货物因事故或者不可抗力作用毁坏或者灭失，或者在正常运输、存储、使用（运行）条件下，发生自然折旧或者消耗；

5. 货物依据吉尔吉斯斯坦海关法律转为国家财产。

此外，在吉尔吉斯斯坦税法和海关法律规定的情况下，终止在关境内放行自由流通的货物或者出境货物缴纳关税和其他税的义务。

（四）海关税费的计算

关税、进口环节税由关税、进口环节税缴纳人自行计算。但若根据货物放行后实施海关监管，结果发现关税、进口环节税计算不准确以及发生吉尔吉斯斯坦法律规定的其他情形的，吉尔吉斯斯坦海关介入计算关税及进口环节税。

依据吉尔吉斯斯坦海关税则，应用与货物的名称和分类相符的税率计算关税和其他税；自然人携带通过关境的自用物品应用关税和其他税的统一税率。按《对外经济活动商品目录》属于同一分类代码的不同名称的货物办理报关手续时，对所有货物应用符合这一分类代码的关税和其他税的税率。为了计算关税、进口环节税，适用在海关登记海关申报单之日实施的税率，但吉尔吉斯斯坦法律另有规定的除外。

将有条件放行的货物用于给予完全或者部分免除关税和其他税的用途之外的其他目的时，应用海关受理报关单之日的关税和其他税的税率。在关税和其他税的税率应用之日，明确货物的海关价值、数量或者用于确定税基的其他特征。

计算关税和其他税，包括确定货物的海关价值时，要求进行外国货币换算，应用吉尔吉斯斯坦中央银行在海关受理海关申报单之日为核算和支付海关税费制定的外国货币对吉尔吉斯斯坦货币的汇率。

对于违反海关法典规定的要求和条件运入关境的、未缴纳关税和其他税的货物，根据通过关境之日的关税和其他税的税率，计算应交关税和其他税，如果过境日期无法确定，则按照海关发现这些货物之日的关税和其他税的税率计算。分别按照内部转关和临时储存海关程序运输和储存的货物发生遗失、未送达或者未经海关批准实施交付的情况下，根据货物应用相应海关程序之日的税率，计算应交的关税和其他税。

非法将货物运出关境时，根据通过关境之日的关税税率计算应交的关税总额，如果无法确定过境日期，则按照货物出境之月的第 1 日或者该年 1 月 1 日的关税税率计算。

计算运入关境的货物的关税和进口环节税，征税基础是吉尔吉斯斯坦海关法律规定的关税和其他税的税率应用之日的货物海关价值、数量或者其他用于确定税基的特征。因为不向海关提交有关货物的性质、名称、数量、来源国和海关价值的准确资料，而无法确定应交海关税费总额的情况下，根据已有资料可确定的关税和其他税的税率、数量或者海关价值的最大值计算海关税费总额。

下列货物不缴纳关税、进口环节税：

1. 置于无需缴纳关税、进口环节税的海关制度下的货物，在此海关制度效力结束前，并遵守依照此海关制度使用这些货物的条件；

2. 依照吉尔吉斯斯坦海关法律规定不应置于海关制度下的一些种类货物，遵守吉尔吉斯斯坦海关法律对这些种类物货物规定的适用条件；

3. 以免缴进口关税和进口环节税形式适用免缴进口关税优惠的置于临时进口海关制度下的货物，在此临时海关制度效力结束前，遵守使用和处分这些货物的限制规定，以及该海关制度使用这些货物的条件；

4. 以免缴进口关税和进口环节税形式适用免缴进口关税优惠形式且具有使用和处分这些货物限制的，置于放行供境内消费海关制度下的货物，同时遵守使用和处分这些货物的限制规定。

从运入关境货物的关税和其他税款中扣除货物流通时需缴纳的增值税，依据吉尔吉斯斯坦关于税收的法律，增值税的数额由计算增值税的文件确定。

下列进口至吉尔吉斯斯坦的货物不缴纳增值税：

1. 有价证券、确认格式的空白吉尔吉斯斯坦公民护照表格和身份证；

2. 专门给限制健康能力人群使用的商品；

3. 教科书和学校用品、科学著作；

4. 在《欧亚经济联盟海关法典》及吉尔吉斯斯坦海关事务领域法律确定的海关制度框架下规定了免缴增值税的商品；

5. 地震测量和监督方面的地质考察科学设备；

6. 消费税、印花税和外汇，除用于古钱币收藏目的外；

7. 消除不可抗力、武装冲突后果的援助商品；

8. 按吉尔吉斯斯坦政府规定的方式作为人道主义援助和资助的商品；

9. 根据国际公约，用于外国和国际组织的外交代表处和领事机构官方使用的，以及外交人员及其家属个人使用的商品；

10. 儿童食品；

11. 天然气；

12. 药品，包括疫苗和动物药品以及医用产品；

13. 玻璃熔炉和转炉建设和改造的专门商品；

14. 银行设备，包括自动提款机、POS 机、支付机、柜员机；

15. 电能；

16. 燃料加油公司作为机载物资进口的，为飞行器在国际空运中加油使用的喷气发动机燃料。

（五） 海关税费的缴纳方式和形式

除运送个人使用的商品的进口关税外，进口关税应缴纳至吉尔吉斯斯坦规定的账号，不能缴纳到其他费用账户。根据支付者意愿，进口关税可以在提交海关申报单前缴纳。如无特别规定，海关税费应支付到吉尔吉斯斯坦财政账户。特别情况下，海关费用可以在吉尔吉斯斯坦海关部门收款处缴纳。海关税费可以用非现金的形式以及其他任何符合吉尔吉斯斯坦法律的形式缴纳。海关有义务根据纳税人的要求出具缴纳关税和其他税的书面证明。

（六） 海关税费的缴纳期限

纳税人应当在货物报关之前或报关同时纳税，吉尔吉斯斯坦法律另有规定的除外。通过管道和输电线路运输货物，应当在最后 1 个日历月的最后 1 日纳税。

货物进境时，应在其达到关境抵运地向海关出示货物之日起 15 日内，如果不在货物抵运地办理报关手续，则在完成内部转关之日起 15 日内缴纳关税和其他税。货物出境时，在海关法律未作另外规定的情况下，应至迟在提交报关单之日缴纳关税。在变更海关制度的情况下，应至迟在海关法典规定的原海关制度结束效力之日缴纳关税和其他税。

有条件放行的货物用于给予海关优惠的用途之外的其他目的时，为计算滞纳金，人为破坏货物的使用和处分限制的第 1 天即缴纳关税和其他税的期限。如果无法确定违反限制之日，则将海关受理上述货物报关单的日期视为缴纳关税和其他税的期限。

如果违反海关程序的要求和条件，则需依据海关法律的规定承担缴纳关税和其他税的义务。为计算滞纳金，违反规定之日即缴纳海关税费的期限。如果无法确定违反规定的日期，则将相应海关制度发生效力之日视为缴纳关税和其他税的期限。

在下列情况下，缴纳关税和其他税的义务视为完成：

1. 从纳税人银行账户提款之刻起。

2. 将现金交至海关收款处之刻起。

3. 将多交或者多征的关税和其他税划转缴纳关税和其他税的账户之刻起，如果划转的倡议由纳税人提出，则是从海关收到划转申请之刻起。

4. 将预付费或者货币抵押划转缴纳关税和其他税的账户之刻起，如果划转的倡议由纳税人提出，则是从海关收到划转处分通知之刻起。

5. 将银行、其他金融机构或者保险机构依据银行担保或者保险合同缴纳的钱款以及担保人依据担保合同缴纳的钱款，划转缴纳关税和其他税的账户之刻起。

6. 追缴未缴纳海关税费的货物、抵押物或者纳税人其他财产的时刻起，如果上述钱款的数额不少于拖欠关税和其他税的数额。

（七）海关税费缴纳期限的变更

吉尔吉斯斯坦国家授权部门根据海关税费缴纳人的申请，在按照吉尔吉斯斯坦海关法律规定的方式保证缴纳海关税费的条件下，可以将海关税费缴纳时间变更为 30 天，若具备可准予延期或分期缴纳条件的，海关税费缴纳时间可变更为 180 天。吉尔吉斯斯坦海关可以对一种或几种海关税费按类别，以及全部或部分应缴纳金额进行分期或延期缴纳。允许延期或分期缴纳的决定应在海关税费缴纳人提交该申请后的 15 天内作出。

当出现以下情况时，海关应根据海关税费缴纳人的申请允许其延期或分期缴纳海关费用：

1. 由于自然灾害、技术事故或其他不可抗力状况给海关税费缴纳人造成了损失；

2. 给海关税费缴纳人的国家预算拨款或海关税费缴纳人完成的国家订购支付延迟;

3. 如果通过海关边界运送的货物是易腐烂商品;

4. 海关税费缴纳人根据政府间协议进行供货;

5. 在公私合作项目实施框架内进行供货,如果根据吉尔吉斯斯坦政府的决议,在公私合作协议中规定了延期或分期。

若延期或者分期申请人违反吉尔吉斯斯坦税法和海关法规定并被提起刑事诉讼或行政诉讼的,或启动破产程序的,海关部门将不批准其延期或分期缴纳海关税费的申请。若已作出允许延期或分期缴纳海关税费的决议,应予以撤销,并在 3 个工作日内以书面形式通知延期或者分期申请人。

(八) 延期缴纳海关税费的利息

在给予延期或者分期缴纳关税和其他税之后,根据吉尔吉斯斯坦中央银行在延期或者分期缴纳关税和其他税期间的贷款利率,对拖欠的关税和其他税款征收利息。海关税费缴纳人应在缴纳关税和其他税的拖欠款额之前或者同时支付利息,但不得迟于延期或者分期缴纳关税和其他税的期限截止之日的次日。实现利息的缴纳、追缴和退还,须依据海关法为关税和其他税制定的缴纳、追缴和退还办法。

(九) 缴纳海关税费的担保

在下列情况下,海关税费缴纳人或吉尔吉斯斯坦法律规定的其他人为履行缴纳关税和其他税的义务进行担保:

1. 允许延期或分期缴纳海关税费;

2. 有条件放行商品;

3. 运送和保存外国商品;

4. 在海关事务领域从事经营;

5. 吉尔吉斯斯坦法律规定的其他情形。

如果应交关税和其他税、滞纳金和利息的总和不足 20 万索姆,或者海关有理由认为义务将得以履行的情况下,海关税费缴纳人或吉尔吉斯斯坦法律规定的其他人无需为缴纳关税和其他税进行担保。

如果同一个人在一定期限内完成多项海关业务,海关应接受为完成这些业务提供的海关税费缴纳保证(总担保);若依据海关法担保的义务得不到履行，上述任何海关均可以使用该担保。

海关根据货物放行供境内消费或出口海关制度下，且不适用特惠关税和进口关税、进口环节税优惠或出口关税优惠，应缴纳的关税、进口环节税确定担保金额。如果在确定履行缴纳海关税费的担保数额时，因没有关于货物的准确信息，包括货物的性质、名称、数量、原产地和海关价值，而不能确定应当缴纳的海关税费数额的，则根据已有的信息，以关税、进口环节税最大税率确定海关税费的数额。

在海关法规定的情况下，海关将补充加算的关税和其他税的总和与已交关税和其他税的总和之间的差额，确定为缴纳海关税费的担保数额。吉尔吉斯斯坦海关事务行政职能部门有权法律规定，对个别种类的货物制定缴纳海关税费的固定担保数额。

海关税费缴纳人或吉尔吉斯斯坦法律规定的其他人可采用以下方式担保海关税费的缴纳：

1. 货物和其他财产抵押；

2. 银行担保；

3. 向海关部门账号存入资金；

4. 保证书。

采用货物和其他财产抵押担保海关税费缴纳的，抵押物可以是运入关境的货物以及根据吉尔吉斯斯坦民事法律可用于抵押的其他财产，但位于吉尔吉斯斯坦境外的财产，已经用于担保其他义务的财产、或因先前其他义务抵押给第三方的财产，快速变质的商品和动物，电能、热能及其他能源，企业，财产权，流通商品抵押，根据吉尔吉斯斯坦法律禁止自由销售的产品和废料以及只有根据法院判决方可追索的财产不可成为抵押对象。

抵押通过海关部门和抵押人签订抵押合同进行办理，抵押人可以是缴纳关税和其他税的责任人或者其他任何人。通过抵押担保的义务得不到履行时，海关将抵押财产的价值作为税费的拖欠款额转入国家财政账户。如果抵押物是受到海关监管和移交海关的货物，在用这些货物完成海关要求时，无需按海关法规定的办法通过法庭完成。其他抵押财产的追缴依据吉尔吉斯斯坦民事法典规定的办法执行。

采用银行保函担保海关税费缴纳的，需满足出具保函的银行及相关机构是已被纳入吉尔吉斯斯坦海关事务行政职能部门制定的银行及其他金融机构名册（以下简称"名册"）的银行、金融机构或者保险机构。吉尔吉斯斯坦海关事务行政职能部门应保证在本部门的正式出版物中定期公布纳入名册的银行、金融机构或者保险机构的清单，并及时将不符合担保条件或者违反吉尔吉斯斯坦相关规定的银行、金融机构与保险机构从名册中除名。

采用向海关部门账号存入资金（货币抵押）担保海关税费缴纳的，应采用吉尔吉斯斯坦货币将资金存入海关部门或收款处，存款金额的利息不计算。在货币抵押担保的义务得不到履行时，应缴纳的海关税费、滞纳金、利息的总和将从存款额中转入国家财政账户。在货币抵押担保的义务得到履行时，根据海关法律规定，海关部门应退还已交钱款，或者根据纳税人的要求，将其用于缴纳海关税费、划入未来海关税费的账户或者用于保证缴纳海关部门其他海关税费。为了证明货币抵押方式下，资金已汇入海关部门账户，海关部门应出具存款单，其使用形式和方式由吉尔吉斯斯坦政府规定。

采用保证书方式担保海关税费缴纳的，保证书应根据吉尔吉斯斯坦民事法律规定，通过海关部门与保证人之间签署合约的方式办理，海关部门不承担因签署保证书合约而发生的费用。

（十）海关税费的强制征收

在规定的期限内未缴纳或未足额缴纳海关税费时，海关部门可依据海关法律规定强制征收海关税费。在适用强制征收海关税费措施前，海关部门向承担缴纳海关税费的人提出缴纳海关税费的要求。

以下情形不强制征收海关税费：

1. 如果缴纳海关税费的要求为在缴纳期限届满或导致出现缴纳义务的事件到来之日起 6 年内提出；

2. 如果同一报关单中申报的货物或者在同一时间、同一发货人发送给同一收货人的商品，未缴纳的海关税费总额不超过 3 500 索姆。

海关税费缴纳义务人未在规定的期限内（逾期）缴纳关税和其他税时，须按规定缴纳滞纳金。除吉尔吉斯斯坦海关法律特别规定外，自缴纳关税和其他税的期限到期之日的次日起，到缴纳关税和其他税的义务完成之日止，或者到给予延期或者分期缴纳关税和其他税的决定作出之日止，每天加算未缴纳海关税费的 0.09% 的金额作为滞纳金。但加算的滞纳总额不得超过未缴纳的海关税费数额。吉尔吉斯斯坦海关部门应在发现未缴纳或未足额缴纳海关税费之日起的 30 天内向义务人发出书面形式的缴纳通知，缴纳海关税费的义务人应在收到通知之日起的 30 天内缴纳通知上列明的所有费用。

在海关部门发出通知后，海关税费缴纳义务人仍未在规定的期限内缴纳海关税费的，海关部门可通过法院追缴海关税费、用未缴纳海关税费的商品冲抵海关税费、用缴纳人货币担保冲抵海关税费、查封缴纳人的财产以及银行划拨缴纳人存款的方式冲抵海关税费。

以下情况缴纳海关税费的债务将视为呆账，并应按照吉尔吉斯斯坦政府规定的方式注销：

1. 自海关税费缴纳期限届满，或产生缴纳海关税费义务的事件开始之日起 6 年内未支付该费用；

2. 自然人死亡，没有权利继承人或财产继承人；

3. 认定自然人失踪或无行为能力，以及没有财产或财产不足；

4. 认定海关税费缴纳人破产；

5. 依法将海关费用的欠费注销。

（十一）海关税费的返还

根据吉尔吉斯斯坦海关法律规定，多缴纳或多追缴的海关税费，应根据纳税人的申请，由海关部门予以返还。该申请应在缴纳之日起 3 年内提交缴纳上述金额的账户所属的海关部门。多缴纳或多追缴的海关税费，应以国家货币返还到缴纳或追缴海关税费的缴纳人的账户上，除非申请中另有说明。如果是由他人替缴纳人缴纳的海关税费，则应返还给该人。在返还多缴纳或多追缴的海关税费时，也应返还因为返还海关税费所加算和追缴的滞纳金和利息。但是，若缴纳人存在海关税费债务或在规定的期限届满后提交返还海关税费金额的申请的，海关部门不予返还多缴纳或追缴的海关税费。在所有发生返还的情况下，海关部门都应在完成返还后的 10 日内通知缴纳人登记所在地的税务机构发生海关税费返还的日期、理由和金额。

根据吉尔吉斯斯坦海关法律规定，下列情形下也将发生海关税费的返还：

1. 撤回海关申报单；

2. 海关以返还已缴纳的海关税费的方式提供税费优惠；

3. 恢复最惠或特惠制度；

4. 海关制度的条件规定了在将外国货物出口到吉尔吉斯斯坦境外，或销毁，或放弃收归国有，或进口国产商品或其加工产品到吉尔吉斯斯坦境内的情况下返还已缴纳的关税和其他税；

5. 经海关部门同意变更之前申请的海关制度，且货物置于新的海关制度下需缴纳的关税和其他税的总额少于最初申请的海关制度的关税和其他税的总额；

6. 货物放行后确定海关价值，且应缴纳的关税和其他税的总额低于临时估价所缴纳的金额；

7. 依据吉尔吉斯斯坦有关进口货物时的保障措施、反倾销或反补贴规定的情况。

在通过货币抵押担保海关税费缴纳的义务得到履行，并在完成义务次日起 3 年内，向海关提交退还申请的条件下，吉尔吉斯斯坦海关应退还缴纳人用于担保的货币。若在上述期限届满后，无人提出退还申请，则该笔货币将汇入吉尔吉斯斯坦国家预算，不予退还。该笔货币应由货币缴纳账户或收款处所属的海关部门，或货币所担保完成的海关业务或海关制度所在的海关部门负责返还。若办理货币抵押时是以现金形式存入海关部门的收款处，则根据缴纳人的意愿，可以汇款方式将货币返还到缴纳人指定的账户。若缴纳有未偿还的海关税费债务、滞纳金或利息，则债务部分的金额不予返还。

第五节　海关监管法律制度

一、概述

吉尔吉斯斯坦海关根据吉尔吉斯斯坦海关法律规定的方式对海关监管对象实施海关监管，以实现国家对于关境的管理和国家利益的维护。

（一）海关监管原则

在实施海关监管时，海关基于选择性原则选择海关监管对象、海关监管方式和保障实施海关监管的措施。在选择海关监管方式和方法时，为了在海关监管时不给申报人、承运人和其他人带来商品保存、运输工具滞留、商品放行期限延长的损失、海关部门应使用海关监管技术手段提前分析信息。为了提高海关监管的效力，海关部门根据吉尔吉斯斯坦的规定与其他国家机构以及法律规定的申报人互相协作。

海关部门根据吉尔吉斯斯坦海关法律以及《欧亚经济联盟海关法典》的规定进行个别形式的海关监管时，所办理的文件、命令、纪要和其他程序文件的形式，由吉尔吉斯斯坦国家授权部门确定，但是法律另有规定的除外。

为完善海关监管，吉尔吉斯斯坦海关部门可以同外国海关合作，与其签订互助的协议；为提高海关监管的有效性，海关有权依照吉尔吉斯斯坦法律的规定吸收其他执法部门和监督部门的专家协助实施海关监管，但如果该项工作不属于专家的职责范围，则与邀请专家有关的费用由海关部门按照吉尔吉斯斯坦政府确定的方式承担；在选择海关监管的形式时，采用风险管理体系。此处的风险指的是不遵守吉尔吉斯斯坦海关法律的可能性。海关采用风险分析的方法确定需要检查的货物、运输工具、文件和人员以及此类检查的程度。

（二）海关监管对象

海关的监管对象包括进口到吉尔吉斯斯坦关境的货物；从吉尔吉斯斯坦关境出口的货物；从置于自由关税区海关制度下的货物制造的货物；置于自由关税区海关制度下的货物以及其制造物；置于免税仓库海关制度下的货物以及吉尔吉斯斯坦法律规定的其他货物。

（三）海关监管区

海关为了实施与进行海关业务和海关监督相关的措施，根据吉尔吉斯斯坦海关法规定，可建立长期或临时的海关监管区。如果海关监管区用以经常存放处于海关监管的货物，则该海关监管区为永久海关监管区；而临时海关监管区，则主要是对货物和运输工具实施海关监管，以及货运作业及其他作业期间设立的海关监管区。

海关监管区可沿海关边境、临时储存仓库、海关仓库、自由仓库区域和免税贸易商店区域设立，还可为了临时储存货物、对货物和运输工具实施货运作业以及其他作业、实施货物海关查看和海关查验方式的海关监管，在其他地点设立海关监管区。

海关监管区的建立和标识方式，以及海关监管区的法律制度，由吉尔吉斯斯坦政府确定。建立海关监管区的目的旨在以海关检查和海关查验的形式对货物和运输工具实施海关监管，以及在海关监督下对其进行储存和搬移。

海关监管区内的生产以及其他商业经营的实施、商品、运输工具、人员，包括其他国家机构的工作人员的行为，均应经吉尔吉斯斯坦海关部门准许并在其监督下按照规定的方式进行。

（四）海关监管时间

运入关境的货物从其越过海关边境到达关境内在下列时刻受海关监管：放行以自由流通；销毁；放弃货物交给国家；货物转归吉尔吉斯斯坦所有；货物从关境实际出境。

货物从海关出境时，从受理报关单或者完成与货物从关境出境直接相关的行为时起到通过关境为止均受到海关监管。对于有条件放行的货物，以及在返回进口保证下或根据在海关境外加工程序从吉尔吉斯斯坦海关出口的货物，应按照吉尔吉斯斯坦海关事务领域法律的规定进行检查，可以在货物处于海关监管期间或完成临时出口或海关境外加工程序行为前开始。

（五）海关监管所需的文件和信息

申报人、实施海关事务领域活动的经营人以及其他相关人员，应根据吉尔吉斯斯坦海关法的规定提交海关监管所必需的文件和信息。除申报人主动提交信息外，海关部门还有权从实施国家法人登记的部门和其他国家机构获得实施海关监管所必需的信息，信息交换方式，由国家授权机构与管理上述信息的国家部门共同制定。

海关部门以书面形式或电子形式查询海关监管所必需的文件和信息。被要求提供文件和信息的人，应立即将文件和信息发送或签发给海关部门，必要时制作或从他人处获得，但不应迟于 5 天。若提交信息义务人申请延期提供文件和信息的，海关部门可依据其延期理由将提交时间延迟到提交文件和信息材料所必需的时间。若有必要，吉尔吉斯斯坦海关部门还可以海关检查为目的，按照规定要求相关银行提供被检查法人和自然人经营信息和文件。收到有依据的提供文件和信息查询要求的银行，应在收到之日起 10 日内告知海关部门查询结果。

二、海关监管的方式

在实施海关监管时，海关采取下列海关监管方式：获得解释；审核海关单证、其他单证和信息；海关查看；海关查验；海关人身检查；海关检查房舍和场地；海关稽查。

（一）获得解释

获得解释，是指海关官员从掌握对实施海关监管有意义的信息的承运人、申报人和其他人处获取这些信息。如果有必要传唤相关人员以获取信息，海关应当制作通知，将该通知交给或发送给被传唤人。

（二）审核海关单证、其他单证和信息

审核海关单证、其他单证和信息，即审核：

1. 海关申报单；

2. 其他海关单证，但海关制作的单证除外；

3. 证明在海关申报单中所申报信息的单证；

4. 在海关申报单中所申报的信息和在向海关提交的单证中具有的信息；

5. 吉尔吉斯斯坦海关规定的其他单证。

海关除可以在货物放行前审核上述海关单证、其他单证和信息，还可以在货物放行后审核上述海关单证、其他单证和信息。在审核上述海关单证、其他单证和信息的框架下，海关有权收集和分析补充信息，包括向国家机关和组织发送请求。

（三）海关查看

海关查看，是指在不打开运输工具载货舱、罐，不拆开货物包装及不分解、不拆卸和以其他方式不破坏被检查对象（包括自然人行李）及其部分的完好无损，目视查看货物、运输工具、自然人行李、货物容器及海关封志、印章和其他识别标识，不包括在海关检查房舍和场地监管方式的监管过程中实施的查看。

申报人、对货物具有权限的其他人以及他们的代理人缺席时，可以实施海关查看，但这些人希望在海关查看时在场的情形除外。海关实施海关查看后应按照规定的样式制作海关查看记录，或者在向海关提交的运输单据、商业单据或者海关单证上填写实施海关查看事实的记录。

（四）海关查验

海关查验，即开拆货物包装，打开有可能或者可能装有货物的运输工具载货舱、容器、集装箱和去除加在其上的海关封志、印章或者其他识别标识、分解、拆卸或者以其他方式破坏被检查对象及其部分的完整，查看货物、运输工具及自然人行李和对货物、运输工具及自然人行李实施的其他行为。

吉尔吉斯斯坦海关在以下情况进行海关查验：

1. 在存在依据判断运送货物和运输工具的人向吉尔吉斯斯坦境内进口或从吉尔吉斯斯坦境内出口带有禁令和限制的货物时，或违反吉尔吉斯斯坦海关法律规定的方式运送货物或运输工具；

2. 根据申报人或对货物拥有授权的其他人的申请；

3. 海关申报单和其他申报货物时提交的文件中存在对作出货物放行决定具有影响的不真实信息；

4. 未遵守有条件放行商品使用和支配的限制规定；

5. 根据风险控制系统的分析结果；

6. 根据使用海关监管技术手段的海关监管结果；

申报人、对货物具有权限的其他人和他们的代理人有权要求在实施海关查验时在场，但是下列情形下，海关可在上述人员缺席时实施海关查验：

1. 在申报人、对货物具有权限的其他人和他们的代理缺席或不能确定时；

2. 对国家安全、人、动物和植物生命和健康存在威胁，对周围环境、吉尔吉斯斯坦国家文化财产保护存在威胁及发生其他紧急情况，包括有迹象表明货物是易燃物质、易爆物品、爆炸物质、毒气、危险化学品和生物品、麻醉品、精神药物、烈性物质、剧毒物质、放射性物质、核材料及其他类似货物，以及货物散发难闻气味的情形；

3. 采用国际邮件寄递货物；

4. 违反货物出口制度将货物滞留在吉尔吉斯斯坦境内。

上述情形下，海关查验应在两个见证人在场的情况下进行。

根据海关官员的要求，申报人、对货物具有权限的其他人和他们的代理人，应参加海关查验并向海关官员提供必要的协助。如果没有承运人特别授权的代表时，驾驶运输工具的自然人可以作为代表。

（五）海关人身检查

海关人身检查，是指对自然人进行检查的一种特殊海关监管方式，海关官员按照海关负责人、其授权的海关部门副职领导或代理其职务的人的决定，在有根据认为通过国家边境的、位于海关监管区或向国家运输开放的航空港过境区内的自然人随身藏匿有违反海关法律以及其他法律规定的物品且不自愿交出时，对其实施的措施。

在人身检查开始之前，海关官员有责任向自然人宣布进行人身检查的决定，向自然人介绍其在进行该检查时的权利和义务，并建议其自愿交出藏匿的货物。海关人身检查应由与被实施海关人身检查的人相同性别的海关官员以及与之同性别的两个见证人在场，在符合卫生保健要求的隔离室内实施。除规定的自然人外，其他人不得进入房舍，并不得观看实施海关人身检查。医务人员在必要时使用专门的医疗器械，可以对被实施海关人身检查的自然人检查身体。海关在未成年人和无行为能力的人实施海关人身检查时，其法定代理人或者其陪同人应当在场。

（六）海关检查房舍和场地

海关检查房舍和场地，即对房舍和场地，以及位于这些地点的货物和单证进行目视检查。实施海关检查房舍和产地，主要是为了在被检查的房舍或者场地检查具有或不具有作为海关监管对象的货物和单证，检查和获取关于这些货物和单证的信息，以及检查在货物、运输工具和其载货舱是否具有海关封志、印章和其他识别标识，以及检查指定用作或者正用作临时储存仓库、海关仓库、免税仓库、免税贸易商店的，以及经认证的经营者指定用作或正用作临时储存货物的构筑物、房舍和露天场地是否符合吉尔吉斯斯坦海关法律规定的要求和条件。

海关检查房屋和场地应出示开展海关检查房屋和场地的命令和海关官员工作证，如果被拒绝进入房舍和场地，海关官员可依法制止抵抗或打开锁闭的房舍进入房舍和场地。海关检查房舍和场地应在开展检查所必需的最短的时间段内实施，且最长不得超过1个工作日。

（七）海关稽查

海关稽查，即海关对货物放行的事实、报关单和其他办理海关手续时所提供的文件、信息的可信性进行检查，检查的途径是把上述信息与财务报表资料、账目和有关人员的其他信息进行比较。

吉尔吉斯斯坦对在其境内成立、注册和具有固定住所的人员开展海关稽查。被稽查人是指下列人：

1. 申报人；

2. 承运人；

3. 在不是临时储存仓库开展货物临时储存的人；

4. 在海关事务领域里开展活动的人；

5. 在货物放行后对货物具有权限的人；

6. 经认证的经营者；

7. 直接或间接参加了被置于海关制度下货物交易的人；

8. 被证据证明违反吉尔吉斯斯坦海关法律的人以及占用或使用吉尔吉斯斯坦规定的货物的人。

海关稽查可以是室内海关稽查也可以是外出海关稽查，可根据吉尔吉斯斯坦法律规定，聘请其他国家机关的官员参与开展海关稽查。在海关稽查过程中，若查明海关监管对象以及相关人员存在行政违法行为或者刑事违法行为的，可依法采取相关措施。

三、保障实施海关监管的措施及其适用

根据海关监管法律，在实施海关监管时海关有权依照吉尔吉斯斯坦海关法律规定采取以下保障实施海关监管的措施：

1. 进行口头询问；

2. 请求、要求提供和获取为实施海关监管所必需的单证和信息；

3. 指定实施海关鉴定，选取货物、样品和试样；

4. 对货物、单证、运输工具、房舍和其他地点进行识别；

5. 使用海关监管技术设备、其他技术设备、海关水运船舶和航空器；

6. 采取海关押运；

7. 规定货物运输路线；

8. 对海关监管的对其实施海关作业的货物进行登记；

9. 聘请专家；

10. 聘请其他国家机关的专家和鉴定人；

11. 要求对货物和就运输工具实施货运作业和其他作业；

12. 实施海关监视；

13. 检查是否具有货物登记系统和检查货物的登记；

14. 吉尔吉斯斯坦规定的其他保障实施海关监管的措施。

为获取对实施海关监管有意义的信息，海关关员有权对自然人、其代理人及作为组织代理人的人进行口头询问，不办理询问结果的手续。

海关有权要求申报人、承运人、在海关事务领域开展活动的人和其他人提交为实施海关监管所必需的单证和信息，以及规定其提交期限，该期限应足以提交所有的单证和信息。被要求提供单证和信息的义务人在收到海关的限期提供相关单证和信息的通知后申请延期提交，海关可根据其提交的申请中所述的事由，视情况予以延长，但不能超过自海关规定提交单证和信息期限届满之日起 2 个月。

海关通过采取识别标识以及通过选取货物的样品和试样，对货物进行详细描述，绘制示意图和比例图，拍摄照片，制作插图，使用随货单证及其他单证，以及使用其他方式，识别海关监管货物，货物的文件，装有或可能装有应当实施海关监管的货物的运输工具的载货舱、房舍、容器等。只有海关或者经海关许可才可以变更、去除、损毁或者更换识别标识，但货物具有损毁、灭失或严重损坏现实威胁情形除外。在这些情形下，变更、去除、损毁或者更换识别标识应立即向海关报告和提供存在此威胁的证据。

在实施海关监管时，海关可以使用海关监管技术设备和其他技术设备，但海关监管技术设备对人、动物和植物的生命和健康应是安全的，不得对人、货物和运输工具造成损害。

为保障在吉尔吉斯斯坦境内运输海关监管货物，海关可采取海关押运措施，即对运输海关监管货物的运输工具或海关监管运输工具进行押运。如果海关作出决定采取海关押运，海关将作出的决定通知承运人，并从作出此决定之时起不晚于 24 小时内组织海关押运。

在实施海关监管时，海关在必要时可以聘请与这些行为结果无利害关系的具有向海关提供协助所必需的专门知识和技能的专家实施一些行为。在聘请专家时，双方应订立合同。海关聘请的专家有权了解与实施其参与的行为有关的资料，了解根据其参与了的行为实施的结果制作的文件，并就其实施的行为提出应当载入这些文件的声明或意见。专家不得泄露其获取的构成商业秘密、银行秘密、税收秘密或者受法律保护的其他秘密的信息和其他机密信息。

第六节　海关事务领域活动的经营者

一、概述

报关代理人、海关承运人、临时储存仓库占有人、海关仓库占有人、自有仓库占有人和免税贸易商店占有人是海关事务领域活动的重要参与者，与其提供服务有关的活动，均属于海关事务领域的活动，均应受到吉尔吉斯斯坦海关法律的调整。依据吉尔吉斯斯坦法律规定，被海关列入报关代理人名录、海关承运人名录、临时储存仓库占有人名录、海关仓库占有人名录、自有仓库占有人和免税贸易商店占有人名录的法人，有权开展海关事务领域里的活动。

二、报关代理人

报关代理人受申报人或其他利害关系人的委托，依照吉尔吉斯斯坦法律规定以申报人或者其他利害关系人名义在吉尔吉斯斯坦境内实施海关作业。在实施海关作业时，报关代理人享有与授权人相同的权利。报关代理人在开展业务时，有权要求被代理人提供为了实施海关作业所必需的单证和信息，其中包括具有构成商业秘密、银行秘密以及其他受法律保护的秘密或机密信息的单证和信息，但报关人须在吉尔吉斯斯坦法律规定的期限内获取上述单证和信息。

作为报关代理人应履行下列义务：

1. 具有因对被代理人的财产造成损害或者违反与这些人的合同可能产生的报关代理人民事责任风险保险合同；

2. 开展活动的领域限于对没有征收出口关税和没有置于出口海关制度下的货物实施海关作业；

3. 根据吉尔吉斯斯坦法律规定提交适用信息技术的报告；

4. 从所代表的人处获得的信息，构成商业、银行或其他受法律保护的秘密和其他机密信息，报关代理人及其工作人员不得泄露或出于自身目的使用、转达给第三方，但吉尔吉斯斯坦法律另有规定的除外；

5. 按照吉尔吉斯斯坦法律规定的期限缴纳关税、进口环节税、保障措施关税、反倾销税和反补贴税。

三、海关承运人

海关承运人，是指在吉尔吉斯斯坦关境具有开展货物运输活动许可证的，拥有、经营、管理或者租赁用以运输货物的运输工具，以及在向海关申请之日开展货物运输活动不少于 2 年，负责运输海关监管的货物的法人。

作为海关承运人应履行下列义务：

1. 满足作为海关承运人的基本条件；

2. 在依照海关制度运输货物时，遵守吉尔吉斯斯坦海关法律规定的条件和要求；

3. 从发运人处获得的信息，构成商业、银行或其他受法律保护的秘密和其他机密信息，海关承运人和其工作人员不得泄露或出于自身目的使用、转达给第三方，但吉尔吉斯斯坦法律另有规定的除外；

4. 按照吉尔吉斯斯坦法律规定的期限缴纳关税、进口环节税、保障措施关税、反倾销税和反补贴税。

四、临时储存仓库占有人

临时储存仓库占有人，是指拥有、经营、管理或租赁指定用于临时储存仓库且符合吉尔吉斯斯坦法律规定要求的构筑物、房舍和露天场地的，在临时储存仓库内储存海关监管货物的法人。临时储存仓库占有人与申报人或其他利害关系人需签订相关合同，形成正式的合同关系。

作为临时储存仓库占有人应履行下列义务：

1. 满足作为临时储存仓库占有人的条件；

2. 遵守吉尔吉斯斯坦法律对在临时储存仓库储存货物和实施作业规定的条件和履行规定的要求；

3. 保障位于临时储存仓库的货物完好无损；

4. 保障能实施海关监管；

5. 按照吉尔吉斯斯坦法律规定对位于临时储存仓库的货物进行登记并向海关提交关于这些货物的报告，包括使用信息报告；

6. 不允许非临时储存仓库工作人员或对位于临时储存仓库货物不具有权

限的无关人员未经海关许可进入临时储存仓库；

7. 履行海关对海关工作人员接触位于临时储存仓库货物的要求；

8. 若临时储存仓库终止运营，在作出终止仓库运营决定之日的次日起 3 个工作日内将此决定通知将货物存放在临时储存仓库的人；

9. 按照吉尔吉斯斯坦法律规定的期限缴纳关税、进口环节税、保障措施关税、反倾销税和反补贴税。

五、海关仓库占有人

海关仓库占有人，是指在海关仓库内储存置于海关仓库海关制度下的货物或在根据吉尔吉斯斯坦海关法律规定情形和条件下储存其他货物的法人。海关仓库占有人和申报人或其他利害关系人的关系是建立在合同基础上的。

作为海关仓库占有人应履行下列义务：

1. 满足作为海关仓库占有人的条件；

2. 对货物位于海关仓库及置于海关仓库海关制度下的实施作业，遵守吉尔吉斯斯坦法律对在海关仓库海关制度下货物使用的条件；

3. 保障位于海关仓库的货物完好无损；

4. 保障能实施海关监管；

5. 按照吉尔吉斯斯坦法律规定对位于海关仓库的货物进行登记并向海关提交关于这些货物的报告，包括使用信息报告；

6. 不允许非海关仓库工作人员或对位于海关仓库货物不具有权限的无关人员未经海关许可进入海关仓库；

7. 履行海关对海关工作人员接触位于海关仓库货物的要求；

8. 若海关仓库终止运营，在作出终止仓库运营决定之日的次日起 3 个工作日内将此决定通知将货物存放在海关仓库的人；

9. 按照吉尔吉斯斯坦法律规定的期限缴纳关税、进口环节税、保障措施关税、反倾销税和反补贴税。

六、免税仓库占有人

免税仓库占有人，是指对置于免税仓库海关制度下的货物在免税仓库进行存放和使用的法人。作为免税仓库占有人应履行下列义务：

1. 拥有、经营、管理或者租赁用作免税仓库且符合吉尔吉斯斯坦法律规定要求的构筑物、房舍和露天场地。如果构筑物、房舍和露天场地是租赁的，对这些构筑物、房舍和露天场地的租赁合同订立期限在递交列入免税仓库占有人名录申请之日应不少于 3 年，但吉尔吉斯斯坦法律另有规定的除外。

2. 遵守依照免税仓库海关制度货物使用的条件。

3. 保障能实施海关监管。

4. 依照吉尔吉斯斯坦法律规定登记置于免税仓库海关制度下的货物，并向海关提交关于这些货物和对其实施作业的报告（包括采用信息技术），以及从置于免税仓库海关制度下的货物中制造的货物的报告。

5. 不允许非免税仓库工作人员或者对位于免税仓库货物不具有权限的无关人员未经海关许可进入免税仓库。

6. 履行海关对海关工作人员接触位于海关仓库货物的要求。

7. 按照吉尔吉斯斯坦法律规定的期限缴纳关税、进口环节税、保障措施关税、反倾销税和反补贴税。

七、免税贸易商店占有人

免税贸易商店占有人是在免税贸易商店存储以及向按照吉尔吉斯斯坦海关法律规定的人销售置于免税贸易海关制度下的商品的法人。免税贸易商店是专门规定和建设的，由营业厅和仓库及附属房舍（如果有）组成的构筑物和房舍。

作为免税贸易商店占有人应履行下列义务：

1. 拥有、经营、管理或者租赁指定用作免税贸易商店且符合吉尔吉斯斯坦法律规定要求的构筑物和房舍。如果构筑物和房舍是租赁，对这些构筑物和房舍租赁合同订立的期限在递交列入免税仓库占有人名录申请之日起应不少于 6 个月。

2. 具有从事零售贸易的注册文件或许可文件。

3. 保障置于免税贸易海关制度下且在免税贸易商店尚未销售的商品完好无损。

4. 保障能实施海关监管。

5. 依照吉尔吉斯斯坦法律规定，对进入免税贸易商店的商品和在此商店销售的商品进行登记，以及向海关提交关于这些商品的报告，其中包括使用信息技术。

6. 按照吉尔吉斯斯坦法律规定的期限缴纳关税、进口环节税、保障措施关税、反倾销税和反补贴税。

第七节　海关法律救济制度

一、申诉的权利

任何人如果认为吉尔吉斯斯坦海关部门及其官员所作的决议、作为或不作为损害了其权利和自由，并对实现其权利和自由造成妨碍，或者非法对其施加了某种义务，以及如果这些决议、作为或不作为直接触及了其利益，则任何人都有权对该决议、作为或不作为进行申诉。

二、申诉程序

（一）提交申诉的时间

申诉人应自知道或应当知道吉尔吉斯斯坦海关部门及其官员所作的决议、作为或不作为损害其自身权利和自由，或对其实现权利和自由造成阻碍或非法施加某种义务之日起 3 个月内进行申诉；或对吉尔吉斯斯坦海关部门及其官员作出法律规定的决议或完成法律规定的行为规定的期限届满之日起 3 个月内进行申诉。

对海关部门要求缴纳海关税费和滞纳金的申诉，应在 10 日内提交申诉书。

由于正当理由错过申诉期的，根据申诉人的申请，被授权审理申诉的部门可以恢复这一期限。错过期限以实际接收申诉书并进行审理的方式恢复。若拒绝恢复错过的申诉期的，海关部门应以书面形式作出拒绝恢复错过的申诉期的决定，并在作出该决定后的 3 日内向申请人发送书面决定。

（二）提交申诉书的方式

针对海关部门官员作出的决议、作为或不作为的申诉书，申诉人应将其提交至作出决议、作为或不作为的官员所属的海关部门或国家授权部门。

在申诉人直接向上级机关提交申诉书时，该上级机关将向被申诉的海关部门查询证明材料和海关部门对申诉的意见。

（三）申诉书的形式和内容

申诉书须以书面形式进行提交，同时申诉书中应注明以下内容：吉尔吉斯斯坦海关部门的名称，或对作出决议、作为、不作为提出申诉的吉尔吉斯斯坦海关部门官员的姓名（若知晓）；提交申诉书的人的姓名或名称、居住地或所在地；被申诉的决议、作为、不作为的实质内容；申诉人认为被申诉的吉尔吉斯斯坦海关部门官员的决议、作为、不作为损害其权利和自由，造成他们的阻碍，或非法施加某种义务所依据的情况。

申诉人可以不提交证明申诉书中注明情况的文件和信息，但若这些文件和信息对审理该申诉具有实际意义，并且被申诉的海关部门没有这些文件，则审理该申诉的海关部门有权要求申诉人提供这些文件和信息。在这种情况下，该申诉的审理时效将中止，直至申诉人提交了这些文件和信息，但中止时间不得超过海关部门发送查询之日起 3 个月。如果申诉人未向海关部门提交所查询的文件和信息，则对该申诉的审理将不参考没有提交文件和信息证明的结论。

（四）提交申诉书的结果

提交申诉书后并不能中止被申诉的决议或作为的执行，但审理申诉的部门拥有足够的依据判断被申诉的决定或作为不符合吉尔吉斯斯坦法律规定的，被申诉的决议或作为的执行可以全部或部分中止。

在以下情况下，申诉人提交申诉书后，吉尔吉斯斯坦海关部门可拒绝对吉尔吉斯斯坦海关部门或其官员的决议、作为、不作为的申诉进行实质审理：

1. 申诉时效已届满，或申诉时效届满后未提交恢复被错过的申诉期限的申请或提交了申请后被拒绝的；

2. 未以书面形式提交申诉书或者未按照要求在申诉书中注明必要信息；

3. 申诉人已向法院提交了类似内容的起诉书，且法院立案审理该案件或对其作出判决；

4. 申请人提交的申诉书中的申诉对象不是吉尔吉斯斯坦海关部门或其官员作出的决议、作为、不作为；

5. 申诉书提交人的授权未按照吉尔吉斯斯坦法律规定的方式确认；

6. 申诉人的权利、自由或合法利益没有被所申诉的决议、作为、不作为触及；

7. 申诉的对象是吉尔吉斯斯坦海关部门或其官员非海关事务领域的文件；

8. 缺少申诉对象，即吉尔吉斯斯坦海关部门作出决议的事实或其实施的作为、不作为未被证明。

（五）申诉书的撤回

申诉人可在海关部门或其授权部门对申诉作出裁决前的任何时候撤回申诉书。申诉人在撤回申诉书后，在申诉时效内，仍可以同样的理由再次提交申诉书。

三、申诉书的审理

（一）审理申诉书的部门

对吉尔吉斯斯坦海关部门的决议、作为、不作为的申诉，由国家授权部门审理。对国家授权部门的决议、作为、不作为的申诉，应由上级国家部门负责审理，并由该部门的负责人或其授权人作出申诉裁定。但该申诉的审理不能由作出决议、作为、不作为的官员或其下级官员进行。

（二）审理期限

申诉书应在提交后的 14 天内审理，若存在需要申诉人补充提交证明申诉书中阐明的状况证据的，则在申诉人提交相关文件和信息后的 14 天内审理。

（三）对申诉的裁定

根据申诉审理结果，审理部门可承认吉尔吉斯斯坦海关部门或其官员作出的决议、作为、不作为合法或者全部、部分不合法。

在审理部门认定吉尔吉斯斯坦海关部门或其官员作出的决议、作为、不作为全部或部分不合法时，审理部门可全部或部分取消吉尔吉斯斯坦海关部门及其官员作出的决议；责成其根据吉尔吉斯斯坦法律的规定作出新的决议，或者在其职能范围内自行作出决议；或承认吉尔吉斯斯坦海关部门及其官员作出的决议不合法，并确定为消除其所作出的违规行为应完成的行为范围，或者在其职能范围内，自行完成为消除被申诉吉尔吉斯斯坦海关部门及其官员所作出的违规行为应完成的行为。

审理申诉的部门，在发现吉尔吉斯斯坦海关部门及其官员错误执行或未按照应有的方式执行其职责时，应根据法律规定的方式追究其违纪责任。

审理申诉的部门在法律规定的期限内审结申诉后，应向申诉人发送裁决结果复印件，并告知申诉人对裁决结果的上诉方式。

（四）对裁决结果的上诉

若申诉人对于审理申诉的部门作出的裁决不满意，有权在收到裁决结果复印件后的 30 天内向相关司法机构提出上诉。

吉尔吉斯斯坦税收法律制度

【**本章概要**】 本章首先从税法总论部分开始，总论部分包括税收法律关系、税收基本原则、税收法律关系参与者、征税对象、税种等内容。第二部分是税法分论，此部分内容有增值税、个人收入所得税、消费税、利润税、资源使用税、销售税、财产税和土地税相关的内容。第三部分是税务征收管理制度，主要内容有税务部门、税务监督、税务违法行为和实施违法行为的责任和申诉等内容。以上内容主要在吉尔吉斯斯坦《税法典》相关内容的基础上阐述了吉尔吉斯斯坦税收法律相关制度。

第一节　税法总论

一、税收法律关系

《税法典》第 19 条规定：税是指根据吉尔吉斯斯坦税法征收纳税的人必需的、个体的无偿付款。而税法是调整税收法律关系的规范系统。[1] 吉尔吉斯斯坦税法所调整的关系：

1.《税法典》调整以下关系：

（1）在吉尔吉斯斯坦设立、实施并征收税收；

（2）在税务监督过程中出现的情况；

---

〔1〕 参见西北师范大学中亚研究院编译：《吉尔吉斯斯坦常用法律》，中国政法大学出版社 2019 年版，第 237 页。

（3）追究本法典的责任；

（4）对税务机构的决议、税务工作人员的作为和/或不作为的申诉。

2. 税法所调整的法律关系是税务法律关系。

3. 对于经关税同盟的海关边境入境的商品征税关系，在吉尔吉斯斯坦法律在海关事务范围内适用于吉尔吉斯斯坦税法不能解决和与之不冲突的部分。

4. 由于在支付税收中采用稳定制所产生的法律关系，包括增值税，由吉尔吉斯斯坦投资法调整。吉尔吉斯斯坦投资法所规定的稳定制，不适用于缴纳间接税。

二、税法基本原则

税法的基本原则是调整税收法律关系的基本的准则，吉尔吉斯斯坦税法的基本原则包括七个基本原则。

（一）征税的合法性原则

征税的合法性原则是指，不能将《税法典》未规定的纳税义务和不具有《税法典》规定的税收特征，或者按《税法典》以外的方式规定和生效的缴费和支付款项的义务强加于任何人的一项原则。

（二）纳税义务的原则

纳税义务的原则，是指每个人在《税法典》规定的情况下，按规定缴税，并且税务法律关系的参与者都应当遵守吉尔吉斯斯坦税法的原则。

（三）税务体制一致性原则

税法体制一致性原则，是指吉尔吉斯斯坦的税务体制在整个吉尔吉斯斯坦境内是一致的原则。

（四）吉尔吉斯斯坦税法公开性原则

吉尔吉斯斯坦税法公开性原则，是指调整税务法律关系的法律法规应按照吉尔吉斯斯坦法律的规定进行公示的一项原则。

（五）征税公正性原则

征税公正性原则的内容包括，在吉尔吉斯斯坦征税具有普遍性、禁止提供个别税收优惠（除有规定的以外）、税收不能具有歧视性，不可基于性别、社会、种族、宗教标准实施。

（六）诚信推定原则

诚信推定原则，是指在没有符合税法的确定文件证据之前，纳税人和纳税代表的诚信是有效的原则。

（七）征税的可定义性原则

征税的可定义性是指在吉尔吉斯斯坦税法中确定纳税义务产生、执行和中止的所有依据和方式。

三、税务法律关系参与者

税务法律关系是由税收法律规范确认和调整的，国家和纳税人之间发生的具体权利和义务为内容的社会关系。税收法律关系的一方主体始终是国家。[1]

（一）纳税人

纳税人是指在吉尔吉斯斯坦税法规定的情况下需要承担纳税义务的主体。

（二）纳税人的权利和义务

纳税人的权利包括：（1）要求税务机构职务人员遵守吉尔吉斯斯坦税法；（2）自己或通过自己的税务代表参与税务法律关系中；（3）接收国家机关有关吉尔吉斯斯坦税法及由国家授权机关、授权税务机关制定的规则、条例和其他方法指导的信息；（4）不采用未经官方大众媒体公示的税务报表格式；（5）依据书面咨询免费获得税务机构内有关自身的任何信息；（6）要求将对缴纳和多征收的税费进行抵账或返还；（7）根据吉尔吉斯斯坦税法规定的依据和方式享有税收优惠；（8）要求保守税务机密；（9）获得税务监督结果的信息；（10）根据税务监督的结果向税务机构提交澄清说明；（11）不提交不属于完成纳税义务的信息和文件；（12）对税务机构职务人员的决定、作为或不作为提起申诉；（13）根据吉尔吉斯斯坦法律的规定，对于税务机构不合法的

---

〔1〕 参见中国国际贸易促进委员会法律事务部、中国经济信息社编著：《"一带一路"国别法律研究（第二辑）吉尔吉斯斯坦》，新华出版社 2018 年版，第 153 页。

决议、税务机构职务人员的不正确的作为和不作为造成的损失，要求给予补偿。此外，纳税人还拥有吉尔吉斯斯坦税法规定的其他权利。

纳税人的义务包括：（1）按规定的方式在税务机构登记；（2）完成纳税义务；（3）根据《税法典》的要求进行税务义务核算；（4）按照《税法典》规定的方式和期限提交税务报表；（5）在《税法典》规定的情况和方式下提供说明、信息和文件；（6）完成税务机构有关消除税务违法行为的后果或终止导致税务违法行为的作为和不作为的合法指令；（7）在税务机构职务人员依据税法典执行职务义务时，不妨碍他们的合法工作；（8）根据书面通知允许以外出税务检查、抽查检查和定岗税务检查的税务机构职务人员在进行定期检查、以现金形式追缴经纳税人确认的纳税义务进入公司拥有或使用的、导致出现纳税义务的领地或场所；（9）应保存记录和履行税款的期限；（10）向纳税机构职务人员出示税务检查登记簿，以便登记完成的检查或监督；（11）自开户或关闭银行账户（包括吉尔吉斯斯坦境外的账户）第二日起15天内通知相关信息；（12）通报税务机构有关①即将从关税同盟成员国进口的商品；②自关税同盟成员国临时进口商品，之后将在不改变商品性能的情况下将其运出吉尔吉斯斯坦境内；③临时将商品运出吉尔吉斯斯坦境内到关税同盟成员国境内，之后将在不改变该商品性能的情况下将其运回吉尔吉斯斯坦境内。提交自吉尔吉斯斯坦运进（运出）商品至关税同盟成员国通知的方式，由吉尔吉斯斯坦政府确定；（13）货物标签提供有关标记商品的信息，并履行吉尔吉斯斯坦立法和欧洲联盟立法中有关货物标签的职责。从吉尔吉斯斯坦境内向关税同盟成员国提供货物进口（出口）的程序由吉尔吉斯斯坦决定。此外，纳税人应完成吉尔吉斯斯坦法律规定的其他义务。

（三）纳税人权利的保障和保护

根据《税法典》的规定，纳税人权利的保障和保护的内容包括：（1）吉尔吉斯斯坦保证对纳税人的权利和合法利益给予行政和司法保护；（2）对纳税人合法权益的保护方式根据《税法典》和其他法律确定；（3）纳税人的权利由国家授权机关、税务机构、海关机构及其职务人员的相应义务予以保障；（4）未完成或未以应有方式完成保护纳税人权利的义务，将承担吉尔吉斯斯坦法律规定的责任。

四、征税对象

(一)个人所得税证税客体

个人所得税征税客体包括：（1）经济活动的完成，但不包括以下来源获得收入的经营活动：①收入来源于吉尔吉斯斯坦境内和/或在吉尔吉斯斯坦境外的，对于吉尔吉斯斯坦公民，非吉尔吉斯斯坦公民但拥有吉尔吉斯斯坦居留证和回归地位的居民自然人，还包括收入来源于吉尔吉斯斯坦境内，对于非吉尔吉斯斯坦公民的居民自然人；②收入来源于吉尔吉斯斯坦境内，对于吉尔吉斯斯坦非居民自然人，但不包括作为在吉尔吉斯斯坦境外注册的本国组织分公司和/或办事处的员工的吉尔吉斯斯坦非居民自然人；（2）获得的任何其他收入。

(二)利润税证税客体

利润税征税客体是从事经济活动，由此获得以下来源的收入：（1）国内组织或个体经营者，来源于吉尔吉斯斯坦和/或来源于吉尔吉斯斯坦境外的收入；（2）通过在吉尔吉斯斯坦的常设机构从事经营活动的外国组织，来源于吉尔吉斯斯坦的收入。

(三)增值税纳税客体

增值税纳税的客体包括应纳税供应和应纳税进口。

(四)消费税证税客体

消费税的征税客体是，在吉尔吉斯斯坦境内生产和/或向吉尔吉斯斯坦境内进口《税法典》所规定的应缴纳消费税的商品。

(五)资源使用税证税客体

按照《税法典》规定，资源使用税分为补偿税和使用费两种。补偿税的征税客体是用于以下目的的资源使用权：（1）矿产产地的开采，包括地下水的抽取（资源提炼）；（2）矿产勘探；（3）矿产勘查；（4）用于商业目的的矿物、古生物标本的收集；（5）用于装饰石材、手工石材和建筑材料使用的矿石材料的收集。补偿税的客体还有用于追缴抵押而将资源水使用权转让给他人。

（六） 销售税征税客体

销售税的征税客体是销售商品、完成工程和提供服务所得。

（七） 财产税征税客体

财产税的征税客体包括以下财产：（1）归国家所有的，国家企业拥有经营管理权或业务管理权的财产，如果是国有机构则拥有业务管理权；（2）市政所有的，市政企业拥有经营管理权，而市政机构则拥有业务管理权的；（3）私人所有的。以下物体属于应纳财产税：（1）指定为长期或临时居住的、未用于经营使用的住宅楼、住房、乡间别墅；（2）指定为和/或用于经营使用的住宅楼，住房，乡间别墅，膳宿旅馆，公寓，疗养院，休养地，生产、行政、工业及其他基础建筑物；（3）指定为和/或用于经营的钢结构和其他结构的临时场所，如保亭、货柜；（4）运输工具，包括自行机械。此外，不征税客体的财产客体清单，由吉尔吉斯斯坦政府经与吉尔吉斯斯坦议会专业委员会协商确定。

（八） 土地税征税客体

土地税的征税客体是对本条中的农用地和应缴纳土地税的土地所有权、临时所有权和使用权。农用地和以下土地应纳税：（1）居民点的土地；（2）工业、交通、通信和其他用途的土地，包括国防用地的土地；（3）自然保护、保健、修养和历史文化用途的土地；（4）森林基金的土地；（5）水基金的土地；（6）储备土地。

五、税种

吉尔吉斯斯坦设立国家税、地方税和特别税则三种税种。

（一） 国家税

在吉尔吉斯斯坦全境实施的税种即国家税。属于国家税的税种包括六种。

1. 所得税

所得税的纳税人的吉尔吉斯斯坦公民、在吉尔吉斯斯坦常住以及非常住的外国公民或者无国籍自然人，在吉尔吉斯斯坦境内所产生个人所得以及其他个人或者法律实体在吉尔吉斯斯坦向其支付的所得。[1]

2. 利润税

纳税人是国内实体、在吉尔吉斯斯坦有营业场所的法人、个体工商户、在吉尔吉斯斯坦没有营业场所的法人。[2]

3. 政治增值税

增值税是吉尔吉斯斯坦境内的应税供应（包括向吉尔吉斯斯坦的应税进口供应）应向政府交纳的税收。

4. 消费税

消费税是指在吉尔吉斯斯坦境内生产应缴纳消费税的商品，包括根据来料加工的商品，和/或将应缴纳消费税的商品进口到吉尔吉斯斯坦境内的主体。

5. 资源使用税

资源使用税分为补偿税和使用费两种。补偿税是指对用于矿产产地勘查、勘探和开采目的行使资源权利的一次性支付款。使用费是指为了矿产产地开采和/或抽取地下水（提炼资源）而使用资源的日常支付款。

6. 销售税

销售税是指针对销售商品、完成工程和提供服务所得所征收税的税种。

（二）地方税

地方税是指通过地方议会法令实施的、属于必须在相应地区征收的税种。

1. 土地税

土地税是指土地所有权人、根据标准化的所有权证书有权使用权人、地块实际使用人或者所有人应缴纳的税种。[3]

2. 财产税

财产税是指以应税所有权与使用权为征税对象，个人与实体因拥有应税财

---

〔1〕　参见中国国际贸易促进委员会法律事务部、中国经济信息社编著：《"一带一路"国别法律研究（第二辑）吉尔吉斯斯坦》，新华出版社 2018 年版，第 130 页。

〔2〕　参见中国国际贸易促进委员会法律事务部、中国经济信息社编著：《"一带一路"国别法律研究（第二辑）吉尔吉斯斯坦》，新华出版社 2018 年版，第 130 页。

〔3〕　参见中国国际贸易促进委员会法律事务部、中国经济信息社编著：《"一带一路"国别法律研究（第二辑）吉尔吉斯斯坦》，新华出版社 2018 年版，第 133 页。

产而应缴纳的税种。[1]

（三）特殊税则

1. 强制临时执照税；
2. 自由临时执照税；
3. 统一税基础上的简化纳税制；
4. 税收合同基础上的税收；
5. 自由经济区的税制；
6. 高新技术园区税制。

（四）设立税种的一般条件

税种只能在《税法典》规定了纳税人和纳税要素的情况下设立，即纳税客体、纳税基数、税率、税收期、税收计算方式、缴税方式和纳税期限等。在《税法典》规定的情况下，在设立税种时，可以规定税收优惠和免缴税。

第二节　税法分论

一、增值税

（一）增值税

增值税是所有在吉尔吉斯斯坦境内应纳税的预算收入部分，及应缴纳的进口税上交国家财政收入的方式。

（二）增值税纳税人

应纳税主体以及从事应纳税进口的主体，是增值税纳税人。

（三）增值税纳税客体

增值税纳税客体包括应纳税供应和应纳税进口。应纳税供应包括：（1）供应商品、工程和服务；（2）由代理或员工实施的供应。

---

〔1〕　参见中国国际贸易促进委员会法律事务部、中国经济信息社编著：《"一带一路"国别法律研究（第二辑）吉尔吉斯斯坦》，新华出版社 2018 年版，第 133 页。

（四）增值税纳税基数

增值税纳税基数分为应纳税供应和应纳税进口。应纳税供应的纳税基数是按供应的应纳税价值来确定的；应纳税进口的增值税基数是按进口商品应纳税价值来确定的。

供应的应纳税价值：

1. 如法律无其他规定，则供应的纳税价值是所有主体针对该供应支付的或应支付的总金额扣除增值税和销售税。

2. 如果是以实物支付的情况，应纳税价值是供应的商品、工程和服务的市场价格，扣除增值税和销售税。

3. 应纳税价值不能低于核算价值，除非是按根据《税法典》适用的符合市场价格水平的价值完成的供应。（本规定不适用于按国家调整价格提供商品、工程和服务的供应）。

4. 如果商品、工程和服务的供应价低于市场价格，则应纳税供应的价值根据《税法典》的相关规定来确定。

5. 供应的应纳税价值还包括：

（1）为供应或与供应相关而支付的税金，但不包括增值税和销售税；

（2）由于纳税人适用国家调整价格或吉尔吉斯斯坦法律对个别需求人在销售商品、工程和服务时提供的优惠，由国家财政拨出的补贴金额。

6. 供应的应纳税价值中不包括根据吉尔吉斯斯坦法律规定的国家手续费。

7. 核算价值应理解为：

（1）在商品物质储备方面，为购买和生产的费用；

（2）在固定资产和非物质资产方面，为减少吉尔吉斯斯坦会计核算法规定的加算折旧金额的、购买和生产的费用。

8. 如果为了实施自己的经济活动，应纳税主体供应的商品、工程和服务是由主体的员工或其他人无偿提供的，则供应的应纳税价值是商品、工程和服务的市场价格。

9. 之前根据海关出口程序完成商品出口的纳税人，在根据海关进口程序进口这些商品时，其供应的应纳税价值，应根据增值税报表中反映出口商品供应量的该商品的价值，按办理出口时适用的计量单位进口商品量的比例确定。

进口商品的应纳税价值包括进口商品的价值、海关税和这些商品进口时应缴纳税收的金额，但不包括增值税。

（五）增值税税收期、增值税计算

计算应纳税供应增值税时，税收期是 1 个月。

增值税的计算方式为纳税人按纳税基数乘以税率的方式，并根据税收优惠和免税情况，独自计算税收期应缴纳的税金。影响国家财政缴纳的应纳税供应的增值税金额，应确定为对在税收期内应纳税主体完成的所有应纳税供应加算的增值税金额，与在这一税务期内应抵扣的购买物资增值税金额之间的差额。

二、个人收入所得税

（一）个人所得税纳税人

1. 个人所得税纳税人是：

（1）获得收入的、作为吉尔吉斯斯坦公民的自然人；

（2）获得收入的，非吉尔吉斯斯坦公民，但拥有吉尔吉斯斯坦居留证或回归地位的居民自然人；

（3）获得收入的，且收入来源在吉尔吉斯斯坦的，非吉尔吉斯斯坦公民的非居民自然人；

（4）向自然人支付来源于吉尔吉斯斯坦收入的税务代表。

2. 个体经营者，在作为税务代表时，不属于个人所得税纳税人。

（二）纳税基数

个人所得税的纳税基数是作为纳税人在税收期内获得的年总收入与本章规定的扣除额之差所计算的收入，除非另有规定。在产生吉尔吉斯斯坦《劳动法》调整的关系时，每月应缴纳个人所得税的收入不能少于规定的最低结算收入。下一年度的每月最低结算收入金额，根据吉尔吉斯斯坦政府规定的方式，依据国家统计机构的数据，按吉尔吉斯斯坦的不同地区和城市，确定为上一年度员工平均工资的 40%。最低结算收入金额，由吉尔吉斯斯坦政府经与吉尔吉斯斯坦议会专业委员会协商，在当年的 10 月 1 日前确定。最低结算收入金额应在当年的 11 月 1 日前正式公布。如果下一年度的最低结算收入额没有按《税法典》规定的方式确定，则适用上一年度的最低结算收入额。

（三）年总收入的构成

年收入是指纳税人在这一税收期以资金和实物的形式，工作、服务等获得的所有种类的收入。预计得到但实际未得到的收入，不属于收入，也不能包含在年收入中，需要注意的是年收入中不包含不征税收入。年收入包括：（1）员工收入；（2）以物质利益形式获得的收入；（3）无偿获得的资产的价值；（4）利息收入，包括根据保险合同所取得的利息收入，之前已向吉尔吉斯斯坦支付过相应税款的利息收入除外；（5）红利；（6）销售自获得之日起拥有所有权少于1年的汽车运输工具所得价值的增加额；（7）根据国家不动产权利登记统一系统部门数据属于住宅基金的不动产，且在获得该不动产之日起拥有所有权少于连续2年的，则销售该不动产所得价值的增加额；（8）销售有价证券的进款减去购买价值，包括遗产继承、赠与；（9）补助；（10）以精神损失补偿形式获得的收入；（11）退休金；（12）奖学金；（13）津贴；（14）以中奖奖金形式获得的任何形式的收入；（15）由于以下情况产生的纳税人义务终止所获得的收入：①债权人免除债务；②根据吉尔吉斯斯坦《民法》规定的诉讼时效期限届满而免除的债务；③由第三方完成纳税人的义务，包括纳税义务；（16）保险合同规定的保险金额（赔偿）；（17）使用费；（18）累积型保险（保险合同规定的利息收入或保险）支付的收入。

（四）不征收个人所得税的收入

不征收个人所得税的收入包括：（1）吉尔吉斯斯坦法律规定的津贴；（2）吉尔吉斯斯坦总统储备基金、吉尔吉斯斯坦议会议长储备基金、吉尔吉斯斯坦议会医院基金和吉尔吉斯斯坦政府储备基金的支付款项；（3）国家社会保险的津贴和补偿；（4）根据吉尔吉斯斯坦法律支付的退休金；（5）国家预算资金支付的津贴和补偿；（6）向吉尔吉斯斯坦教育机构的学生、按吉尔吉斯斯坦法律规定的金额支付的奖学金；（7）由于不可抗力而无偿获得的金额；（8）与军人、国家安全部门、执法部门工作人员、国家公务员在执行公务时死亡和/或遭受身体损伤相关的补偿款和津贴金额；（9）死亡员工的近亲属或由于近亲属死亡员工从雇主处无偿获得的金额；（10）在完成工作义务时发生员工工伤、死亡事件时，根据吉尔吉斯斯坦法律支付的健康损伤补偿金额及其他支付款项；（11）特殊服装、鞋、个人防护用品、肥皂、消毒用品的价值；根据吉尔吉斯斯坦法律规定的有害或威胁条件下劳动工种和标准清单从事工作的人员获得牛奶和治疗预防性食品的价值；（12）根据吉尔吉斯斯坦法律规定必需的医疗观察、预防治疗服务价值；（13）支付给员工的出差费用补偿金额，以及公司管理机构成员在履行职责时发生的补偿金额；（14）雇主根据自己员工签署的必需保险合同支付的保险金，以及根据该合同，按吉尔吉斯斯坦法律规定的方式完成的支付款项；（15）雇主用于员工培训、再培训的费用；（16）国内战争、卫国战争的残疾人，在阿富汗战争和其他国家参加国家间协议的参战人员、军人，在卫国战争期间因在后方忘我劳动、出色服役而获得苏联奖章和勋章的人，巴特肯事件参与者，参加消除切尔诺贝利核电站事故的人，在国内战争、卫国战争中牺牲的军人遗孀或遗属的收入，但不包括经营活动获得的收入；（17）自然人销售农产品的收入，但不包括个体经营者；（18）雇主向员工的 14 周岁以下的子女（被抚养人）提供的、金额不超过 10 个结算指数的新年礼物；（19）由国家预算向奥林匹克冠军和得奖人、吉尔吉斯斯坦体育项目的国家队成员支付的奖金，对奥林匹克世界杯、亚洲杯和亚洲比赛冠军和国家队得奖成员同时支付的奖励；（20）军人，负责管辖内务问题的国家授权部门、毒品监督领域国家授权部门的职员，刑事执行系统部门和机构的员工以津贴和补偿代替餐费的收入；（21）从事有偿公益工作、就业组织部门工作的公民工资；（22）工会向残疾人、退休人员、孤儿和多子女的父亲或母亲发放的津贴；（23）退休人员、残疾人、国内战争、卫国战争的伤残人员，按照国家间协议在阿富汗战争和其他国家参加国家间协议的参战人员、军人，在卫国战争期间因在后方忘我劳动、出色服役而获得苏联奖章和勋章的人，巴特肯时间参与者，参加消除切尔诺贝利核电站事故的人，Ⅰ、Ⅱ级残疾人在吉尔吉斯斯坦银行获得的储蓄利息；（24）吉尔吉斯斯坦居民自然人入股本国组织所获得的红利，以及非居民自然人应缴纳零税率利润税的部分利润的形式获得的红利；（25）以下人员从第三方获得的收入：①残疾人，以支付残疾人使用的技术用具的形式；②残疾人，豢养残疾人使用的导盲犬、预防残疾和康复费用金额；③残疾人、退休人员、孤儿、未成年子女人数超过 4 个的多子女家庭，以津贴的形式；④无社会保护的人，以免费午餐的形式；（26）献血和吉尔吉斯斯坦法律规定的其他形式供血所得的金额；（27）根据吉尔吉斯斯坦法律规定获得的赡养费；（28）夫妻或已离婚的前夫妻之间所有权转让获得的任何收入；（29）自然人根据继承或赠与方式从近亲属处获得的财产、工程、服务的价值，但不包括在从事经营时获得的财产、工程、服务；（30）自然人以人道援助形式获得的财产价值；（31）以不超过 10 个结算指数的中奖奖金形式获得的其他种类收入；（32）销售纳税人个人使用的，并不是为经营活动而购买的动产和/或不动产所得，但不包括：①销售自购买之日起所属所有权少于 1 年的汽车运输工具所得的收入；②根据国家不动产权利登记统一系统部门数据属于住宅基金的不动产，且在获得该不动产之日起拥有所有权少于 2 年的，销售该不动产的收入；（33）返还以入股投入的股份或份额金额；（34）在吉尔吉斯斯坦存款的利息；（35）在最高和二级证券交易所上市当日证券价值利息和价值增加所得；（36）国家、非商业组织无偿向需要社会复原或适应、医疗帮助、收入低于生活费水平的人转让资产（难民和重病人）；（37）根据吉尔吉斯斯坦法律的规定、为在高山和难以到达的边远地区工作而规定的附加额和地区参数额；（38）参加国家比赛、会演以奖品形式获得的金额；（39）国际组织（基金）宣布的奖金所得；（40）吉尔吉斯斯坦外交部门的职员、国家公务员，在吉尔吉斯斯坦境外机构以及在外国或境外的国际组织中的国家机构代表处工作的其他吉尔吉斯斯坦公民的薪酬；（41）以工资、奖金、其他补助和激励形式支付给地区组织员工的收入等。

（五）个人所得税税率和计算办法

个人所得税税率为 10%，是通过个人所得税纳税基数乘以个人所得税率的方式计算。个人所得税纳税人在统一税务申报单提交之日前进行最终结算，并缴纳个人所得税。个人所得税的最终金额为所计算的税额与税务代理扣除的税额。个人所得税在纳税人税务和/或统计登记所在地支付。

（六）个别类型的自然人纳税的特殊性

1. 外国外交代表处和领事机构及国际组织代表处人员的课税

以下人员不得征收所得税：（1）外国外交代表处和领事机构的非吉尔吉斯斯坦公民的领导、工作人员以及与他们共同居住的家属，但不包括这些自然人与外交或领事职务无关的、来源于吉尔吉斯斯坦的收入；（2）外国外交代表处和领事机构的非吉尔吉斯斯坦公民的行政技术和服务工作人员及其共同居住的家属，但不包括与这些机构的上述自然人的工作不相关的、来源于吉尔吉斯斯坦的收入；（3）根据已生效的、吉尔吉斯斯坦是成员国的国际公约规定的标准，在国际组织工作的、非吉尔吉斯斯坦公民的自然人。

2. 居住在吉尔吉斯斯坦的非吉尔吉斯斯坦公民的个人所得税的计算和缴纳

在向居住在吉尔吉斯斯坦的非吉尔吉斯斯坦公民征收个人所得税时，应适用本章规定的标准扣除，由税务代理计算个人所得税的纳税义务。

3. 非居住在吉尔吉斯斯坦的非吉尔吉斯斯坦公民的个人所得税的计算和缴纳

（1）向非居住在吉尔吉斯斯坦的非吉尔吉斯斯坦公民来源于吉尔吉斯斯坦的收入征税，由税务代理计算该收入的个人所得税，且不提供本章规定的扣除项。

（2）对来源于吉尔吉斯斯坦的收入征收个人所得税，与收入支付地点无关，包括支付地点在吉尔吉斯斯坦境外的收入。

三、消费税

（一）消费税纳税人

消费税纳税人是指在吉尔吉斯斯坦境内生产应缴纳消费税的商品，包括根据来料加工的商品，和/或将应缴纳消费税的商品进口到吉尔吉斯斯坦境内的主体。

（二）纳税基数

消费纳税基数包括：（1）应以消费税印花标识的、应缴纳消费税商品的实际体积；和/或（2）应缴纳消费税商品的销售价格，不包括增值税、销售税和消费税；和/或（3）根据关税同盟的海关法和吉尔吉斯斯坦海关事务领域的法律确定的应缴纳税消费税商品的关税价值；和/或（4）不计入增值税、销售税和消费税的应缴纳消费税商品的市场价格，作为实务支付、实务由应缴纳消费税商品生产者转交时，在将抵押商品转归抵押持有人所有或交换业务时，以及无偿转交时；和/或（5）不应表示消费税印花的已销售应缴纳消费税商品的实际体积；在本规定中，已销售应缴纳消费税商品应理解为所有权转移给消费者的应缴纳消费税的商品。无论商品是用自有原料还是来料加工生产的，都适用本规定。

（三）税收期和管理

消费税税收期为生产或关税同盟成员国境内进口的应缴纳消费税商品的消费税税务期按日历月计算。

消费税的管理，在关税同盟成员国的相互贸易中进出口商品，由税务部门实施对消费税的管理。

（四）政治免缴消费税

根据《税法典》规定，以下情况免缴消费税：

1. 自然人按照吉尔吉斯斯坦政府通过的标准进口的应缴纳消费税的商品，不需缴纳消费税。

2. 以下进口商品免缴消费税：（1）国际货物、行李和旅客运输的运输工具运行所必需的商品，在沿途和区间站点时；（2）通过关税同盟的海关边境运送的、在关税同盟的海关法和/或吉尔吉斯斯坦海关事务领域法规定的海关程序框架下免税的商品；（3）被没收的、无主的贵重物品，以及继承权转给国家的贵重物品。

3. 由生产者出口的应缴纳消费税的商品，在证明他们出口商品符合免缴消费税的情况下，不征收消费税。

4. 应缴纳消费税商品的生产者的一个机构部门为了生产其他消费税商品，向同一生产者的另一个机构部门转交消费税商品，不缴纳消费税。

5. 向关税同盟成员国境内出口消费税商品时，为了确认免缴消费税的依据，纳税人在向税务登记所在地的税务部门提交消费税报告的同时，提交法律规定的相关文件。

四、利润税

（一）利润税纳税人

利润税纳税人包括本国组织、通过在吉尔吉斯斯坦的常设机构从事经营的外国组织、个体经营者和向外国组织支付来源于吉尔吉斯斯坦的收入，与该组织在吉尔吉斯斯坦的常设机构无关的税务代理。

（二）利润税纳税基数

利润税的纳税基数，是根据吉尔吉斯斯坦会计核算法规定的规则。利润税是指纳税人年总收入与税收期内结算的，根据《税法典》应扣除的支出之间的正差。对于获得来源于吉尔吉斯斯坦的收入，但与在吉尔吉斯斯坦的常设机构无关的外国组织，纳税基数是未进行扣除的收入。利润税的纳税基数，在根据吉尔吉斯斯坦会计核算方法进行资产和债务评估时，不会因此出现的支出和费用的增加而减少。

（三）利润税税收期

利润税的税收期是日历年。如果纳税人在日历年开始后注册的，则它的第一个税收期就是自它创建之日起到日历年结束为止的时间期限。这时纳税人的登记日是他在国家授权机构的国家登记日；如果纳税人在日历年结束前清算或通过了重组程序，则它的最后税收期是从年初到清算、重组结束日为止的时间期限；如果在日历年开始后注册的纳税人，在该年度结束前清算或通过了重组程序，则其税收期是自创建之日起至清算、重组完成之日为止的时间期限。

（四）年总收入

根据吉尔吉斯斯坦会计核算法规定的规则确定的所有种类的收入都属于年总收入，包括：（1）销售商品、工程、服务的进款，但销售被列入税务折旧目的的税收类别的固定资产除外；（2）销售不应折旧的资产的收入，包括在拆卸或清理报废的固定资产时获得的物质价值或其他财产形式的收入；（3）同意限制或终止经济活动而获得的收入；（4）无偿获得资产价值；（5）正汇价差额超出负汇价差额之差；（6）利息收入；（7）红利；（8）使用税；（9）参与组织管理获得的奖励和补偿形式的收入；（10）出租动产和不动产的所得；（11）非用于经营活动的动产和不动产销售时，价值增长所得；（12）销售以下各项所得①股票，减去购买价值；②衍生证券；③不计息票根据销售之日的贴现折旧和/或奖金折旧减去购买价值的不计息票的长期证券；④根据吉尔吉斯斯坦法律认定为有价证券的其他财产权实体，减去购买时的价值；⑤入股的股份减去原始价值；（13）津贴；（14）税收期结束时折旧资产类的税务结算所负金额；（15）清点结果查明的多余资产的价值；（16）由于以下原因出现的纳税人债务终止的收入①债权人免除债务，但不包括特别法通过的债务免除；②纳税人债务的完成，包括第三方完成的税收债务；（17）出让债务追偿权的所得；（18）保险合同的保险金，但不包括投保的固定资产的保险金的赔偿；（19）可疑债务的金额；（20）社会领域项目运行中获得的收入与支出之差。年收入的构成中不包括非征税收入。

（五）利润税免税的情形

不征收利润税的情形：

（1）作为入股投入和/或注册资金投入，和/或主体作为股东投入组织中的其他投入形式获得的财产价值。

（2）根据吉尔吉斯斯坦政府或地方自治机构的决议在发展自有生产基地时组织无偿获得固定资产和资本投资资金的价值，以及无偿获得50%以上归国有股份的经营公司或吉尔吉斯斯坦和/或专业组织，或从事按目的使用和运营的地方自治机构的所有的实体（社会文化、公共日常居住用途的道路、电网、变电站、锅炉房和热力线路、天然气线路、水电站、热力电站项目、水利设施、饮水设施、矿山设备、民防设施以及土地区块使用权）的价值。

（3）非商业组织获得的：会员费和入会费；按规定的使用条件下的人道主义援助和自助；按规定目的使用条件下的无偿获得的资产价值；居民楼及其附属建筑和设施的技术保养服务付费；在法定经营框架下，向为自己的水使用协会成员提供灌溉水供应服务的付费等。

（4）纳税人入股本国组织所得的红利。

（5）普通合伙获得的作为合伙人投入的财产价值。

（6）信托公司接受托管的财产价值。

（7）持有的股份价值超过其票面价值带来的收入。

（8）销售持有的股份时价值增长带来的收入。

（9）在最高和二级证券交易所销售当日的证券价值的利息所得和价值增加所得。

（10）根据金融租赁（长期租赁）合同销售固定资产所得。

五、资源使用税

（一）资源使用税的种类

资源使用税分为补偿税和使用费两种。补偿税，是指对用于矿产产地勘查、勘探和开采目的行使资源权利的一次性支付款。补偿税纳税人是拥有资源使用权的本国组织和通过吉尔吉斯斯坦常驻机构从事经营的外国组织以及个体经营者。

使用费，是指为了矿产产地开采和/或抽取地下水（提炼资源）而使用资源的日常支付款。使用费纳税人是从事下列经营的本国组织和通过吉尔吉斯斯坦常驻机构从事经营的外国组织以及个体经营者：（1）矿产产地开采；（2）抽取地下水（提炼资源）；（3）在勘查和勘探碳氢化合物产地时，实验过程中石油、天然气的共生提炼；（4）进行工业实验和/或为预防或消除特别状态而进行的一次性矿产开采。

（二）免缴资源使用税的主体

免缴资源使用税的主体如下：（1）进行与在其所属或所使用的土地区域上进行与经营活动无关的砂子、黏土、砂石混合料开采和地下水选取的土地区域所有者或土地使用者；（2）获得资源区域用于组建具有特别生态、自然保护、科学和历史文化意义的特别自然保护区的主体；（3）加工矿山、选矿、焦化和冶金生产废料的主体；（4）由吉尔吉斯斯坦财政资助完成的地质、地球物理学和其他资源研究、科学研究工程，包括地震预测、地质工程勘测、地质生态研究以及其他不破坏资源完整性的工程。

（三）资源使用税纳税基数

用于计算补偿税的纳税基数：

（1）产地开采时（不包括地下水抽取），为吉尔吉斯斯坦国家矿产储备平衡局计算的矿产储量；

（2）在抽取地下水时，为申报的应抽水量；

（3）矿产勘探和勘查时，为许可证区域的面积；

（4）用于商业目的收集矿物、古生物标本、装饰的石材、手工石材和建筑材料，为许可证区域面积；

（5）转移、转让资源使用权时，为根据资源使用者（开采权）的报告，由此生于未开采的矿产储量，或者许可证区域面积；

（6）权利拥有者注册资本的所有权股权发生变更时，为根据资源使用者（开采权）的报告，按该股权变化的比例计算由此剩余未开采的矿产储量，或者许可证区域面积；

（7）在矿产储量增加时，为吉尔吉斯斯坦国家矿产储备平衡局计算的矿产储量的增加。

使用费的纳税基数：

（1）不计入增值税和销售税的销售矿产或矿产加工产品所得；

（2）实物形式的产品销售量；

（3）对于（开采等）特许权纳税人，根据水表计数的取水量但不包括关于专门供水单位的规定。

六、销售税

（一）销售税纳税人

销售税纳税人是本国组织和通过在吉尔吉斯斯坦常驻机构从事经营的外国组织以及个体经营者。

（二）免缴销售税的情形

免缴销售税的情形包括：

1. 由以下主体完成的销售商品、完成工程和提供服务免缴销售税：（1）农业生产者；（2）农业商品服务合作社；（3）储蓄所，保存存款基金会，吉尔吉斯斯坦国家银行，但不包括在休养、娱乐和休闲领域提供服务和工作所得的利润；（4）慈善组织；（5）Ⅰ级、Ⅱ级残疾人的社团；吉尔吉斯斯坦盲人和聋哑人社团组织；个体经营者，在企业中残疾人、盲人和聋哑人工作者的比率占工人总数的50%以上，且向此群体支付的工资占企业总支出总工资的50%以上。上述社团、组织和个体经营者的名单由吉尔吉斯斯坦政府规定；（6）学前教育组织（私人所有制幼儿园）；（7）从事心脏外科方向的私人医疗机构；（8）根据经地方自治机关政府决议批准和规定给予税收优惠政策的投资协议，在税收优惠居民点开设的工业企业。该投资协议由有权机关在吸引投资的领域制定；（9）吉尔吉斯斯坦内务部国家专属警卫总署。

2. 非营利组织在销售商品、完成工程和提供服务的所得不超过销售该商品、完成该工程和提供该服务的支出时，则可免缴销售税：（1）用于社会保障和保护儿童或低收入老年公民；（2）医疗、教育、科学、文化和体育领域。

3. 向自然人销售用于日常生活的电能、热能和天然气，可免缴销售税。

4. 银行销售精炼标准和计量金银锭，投资金银币，免缴销售税。

（三）销售税纳税基数

销售税纳税基数是按以下几个方面来计算的：

（1）如无相关明文规定的情况下，销售税纳税基数是不计算增值税和销售税的销售商品、工程和服务的进项所得。

（2）在转交财产租赁时，纳税基数是为计算增值税和销售税的租金。

（3）对于从事矿石冶炼的企业，纳税基数是未加算增值税的、冶炼后获得产品的销售价值，与加工前矿石的价值之间的差额。

（4）抽彩经营的纳税基数是销售彩票进项与带来该收入的支付奖品基金的金额之间，未计算增值税的差额。

（5）对于银行，纳税基数是销售固定资产、商品、利息收入的进项，但不包括根据金融租赁销售固定资产所得的利息收入，完成工程、提供服务的所得，包括外汇业务收入减去外汇业务损失的所得。

（6）对于保险公司，纳税基数是不计算增值税和销售税的销售商品、工程所得，不计销售税并扣除根据再保险合同支付给再保险人保险金的服务所得。累计形式的保险，纳税基数是不计销售税的保险进项扣除保险理赔额。

（7）在购买任何形式的黄金和/或白银用于精炼并销售时，纳税基数是精炼金银销售价值与购买任何形式的金银价值之差。

（四）税收期

销售税的税收期是每个月。

七、财产税

（一）财产税纳税人

财产税纳税人包括：

1. 自然人和组织：（1）对吉尔吉斯斯坦境内登记的财产拥有所有权；（2）在金融租赁或按揭贷款合同框架下获得的、在吉尔吉斯斯坦境内登记的财产，自该财产所有权开始后第一个月的第一天起拥有该财产。

2. 如果无法确定财产所有人的所在地，财产税纳税人即使用该财产的组织或自然人。

3. 在没有进行财产登记时，将使用者认定为财产纳税人的依据是对财产的实际使用。

4. 国家预算拨款和/或拥有专项资金的国家部门、地方自治机构、国家机构、市政部门、吉尔吉斯斯坦国家银行、国家保护存款部门、保护存款基金、吉尔吉斯斯坦社会基金等从事其名下和拥有所有权的财产业务管理，不属于财产税纳税人，除非根据合同将财产或其中的部分交给国家企业、市政企业和其他法人或自然人有偿或无偿使用，以及将财产用于休养、娱乐与休闲目的的使用情况。本规定中的主体转交的财产，向以有偿或无偿方式从所有者处获得财产的人征缴财产税。

（二）财产税纳税基数

财产税的纳税基数：

1. 对于《税法典》规定的 1 类、2 类、3 类财产对象，按规定的方式确定财产客体的应纳税价值。

2. 对于 4 类的财产对象：（1）内燃发动机类的，为发动机功率或平衡价值；（2）没有内燃发动机的，为平衡价值。平衡价值应理解为财产税税收期期初、计入根据吉尔吉斯斯坦会计核算法计算的折旧财产客体的价值；（3）没有内燃发动机和核算价值的，根据吉尔吉斯斯坦政府规定的方式确定价值。

（三）财产税纳税期

财产税的税收期为 1 年。

八、土地税

（一）土地税纳税人

土地税的纳税人是被承认为土地所有者或土地使用者的主体，无论该土地区域被使用或未被使用，他们的土地使用权由国家土地区域私人所有权证、临时土地区域使用权利证、土地份额私人所有权证，根据吉尔吉斯斯坦土地法典的规定予以证明，除非《税法典》另有规定。

（二）土地税纳税基数

土地纳税基数是按以下几个方面来确定：

1. 用于计算土地税的纳税基数是权利证明文件中注明的土地区域面积。

2. 共同所有或使用的土地区域，对每个纳税人的纳税基数是权利证明文件中确定所持有的土地区域的份额，或所有人（使用人）间的协议确定持有的土地份额。

3. 转交使用（出租）的土地区域，纳税基数根据土地区域出租合同确定。

4. 国家农业用地基金的土地，纳税基数依据确定由相关地方自治机构管理和支配区域的相关法规予以确定。

5. 在没有土地区域的权利证明文件时，纳税基数根据由相关税务机构、国家不动产权利登记授权部门和地方自治机构代表组成的委员会完成的测量进行确定。税务机构应在不迟于测量日期前三天的期限内通知土地区域的实际使用人进行土地区域测量的日期和时间。

（三）土地税税收期

土地税的税收期为 1 年。

（四）土地税免税的情形

在《税法典》未作其他规定的情况下，以下土地免税：

1. 自然保护区、禁猎区、自然公园、国家公园和林木园、植物园和动物园、季节性禁猎区、自然遗址、历史文化实体的土地，未被分配的储备土地，国家边境沿线土地带，居民区内用于人工防护林、水资源和森林资源储备的公用土地，用于交通运输线路、石油输油管道、通信和输电设施的土地，及沿路和沿着建筑物为了保护上述设施正常运行的带状土地，但不包括用于农业生产及企业生产经营的土地。

2. 墓地。

3. 牧道和牧场的土地。

4. 储蓄所、保护存款基金会、吉尔吉斯斯坦国家银行的土地，但不包括其用于休养，休闲娱乐和/或用于租赁的土地。

5. 残疾人、参战人员及与他们同等地位人员的组织的土地，吉尔吉斯斯坦盲人和聋哑人社团组织的土地，个体经营者的土地，在其企业中残疾人、盲人和聋哑人员工占工人总数的 50% 以上，且向此群体支付的工资占企业支出总工资数量的 50% 以上。上述社团、组织和个体经营者的名单由吉尔吉斯斯坦政府确定。

6. 刑事执行系统的机构的土地。

7. 地方自治机关、组织以及自然人在地方议会规定的期限内获取的用于农业需求的，需要开垦的被破坏的土地（此处的破坏是指退化了的地表和其他土地质量指标被破坏的情形）。

8. 属于卫生安全区的养老院、休养所以及工会寄宿公寓的土地。

9. 根据吉尔吉斯斯坦法律规定方式登记的宗教组织的祈祷场所的土地。此处的祈祷场所是指为了相同的信仰和宗教传播而直接用于举行仪式和进行祈祷的宗教组织的不动产。

10. 学前教育机构的土地（私人所有制幼儿园）。

11. 吉尔吉斯斯坦内务部国家专属警卫总署。

（五）土地税优惠

1. 除了法律另有规定的情况以外，下列主体免缴使用宅前地、宅基地、果园地的土地税：

（1）残疾人，卫国战争的参战人员，按照国家间协议在阿富汗或其他国家参加过战争的军人，参加过切尔诺贝利核电站事故的人，自幼残疾的人，Ⅰ级、Ⅱ级残疾人；

（2）在执行公务过程中死亡或失踪的军人和执法机构职务人员的家属，包括未成年子女；

（3）达成退休年龄的自然人；

（4）有 4 个及以上未成年子女的自然人。

2. 在由于不可抗力造成土地使用者承受物质损失的情况下，地方议会有权提供 3 年内全部或部分免缴农业用地土地税的优惠。

第三节　税务征收管理制度

一、税务部门

（一）税务部门

税务部门由授权税务机关和税务机构构成。税务部门具有法人地位并在吉尔吉斯斯坦法律规定的职权范围内进行税务管理，并参与吉尔吉斯斯坦税收政策的实施。吉尔吉斯斯坦税务部门不隶属于国家地方行政部门和地方自治机构。禁止国家机关和地方自治机构干预税务部门、国家授权机关在实施吉尔吉斯斯坦税法给予的授权时的工作。税务机构的运行方式、税务部门工作人员的社会保护、特殊称号的授予都由专门的法律规定。税务部门的经费由国家预算拨付，包括实际税收和专项预算外资金的利息提成。

（二）税务人员

税务人员是税务服务的领导或者工作人员，享有《税法典》规定的职权。需要注意的是税务人员不能故意犯罪，无论其是否中止犯罪或消除犯罪结果。

（三）税务部门及其职务人员的权利和义务

税务部门及其职务人员的权利包括：（1）根据《税法典》规定的方式，制定和确认吉尔吉斯斯坦税法规定的法规；（2）根据《税法典》的规定实施税务监督；（3）在实施税务监督时要求纳税人出示计税、扣税和缴税的文件；（4）在实施税务监督时，要求纳税人提供纳税人补充计税、扣税和缴税的文件，以及确认计算正确和扣税、缴税及时性的文件说明；（5）在实施税务监督时根据《税法典》规定的方式，获得纳税人文件副本；（6）根据《税法典》的规定进行任何涉及对全面税务检查区域、场所、文件、和物品的检查；（7）在检查与纳税人相关的问题方面，根据《税法典》规定的方式，在遵守法律规定的对所获得信息保守商业、银行和其他机密的情况下，获得银行提供的纳税人银行账户的开户、号码，以及账户余额和资金流动情况；（8）在《税法典》规定的情况和方式下，在间接方法的基础上，确定纳税人的税务义务；（9）依据吉尔吉斯斯坦法律的规定向法院提起诉讼，其中纳税人清算诉讼，包括强制清算；（10）要求消除违反吉尔吉斯斯坦税法的行为，并监督执行这一要求；（11）向其他国家机构和地方自治机构要求提供并获取与纳税客体和纳税义务计算相关的信息；（12）实施监督征税；（13）签署税务合同；（14）监督地方自治机构执行《税法典》授予的国家授权的情况。

税务部门及其职务人员的义务包括：（1）维护纳税人的权利和合法利益；（2）遵守吉尔吉斯斯坦税法并要求纳税人予以执行；（3）协助纳税人履行纳税义务；（4）对纳税义务的执行实施税务监督；（5）对纳税人、纳税客体、加算税收和已支付税收进行核查；（6）如《税法典》未作其他规定，提供国家预算支付的、税务机构发放的税务报表表格；（7）解释税务报表的填写方式；

（8）严格根据命令进行税务检查；（9）将税务检查和其他形式的税务监督记入检查登记簿；（10）保守受吉尔吉斯斯坦法律保护的职务、商业、税务、银行和其他机密；（11）在规定的期限和情况下，向纳税人通知执行纳税义务的决定等。

（四）地方自治机构在税务法律关系领域的权利和义务

1. 地方自治机构及其职务人员在获得国家相关授权的情况下，有权：

（1）按照《税法典》规定征收财产税、土地税等税种；

（2）按照《税法典》的规定实施税务监督，除另有规定以外；

（3）要求消除违反吉尔吉斯斯坦税法的行为，并监督对这一要求的执行；

（4）从税务机构和其他国家机关获取纳税客体等；

（5）按照《税法典》规定的方式进行税务监督，获取纳税人的文件副本；

（6）根据法律规定向检察机构转交材料，以及向法院提起诉讼。

2. 地方自治机构对遵守《税法典》的相关规定要求实施税务抽查。

3. 地方自治机构在获得相应的国家授权时，有权：

（1）在实施税务监督时，要求纳税人提交《税法典》规定的税收缴纳文件；

（2）在没有银行机构的吉尔吉斯斯坦边远和难以到达的居民点，按吉尔吉斯斯坦政府规定的方式，收取纳税人现金用以支付税收。

4. 地方自治机构及其职务人员在获得相应的国家授权的情况下，应该：

（1）维护纳税人的权利和合法利益；

（2）遵守吉尔吉斯斯坦税法，并要求纳税人予以执行；

（3）协助纳税人履行他们的纳税义务等。

5. 根据吉尔吉斯斯坦法律的规定，地方自治机构承担未完成或未以应有的方式完成国家授权的责任。

二、税务监督

（一）税务监督的概念和形式

税务监督是税务机关对执行吉尔吉斯斯坦税法实施的监督。税务监督实施形式包括，纳税人的税务登记和统计登记、核算进入国库的税收进款、税务检查、抽查税务监督和确定税务点等。

（二）税务检查

根据《税法典》的规定税务检查只能由税务机关实施，税务检查的参与人是在书面命令中注明的税务机关的职务人员、纳税人以及税务代表。税务检查的类型有室内检查和外出检查两种。而外出检查又可分为计划检查、计划外检查、反向检查和再检查。

（三）税务机构与其他主体的协作

1. 税务机构与海关机构、金融侦查机构和反经济犯罪机构的协作要在《税法典》《欧亚经济联邦海关法典》《业务调查活动法》《反恐怖融资和反洗钱法》以及双边协议规定的职权范围内实施。税务机构通过交换、获取、提交本条注明的信息和材料的方式，实施税务机构与海关机构，以及反经济犯罪机构的协作。

2. 税务机构与司法部门的协作

税务机构与司法部门的协作，通过交换关于已通过注册、重新注册，以及从国家法人登记册中被删除的主体数据库的方式实施。

3. 税务机构与国家统计部门的协作

税务机构和国家统计部门的协作，是在《税法典》和吉尔吉斯斯坦有关国家统计法规定的授权范围内实施。税务机构通过以下方式实施与国家统计部门的协作：（1）交换、获取或提供本条注明的信息和材料；（2）在收集统计表，进行核算、抄录、查询、筛选和其他调查方面，参与征税领域的国家统计监督的任务制定、形式制定、结果整理；（3）参与制定国家统计监督的统计方法论和统计报表文件，以及标准统计文件格式；（4）紧迫状态的支持等。

4. 税务机构与从事纳税客体登记部门的协助

税务机构通过纸质或电子文件的形式获取信息，从而实现与国家不动产权登记部门和运输工具登记部门的相互配合。

5. 税务机构与银行的协作

与税务机构协作，银行必须：（1）根据税务机构和/或已生效的法院判决书，提供有关纳税人开立或注销账户的信息；（2）根据已生效的法院判决书，提供有关被检查的纳税人账户业务信息以及账户现有状态的信息；（3）只有在出示税务机构有关纳税人税务登记事实的证明后，为组织和个体经营者开立账户；（4）优先完成纳税人向国库支付纳税义务资金的汇款指令；（5）从纳税人账户提取资金业务当日将税金汇入国家预算等。

6. 税务机构与国家公民状态证件登记部门的协作

税务机构通过获取有关国家公民状态证件登记信息：出生、死亡、结婚、离婚、改姓名等方式开展与国家公民状态证件登记部门、负责进行公民状态登记的地方自治机构、在吉尔吉斯斯坦境外的外交代表处和领事机构进行协作。

7. 税务机构与被授权负责外国公民和无国籍人士事务部门的协作

税务部门通过获得以下信息的方式与被授权负责外国公民和无国籍人士事务部门进行协作：（1）有关向外国公民或无国籍人士签发吉尔吉斯斯坦入境许可，在吉尔吉斯斯坦居留许可和出境许可；（2）有关在吉尔吉斯斯坦工作的外国公民和无国籍人士的信息。

三、税务违法行为和实施违法行为的责任

（一）税务违法行为

税务违法行为是指税务法律关系参与人错误完成的、违法的行为（作为或不作为），但不具行政和/或刑事违法行为的特征。

（二）税务违法行为的种类及其责任

税务违法行为包括逃避在税务机构的税务登记和/或统计登记、降低税额、税务代理未完成缴纳税金的义务等。

税务机构职务人员的责任有以下几个方面：

1. 违反了吉尔吉斯斯坦税法的税务机构职务人员，应按《税法典》和吉尔吉斯斯坦其他法规的规定承担责任。

2. 实施了违法作为和/或不作为的税务机构职务人员，在根据司法程序确定了他的犯罪行为后 3 年内，无权在税务机构担任任何职务。

3. 由于税务机关职务人员的违法作为和/或不作为损害了纳税人的权利，或因职务人员没有履行《税法典》规定的纳税人的义务，导致纳税人遭受损

失，根据吉尔吉斯斯坦法律规定职务人员和税务机关应对纳税人予以补偿。

四、申诉

（一）申诉部门

纳税人对税务机构决议的申诉，由授权申诉机构审理。

（二）申诉书提交的方式和期限

按照《税法典》第 147 条规定纳税人申诉书提交方式与期限如下：

1. 纳税人对税务机构决议的申诉书，应在纳税人收到该决议后的 30 天内向授权税务机构提交。

2. 如果纳税人在本条第 1 款规定的期限届满后提交对税务机构决议的申诉书，则对此申诉不予审理。

3. 申诉书的复印件应由纳税人发送给作出此决议的税务机构。

4. 违反本章规定提交的申诉书，授权税务机构应退还给申请人并注明原因。

5. 纳税人在排除作为退还申诉依据的原因后，有权在收到退还的申诉书后 10 天内重新向授权税务机构提交申诉书。

6. 根据降低纳税义务的事实，且由于这一事实被刑事立案，纳税人的申诉书不能被税务机构审理。在这种情况下，纳税人有权请求授权部门提供对上述事实的鉴定结论。

（三）申诉书的形式和内容

纳税人的申诉书应以书面的形式提交，申诉书内容包括：申诉书提交日期、向其提交申诉书的税务机构名称、申诉书提交人的姓名或全称、居住地（所在地）、纳税人的税务识别号、决议被申诉的税务机构名称、提交申诉书的纳税人提出自己主张所依据的事实，以及证明这一事实的证据、随附的文件清单和被申诉决议的信息等内容。此外，在申诉书中可以注明其他对解决争议有意义的信息，并申诉书由纳税人签字。随申诉书一同提交的文件有：（1）按税务监督结果的材料和证明复印件；（2）对申诉书的决议复印件；（3）纳税人的主张所依据的证明文件，由纳税人和其他机构认证；（4）其他与案件相关的文件。

（四）审理方式

纳税人申诉书的审理方式有以下几种：

1. 在收到申诉书后的 30 天内，应对纳税人的申诉作出决议。申诉书的审理期限自申诉书在授权税务机构登记后开始计算，在向纳税人发送决议之日届满。

2. 如果在审理纳税人申诉书期间，收到对相关税收和付款的原始申诉补充，则审理基本申诉和补充申诉的期限自收到补充材料之日起开始计算。在任命反检查、再检查、根据国际公约向其他国家授权机构发送查询以便查清征税问题条例适用方式的情况下，申诉书审理期限会暂停。向纳税人发送中间决议，即有关申诉书的最终判决会在完成部分规定的程序后作出。审理申诉书的期限，包括部分规定的延长和中断时日，不能超过提交申诉书之日起的 90 天。

3. 如果授权税务机关没有按上述情况规定的期限发送决议，则纳税人的申诉将认为是被支持的。

4. 根据申诉审理的结果，授权税务机关会作出以下决议中的一个：（1）支持纳税人的申诉；（2）部分支持纳税人的申诉；（3）拒绝支持纳税人的申诉。授权税务机关作出第一种或第二种的决议，则会撤销税务机构之前的决议。

（五）提交申诉书的后果

提交申诉书的后果有以下几种：（1）纳税人按《税法典》规定的方式向授权税务机关或法院提交申诉书，会中止被申诉决议的执行；（2）自向授权税务机关提交申诉书之日起到将被申诉决议送交给纳税人之日起 30 天内，应中止执行决议。在纳税人交送申诉决议之前，应中止执行决议；（3）在完全或部分支持纳税人申诉的情况下，可根据对申诉作出的决议对税务机构的决议作出相应的修改和补充；（4）在满足或部分支持纳税人申诉的情况下，对整个申诉审理期限的税务处罚和滞纳金，直接计算被认为有依据部分的金额；（5）如果就纳税人的申诉作出决议后，收到授权税务机关作出决议时未计算的，并可能导致改变纳税人纳税义务的文件信息，则授权税务机关有权修改这一决议。

（六）其他

关于税务机构职务人员作为和/或不作为，《税法典》明文规定，可以按吉尔吉斯斯坦法律规定的方式提起诉讼。

【参考文献】

［1］西北师范大学中亚研究院编译：《吉尔吉斯斯坦常用法律》，中国政法大学出版社 2019 年版。

［2］中国国际贸易促进委员会法律事务部、中国经济信息社编著：《"一带一路"国别法律研究（第二辑）吉尔吉斯斯坦》，新华出版社 2018 年版。

［3］马幸荣：《中亚五国税收法律概论》，知识产权出版社 2012 年版。

［4］中国国际经济交流中心"一带一路"课题组：《"一带一路"：愿景与行动——"一带一路"视角下的重点领域与路径》，中国经济出版社 2018 年版。

［5］中华人民共和国驻吉尔吉斯共和国大使馆经济商务处网：http://kg.mofcom.gov.cn/index.shtml.